사람이 날아다니고
WHERE PEOPLE FLY & WATER RUNS UPHILL
물이 거꾸로 흐르는 곳

Where People Fly and Water Runs Uphill
Copyright ⓒ 1992 by Jeremy Taylor
Published by arrangement with Patricia Van der Leun Literary Agency
All rights reserved.
Korean Translation Copyright ⓒ Dong Yeon Press, 2007
Korean edition is published by arrangement with Patricia Van der Leun Literary Agency
through Imprima Korea Agency.
이 책의 한국어판 저작권은 Imprima Korea Agency를 통해 Jeremy Taylor c/o Patricia
Van der Leun Literary Agency와의 독점 계약으로 도서출판 동연에 있습니다. 저작권법
에 의해 한국 내에서 보호를 받는 저작물이므로 무단 전재와 복제를 금합니다.

사람이 날아다니고
물이 거꾸로 흐르는 곳 〈증보판〉

2007년 8월 30일 | 초판 1쇄 발행
2024년 5월 10일 | 증보판 5쇄 발행

지은이 | 제레미 테일러
옮긴이 | 장이정규
펴낸곳 | 도서출판 동연
펴낸이 | 김영호
등 록 | 제1-1383호(1992년 6월 12일)
주 소 | (03962) 서울시 마포구 월드컵로 163-3
전 화 | 02-335-2630
팩 스 | 02-335-2640
이메일 | yh4321@gmail.com
인스타그램 | instagram.com/dongyeon_press

Copyright ⓒ 도서출판 동연(Dong Yeon Press), 2024

이 책은 저작권법에 따라 보호받는 저작물이므로, 무단 전재와 복제를 금합니다.
잘못된 책은 바꾸어 드립니다. 책값은 뒤표지에 나와 있습니다.

ISBN 978-89-85467-84-1 03810

사람이 날아다니고
WHERE PEOPLE FLY & WATER RUNS UPHILL
물이 거꾸로 흐르는 곳

꿈Dream Work을 통한 무의식의 지혜 탐색

〈증보판〉

제레미 테일러 지음 | 이정규 옮김 | 고혜경 감수

동연

아내 캐서린과 딸 트리스메지스타,
조앤과 마이린 보리센코에게
그동안의 뒷받침과 열의에 감사하며

■ 한국어판 서문

 이 책을 한국의 독자들에게 소개하게 되어 대단히 기쁩니다. 동료이자 친구인 고혜경 박사가 제 첫 번째 책 《꿈으로 들어가 다시 살아나라 Dream Work: Techniques For Discovering The Creative Power In Dreams》를 훌륭하게 번역했고 그 책에 이어 두 번째 책도 나오게 되었습니다. 꿈에 담긴 다양한 의미를 깊이 이해하는 데 많은 도움이 되기 바랍니다.
 한국은, 과거와의 연결고리를 유지한 채 기술 발전을 이룩한 문화권들이 흔히 그러하듯, 꿈에 대한 오래되고 풍부한 관심의 전통이 있습니다. 한국인들은 어떻게 하면 서로 조화를 이루며 살 수 있을지, 또 우리 삶에서 가장 중요한 진실과 열망에 일치하는 삶을 살 수 있을지, 꿈에 숨겨진 의미를 찾기 위해 꿈을 해석해 왔습니다.
 (한국처럼) 꿈을 나름대로 해석하는 전통이 있는 문화권에서 자

란 사람들은 꿈이 그런 아이디어와 패턴에 맞게 나타난다는 걸 알게 됩니다. 그리고 좀 더 자세히 들여다보면 전통적이고 문화적인 해석을 넘어 더 깊은 의미가 있다는 걸 알게 됩니다. 이런 더 넓은 수준의 의미를 통해 우리는 모든 사람이 (언어나 성, 문화에 관계없이) 더 큰 자기 자신과 다른 모든 사람이 연결되어 있다는 것을 배우게 됩니다.

  유명한 스위스의 심리학자 칼 융은 개인적인 자기이해와 공통의 언어나 문화를 넘어서는 수준에서의 꿈의 의미를 해석하기 위해 전 생애를 헌신했습니다. 융은 이를 '집단 무의식'(나중에는 '객관적 정신')이라고 불렀는데 제가 관심이 있는 부분도 바로 이 집단적이고 보편적인 수준에서 꿈이 갖는 의미입니다.

  우리는 내면에 있는 무의식의 본질과 창의적이고 파괴적인 힘에 대해 배워야 합니다. 꿈은, 지그문트 프로이트가 얘기했듯, 무의식을 이해하는 왕도입니다. 융과 프로이트의 동료인 헝가리의 산도르 페렌치는 말년에 '꿈은 진화의 연습장'이라고 말했습니다. 저는 이들 말이 옳다고 믿습니다.

  꿈은 아주 사적인 것부터 완전히 집단적인 것까지 다양한 의미를 담고 있습니다. 이를 이해하고 꿈을 바라보면, 우리 개인의 삶을 발전시키는 데 좀 더 의식적이고 창의적인 관점에서, 적극적이고 책임감 있게 참여할 수 있습니다. 꿈은 아주 오래되고 또 새로운 방식으로 우리가 다른 사람들과, 나아가 온 세상과 깊고 친밀하게 관계 맺도록 우리를 이끌어 줍니다.

꿈에서 경험하는 이 집단적인 의미 층을 깊이 이해하면 오늘날 우리를 갈라놓고 있는 역사적인 반목과 상처, 인종 간의 갈등, 개인적인 두려움이라는 한계와 장벽을 넘어 서로 만나고 이해하는 것이 가능해집니다. 우리는 다른 점보다 닮은 점이 더 많기 때문이다. 저는 꿈을 더 깊이 들여다보고 이해하려 애썼고, 그룹 꿈 투사 작업을 확산시키고자 노력해 왔습니다. 꿈이 사람과 사회를 변화시킬 수 있기 때문입니다. 꿈을 통해 개인과 사회가 변화할 필요는 점점 더 긴박하게 요구되고 있습니다.

2007년 7월

제레미 테일러

■ 감사의 글

가족들의 변함없는 지지와 격려 없이는 이 책을 쓸 수 없었을 것이다. 어머니 이디스 L. 테일러와 그녀의 동반자 리타 버핏, 아내 캐서린, 딸 트리스메지스타에게 감사의 말을 전한다. 친구이자 동료인 켄 브라운이 주최한 매사추세츠의 한 교회 꿈 워크숍에서 내 작업을 접한 조앤과 마이린 보리센코의 열의 덕에 이 책을 쓰게 되었다.

  원고를 읽고 답으로 또 많은 조언과 제안으로 더 나은 책을 만들 수 있도록 도와 준 많은 분, 특히 어니스트 하트만Ernest Hartmann 박사께 감사할 따름이다. 이 책의 부족한 부분이나 실수는 모두 내 책임이다.

  특히 동료로서 성원과 우정을 보내 준 분들께도 고마움을 전하고 싶다. 어디서나 즉석에서 값진 비평을 아끼지 않은 로버트 풀검

Robert Fulghum, 뛰어난 대리인이 되어 준 퍼트리샤 반 데르 레운 Patricia Van der Leun, 원고를 쓰고 책을 내는 과정 내내 현명하고 정확한 편집자로서 조언과 성원을 보여 준 조앤 데이비스Joann Davis, 솜씨 있고 세심하게 편집 속성 코스를 가르쳐 준 스티븐 볼트Steven Boldt가 그들이다.

나와 함께 작업한 모든 분과 내 강의와 워크숍에서 도우미가 되어 준 모든 분께 이 자리를 빌려 감사의 마음을 전한다.

나와 함께 '세계꿈연구협회'를 공동 설립한 세 분께도 감사드리고 싶다. 우리를 처음 모이게 한 스트레폰 윌리엄스Strephon Williams와 그 역사적인 순간에 응답한 퍼트리샤 가필드Patricia Garfield와 게일 델라니Gayle Delaney에게 고마움을 전한다.

이름을 밝힐 수는 없지만 지난 세월 수많은 장소에서 꿈 작업에 참석해 주신 분들, 그리스 견학에 참석해 주신 분들 그리고 자신들의 내면세계와 더 없이 귀한 아이디어와 에너지를 나눠 주신 분들께 특별히 감사드린다.

1992년 제레미 테일러

힐데가르트의 〈비전〉
꿈 작업은 무의식 깊은 곳에 숨겨져 있는 보물을 캐내어 온전한 제 모습을 드러나게 해 준다.

차 례

한국어판 서문   006

감사의 글   009

시작하기 전에 익명성과 비밀 보장에 대한 당부   015

1장 꿈에 대해 알아야 할 10가지 기본 전제   019

2장 하나의 의미만 표현한 꿈은 없다   031
　_꿈의 기본 전제는 어떻게 활용되나

3장 꿈은 어떻게 의식의 진화를 도울까?   061

4장 기억나지 않는 꿈 되살리기   099

5장 꿈이 만들어낸 기적 같은 사회 변화 _____ 137

6장 그룹으로 꿈 작업하기 _____ 173

7장 반복되는 꿈은 닫혀 있던 기억의 문을 연다 _____ 221

8장 자각몽과 샤머니즘 _____ 261

9장 꿈과 원형의 진화 _____ 309

부록 1 혼자서 꿈 작업할 때 도움이 되는 방법들 _____ 334

부록 2 실제 그룹 꿈 작업의 예 _____ 341

옮긴이의 글 361

시작하기 전에

익명성과 비밀 보장에 대한 당부

꿈 작업Dream Work을 제대로 하려면 참여하는 사람들이 안전하다고 느껴서 거리낌없이 꿈을 나눌 수 있어야 한다. 비밀 보장을 약속하면 그런 환경은 쉽게 만들 수 있다. 처음부터 모임 바깥에선 꿈이나 꿈 작업한 내용을 절대 얘기하지 않기로 약속만 하면 되니까.

하지만 해가 지나면서 그렇게 하면 안전하다고 느끼긴 해도 가까운 이들과 열린 마음으로 즉흥적이고 친밀한 대화를 나누는 데는 방해가 된다는 걸 알게 되었다. 제대로 된 건강한 관계라면 안팎으로 경험하고 느끼는 것을 아끼는 사람들과 솔직하게 나누고 싶은 게 당연하지 않을까. 그래서 나는 비밀과 나눔이라는 이 두 중요한 요소 사이에 균형을 맞추기 위해 익명성을 지켜 줄 것을 부탁한다. 그러면 사람들은 누구의 꿈인지 알 수 없을 뿐 아니라 자유롭게 자신들의 직관과 경험을 나누고 표현할 수 있게 된다. 필요할 땐 비밀을 지켜 달라고 부탁하면 된다.

지난 20년간 꿈 작업을 함께 해 온 많은 사람이 익명성을 지키는 한 자신들의 꿈을 나눠도 좋다고 허락해 주었다. 고마울 따름이다. 이들이 보여 준 신뢰와 너그러움이 없었다면 꿈을, 또 꿈꾸기에 관해 이야기하고 글을 쓰는 작업이 추상적이고 김빠지는 일이었을 것이다. 이 책에 소개된 꿈들은 꿈꾼 이의 익명성을 지키기 위해 일부 세부 사항을 생략하거나 바꾸었다.

　자기 꿈이 인용된 이들에게는 책을 끝까지 읽기 전에 자신을 드러내 익명성을 깨뜨리지 말라는 부탁을 하고 싶다. 뒤에서 자신이 누구인지 밝히고 싶지 않은 내용이 나올 수도 있기 때문이다.

1장
꿈에 대해 알아야 할 10가지 기본 전제

꿈은 무의식 상태의 정신psyche을 거짓 없이,
자연 그대로의 진실을 보여 준다.
꿈은 우리가 그 근원으로부터 너무 멀리 벗어나 난관에 부딪쳤을 때
인간의 기본 본성으로 되돌아갈 수 있게 해 준다.

_ 칼 융

꿈과 꿈을 꾸는 현상을 다룬 책은 이미 많이 나와 있다. 그 질과 수준이 광범위할 뿐 아니라 꿈에 담긴 의미도 다양하게 논의되고 있다. 꿈에 무슨 의미가 있기는 하냐고 의문을 제기하는 책도 있을 정도이다. 꿈에 자주 등장하는 이미지를 기계적으로 정형화하여 해석하는 사전류부터 신경학과 은유와 상징의 본질을 추상적이고 이론적으로 다루는 논문까지 아주 다양한 문헌이 있다. 하지만 혼자 꿈 세계를 탐구하려는 이들에게 도움이 되는 책은 많지 않다. 꿈에 대한 다양한 접근법과 견해를 일관되게 제시하는 책은 더 희소하다.

이렇게 책이 많은데 내가 꿈에 대한 책을 또 쓰는 데는 몇 가지 이유가 있다.

20년* 넘게 꿈 작업을 해 오면서 나는 7만 개 이상의 꿈을 다뤘다. 그러면서 다른 책에서 다루지 않은 나 나름의 아이디어와 직관, 기술을 개발하게 되었다. 또 꿈에 담긴 다양한 의미를 생각하고 설명하는 방법과 꿈 작업의 독특한 예들도 알게 되었다.

내 생각에 서구인들은 꿈의 가치를 제대로 모르고 있다. 꿈은 우리가 인정하는 것보다 더 흥미롭고 중요하고 쓸모 있다. 나는 이 책에서

---

* 이 글을 쓴 시기가 1992년이므로 당시 기준으로 20년이라고 표현한 것임. 그는 지금까지 40년에 걸쳐 꿈 작업 연구를 해 오고 있다-옮긴이 주.

왜 밤마다 벌어지는 꿈의 모험에 좀 더 주의를 기울여야 하는지 보여 주고 싶다. 꿈을 다룬 많은 책이 있지만 사람들은 여전히 꿈이 별것 아니라고 생각한다. 이 책을 통해 그런 인식을 바꿔보고자 한다.

이 책은 다른 사람들과 함께 꿈을 탐구하는 작업을 다루고 있다. 정기적으로 모여 꿈을 나누고 그 의미를 같이 탐색하다 보면 서로 친밀해지고 상대를 더 깊이 이해하게 된다. 우리가 어떤 투사를 하고 어떻게 자신을 기만하며 살고 있는지도 꿈을 통해 쉽게 알게 된다. 이런 투사와 자기기만은 사실 우리가 주변 사람들과 솔직하고 친밀하게 관계를 맺는 데 방해가 되는 요소이다.

이 책에 나오는 아이디어들은 꿈 작업가로서, 꿈 작업을 가르치는 사람으로서 나의 방대한 경험에서 나온 것이다. 꿈 작업은 대부분 사적인 모임과 교실에서 했으나, 일부는 개인 상담이나 연구소와 상담소에서 그룹 활동을 통해 하기도 했다. 나는 보편구제주의Unitarian Universalist 교회에서 안수를 받은 목사이다. 그래서 수도원들과 목회자들, 사회복지사, 상담가, 버클리 대학에 있는 신학대학원과 오클랜드에 있는 문화와 창조 영성 연구소에서 가르치기도 했다. 교회와 학교에서 정기적으로 꿈 작업을 해 왔고 유럽 견학을 지도하고, 병원과 공익 단체에서도 꿈 작업을 이끌어 왔다. 한편 교도소와 의료 시설, 교정국에서 꿈 작업을 하기도 했다. (산 퀜틴 교도소에서 한 꿈 작업 모임에 대해서는 6장에 자세히 다뤘다.) 이런 다양한 배경에서 진행했던 꿈 작업이 참여한 많은 사람에게 지속적으로 큰 도움을 주는 것을 보아 왔다.

이 장에서 간단히 다루고 넘어가는 아이디어들은 각 장에서 다양한 실례와 함께 더 자세히 다루겠다. 여기서는 내가 경험을 통해 알게 된 꿈에 대한 10가지 기본 전제를 소개한다.

우선 내가 얻은 가장 중요한 결론은 모든 꿈은 꿈꾼 이의 건강과 온전함Wholeness*에 이바지한다는 것이다. 다시 말해 정말 나쁜 꿈은 없다. 악몽이 어떻게 건강과 온전함에 기여하는지 언뜻 이해하기 어려울 것이다. 하지만 악몽을 꾸는 이유는 꿈에 담긴 내용이 특별히 중요하고 가치 있기 때문이다. 내 경험에 비춰 확신하건대, 내용을 잊지 않게 하려고 악몽으로 나타나는 것이다.

악몽은 깨어났을 때 바로 눈앞에서 일어난 것 같아 잊고 싶어도 잊을 수가 없다. 기억하려고 애를 써도 금방 잊어버리는 여느 꿈과는 확연히 다르다. 나는 그게 바로 악몽을 꾸는 이유라고 믿는다. 마치 악몽이 "주의를 기울여! 네가 뭐라 생각하든 기억할 가치가 있어."라고 말하는 것 같다. 흔치 않지만, 일어났을 때 어떤 선명한 이미지 없이 그냥 기분 나쁜 꿈을 꿨다는 느낌만 강하게 들 때가 있다. 그것도 상황이 긴박함을 일깨워 주려는 것이다. "네 느낌에 주의를 기울여! 기분은 나쁘겠지만, 정말 중요하단 말이야!"

사실 이 점은 악몽이 아닌 보통의 꿈에서도 마찬가지이다. 기억

---

* 심리학에서는 '전일성'으로 번역하기도 하며 '자기실현'으로 이해해도 좋다 - 옮긴이 주.

이 나는 건 그 내용이 기억할 만한 가치가 있기 때문이다. 꿈은 우리가 혼란을 느끼는 감정을 창의적으로 다룰 수 있는 에너지와 직관을 가져다준다. 이 책에 실린 꿈의 의미를 탐색하는 아이디어와 기법은 이런 기본적인 이해, 즉 언뜻 보기엔 그렇지 않더라도 꿈과 관련된 모든 경험에는 긍정적인 성질이 담겨 있다는 이해에서 나온 것이다.

그리고 꿈은 이미 알고 있는 사실만 전하지 않는다. 모든 꿈에는 새로운 정보와 에너지가 은유와 상징으로 표현되어 있다. 기억한 꿈의 내용이 이미 의식 수준에서 알고 있는 것이라면 더 성장하고 개발하라는 의미로 보면 된다. 예외는 이미 알고 있는 사실을 어떤 이유에서건 아는 바대로 행동하지 못했을 때이다. 그럴 때 꿈은 이미 알고 있는 사실을 다시 강조한다. 상황을 과장되게 그려 그저 지적으로 이해하는 수준을 넘어 창의적이고 적절하게 반응하게 하려는 것이다.

예를 들어 성인이 된 실업자 아들을 경제적으로 계속 도와 주고 있는 여성이 있었다. 머리로는 그게 부적절하다고 생각했지만 도저히 아들이 홀로 서기 전에 밀어낼 수가 없었다. 그러던 차에 아주 기괴한 꿈을 꾸었다. 자기가 요란한 수프로 가득 찬 수영장에 아들이 빠져 죽는데도 아무 도움도 주지 못하고 의자에 앉아 무기력하게 바라보고만 있는 꿈이었다. 깨어났을 때 그녀는 익사하는 아들을 바라만 보고 있던 자신의 비정한 모습에 충격을 받았다. 과장된 면이 있긴 하지만 너그러워 보이는 그녀의 행동이 실은 부적절한 것임을 꿈이 보여 주고 있는 것이다. 자신의 행동이 아들에게 미치는 폐해를 머리로 이해하는 데 그치지 말고 제대로 자각해 실제로 행동을 바꾸게 하려는 것 같다.

사실 여기서 정말 중요한 건 이 사람이 꿈이 전하는 메시지를 제대로 이해하느냐 그렇지 않느냐이다. 꿈꾼 사람 본인이 꿈이 전하는 의미를 제대로 보지 못하면 꿈이 또는 다른 사람이 아무리 얘기해 봐야 소용없는 일이다.

그래서 꿈에 담긴 의미가 무엇인지 분명하게 말할 수 있는 사람은 꿈꾼 사람뿐이다. 다른 사람들이 아무리 흥미롭고 쓸모 있는 이야기를 하더라도 최종적으로 꿈을 꾼 사람만이 꿈의 의미가 무엇인지 얘기할 수 있다.

그렇다고 무의식 전반과 꿈에 관한 흥미롭고 중요한 이론들이 없다거나, 뛰어난 꿈 작업가와 상담가, 치료사들이 없다는 얘기는 아니다. 꿈에 담긴 다양한 의미 중 무엇이 옳은지 말할 수 있는 사람이 궁극적으로는 그 꿈을 꾼 사람밖에 없다는 뜻이다.

꿈에 담긴 의미가 분명해질 때 대개 말없이 '아하'라는 느낌을 받게 된다. '뭔가 탁 튀어 오르는 느낌' 혹은 '짜릿한 느낌'과 같은 어떤 '감각변화'를 느끼게 되는데, 나는 이 '아하'가 기억의 기능이라고 믿는다.

그러니까 은유적으로 표현된 꿈의 의미는 꿈을 이해하려는 노력에서 만들어진 것이 아니라 처음부터 거기 있던 것이다. 자기 스스로 또는 누군가 꿈을 제대로 해석했을 때 '아하', 하는 느낌을 받게 되는 데, 그 순간 꿈을 꿀 때 무의식에선 이미 알고 있던 것을 의식 수준에서는 처음으로 그 의미를 기억하게 되는 것이다.

이렇게 무의식에서 이미 알고 있던 것을 의식에서 확인하는 순간 드는 이 느낌 때문에 꿈의 의미는 꿈을 꾼 당사자만이 확신할 수 있다. 꿈꾼 사람이 느끼는 이 '아하'가 꿈 작업에서 믿을 수 있는 유일한 시금석이다.

꿈꾼 사람이 느끼는 '아하'가 결정적인 것이긴 하지만 꿈에 담긴 의미는 다양하고 다층적임을 기억할 필요가 있다. 한 가지 의미만 지니는 꿈은 없다. 꿈과 꿈 이미지에 담긴 다양한 의미는 모두 '진실'하다. 꿈은 한 단어에 다른 의미가 여럿 담긴 동음이의어처럼 삶의 다양한 진실을 하나에 담아 드러낸다.

수프로 가득 찬 수영장에 장성한 아들이 빠져 죽는 꿈을 꾼 여인에게는 '아들'이, 다른 사람을 돌보는 동안 '물속에 내팽개쳐져' 있던 자신의 창의적이고 남성적인 측면일 수도 있다.

동시에 다양한 의미를 지니는 이런 성질을 전문 용어로는 '다원결정적overdetermined'이라고 한다. 꿈과 꿈에 나타난 모든 이미지가 다원결정적이기 때문에 꿈에 담긴 의미를 다 '파헤치는' 것은 불가능하다. 그래서 꿈 작업의 마무리는 임의적일 수밖에 없고 나름의 내적 일관성과 '완결성'을 지녀 아주 만족스러운 꿈 작업이라 해도 꿈에 대한 모든 해석은 미완으로 간주해야 한다.

때로 꿈에 담긴 다층적인 진실과 그 진실을 확인해 주는 '아하' 사이에 갈등이 있거나 상호배타적으로 보일 때가 있다. 그건 인간의 의식이 여전히 진화하고 발전하고 있는 데다 그 본성이 모호하고 다면적이며 때로 혼란스러울 만큼 자기 모순적이기 때문이다. 개인적으로나 집단적으로 인간의 의식은 항상 이미 알고 있는 것과 아직 상상하지 못한 것 사이를 떠돌며 발달한다. 그런 인간 의식을 적절히 표현하기란 불가능할 수밖에 없다. 꿈에 담긴 의미가 서로 충돌하는 것처럼 보일 때, 삶이 새로운 단계로 갑자기 이동해 가면서 이전에 의심하지 않던 가정과 가치가 예상하지 못한 경험으로 인해 재구성되고 있음을 나타낸다.

꿈은 다양한 의미를 담고 있고 또 우리 개인이 지닌 나름의 독특한 성격과 환경을 반영한다. 동시에 우리 모두 기본적으로는 비슷하고 보편적인 인간성을 공유하고 있다. 다른 사람들과 함께 꿈을 탐구하는 것이 가능한 까닭은 꿈이 바로 이런 심층의 '원형적' 수준에서 은유와 상징이라는 보편의 언어로 얘기하기 때문이다.

나이와 성, 인종, 성적 지향, 신념, 사회·문화적 배경의 차이를 뛰어넘기는 쉽지 않다. 하지만 꿈이 지닌 이 보편성 덕분에 꿈 작업을 통해 다양한 차이를 넘어 하나로 묶일 수 있다. 서로 달라 보이게 하는 그 어떤 외적 요소와 상관없이 꿈은 본질적으로 똑같은 방식으로 말을 건넨다.

꿈 이미지와 에너지의 보편성 덕분에 꿈 작업은 원래 꿈을 꾼 사람뿐 아니라 참여한 사람에게도 혜택을 준다. 알아차리기 어려운 자신의 개인적인 문제도 남의 꿈을 통해 투사하면 더 쉽게 알아차리기 마련이다.

많은 선구자가 은유와 상징이라는 이 '보편의 언어'를 기초적으로나마 기록하고 설명해 왔다. 내 생각엔 스위스의 심리학자 칼 융이 남긴 지도와 스케치가 더 정확하고 믿을 만한 것 같다. 그렇지만 선구자들이 남긴 기록을 검증하는 유일한 길은 그 영토를 직접 여행하며 경험해 보는 것이다.

나는 지난 스무 해 동안 꿈의 세계라는 알려지지 않은 영토로 개인과 단체를 이끌어 왔다. 그러면서 꿈은 삶의 문제를 해결하는 꿈꾼 이의 타고난 창의성과 능력을 반영한다는 결론을 내렸다. 때로 예상하지 못한 구석진 곳에서 창의적인 에너지와 아이디어를 발견하게 된다. 개인과 집단의 삶에 나타나는 뭔가 새로운 것이 꿈속의 이미지와 경험으로 먼저 등장하는 것인지도 모른다. 그렇게 믿을 만한 이유는 충분하다.

꿈꾸기에 대한 제일 좋은 은유는 민담에 나오는 '거짓말을 하지 않는 거울'인 것 같다. 우리가 어떤 자기 부정과 기만의 함정에 빠져 있더라도 꿈은 내면 깊은 곳의 진실을 비춰 준다. 그것은 꿈이 주는 가장 큰 선물이자 과제이다.

꿈에 비친 삶의 모습은 개인적이면서도 집단적이다. 즉 꿈은 개인의 심리와 감정뿐 아니라 사회·문화적 환경도 치우침 없이, 꿈꾼 사람뿐 아니라 그 사람이 사회와 관계 맺고 있는 방식도 은유적으로 보여 준다. 또 사회 현실에 대해 우리가 공유한 생각들 저변에 깔려 있는 사회적·문화적·원형적 패턴들도 상징적으로 반영한다. 이 부분은 꿈 작업에서 우리에게 가장 큰 변화를 가져다줄 수 있음에도 대개는 간과한 면이다.

자발적으로 모인 사람들과 꿈에 담긴 다양한 의미를 탐색하다 보면 사람들 사이에 공동체의식과 친밀감, 지지, 이해가 쌓여 간다. 꿈꾼 사람의 창의적 에너지와 가능성 그리고 공동 작업을 통한 에너지와 직관이라는 선물이 공동체 안에서 구체적인 모양을 띠기도 한다. 꿈 모임은 꿈꾼 이가 힘들어 하는 감정이 많이 실린 문제들도 안전하게 탐색할 수 있는 장을 만들어 준다. 창의적인 표현과 성장을 나누면서 상호 성장을 돕고 뒷받침하게 된다. 그러다 보면 가정과 학교, 일터, 교회, 좀 더 큰 사회에서 하는 행동도 자연스럽게 변화한다. 이런 변화와 더불어 인류 보편의 인간성에 대해 인식해 가면서 개인을 넘어서 어떤 반향을 불러온다. 그룹 꿈 작업은 우리가 때로 느끼는 고립감을 극복하는 것은 물론 서로 좀 더 깊이 있고 의미 있게 만나는 데 도움을 준다. 이렇게 공동체가 되살아나면서 사회 전반의 모습에도 영향을 미친다.

꿈에 관한 10가지 기본 전제를 요약하면 다음과 같다.
1. 모든 꿈은 건강과 온전함에 이바지한다.
2. 꿈은 꿈꾼 이가 이미 알고 있는 사실만 전하지 않는다.
3. 꿈을 꾼 사람만이 꿈이 지닌 의미가 무엇인지 분명하게 말할 수

있다.

4. 꿈꾼 이가 느끼는 '아하'는 무의식에서만 알고 있던 것을 기억하는 것으로, 꿈 작업에서 믿을 수 있는 유일한 시금석이다.

5. 하나의 의미만 가진 꿈은 없다.

6. 꿈은 은유와 상징이라는 보편의 언어를 사용한다.

7. 꿈은 삶의 문제를 직면해 해결하게 하는 타고난 창의성과 능력을 반영한다.

8. 꿈은 사회 전반과 개인이 그 사회와 맺고 있는 관계를 반영한다.

9. 꿈 작업을 정기적으로 하다 보면 친구와 연인, 동반자, 부모, 자식 등과 관계가 좋아진다.

10. 단체로 꿈 작업을 하면 공동체와 친밀감, 지지를 쌓게 되고 사회 전체에 영향을 미치기 시작한다.

2장
하나의 의미만 표현한 꿈은 없다
꿈의 기본 전제는 어떻게 활용되나

그래서 나는 정신이 무의식 상태에서 만들어낸 상징들을 주의 깊게 살펴본다.
현대인들이 지닌 비판적인 마음을 설득할 수 있는 유일한 것이 바로 상징이다.
상징은 설득력이 있는데convincing, 이는 라틴어 컨빈시어convincere의 영어식 표현이다.
신경증을 치료하려면 신경증만큼이나 설득력 있는 무언가가 필요하다.
신경증이 매우 사실적이니만큼, 도움이 되는 [꿈] 경험도 그만큼 현실적임에 틀림없다.

_칼 융

1장에서 얘기한 것처럼 꿈을 이해하는 데 중요한 점은 꿈이 우리의 건강과 온전함에 이바지한다는 것이다. 꿈 하나하나는 자연스럽고 자발적으로 일어나는 본능적인 표현이다. 무의식 깊은 곳에서 올라오는 꿈에 관심을 기울이다 보면 무시하거나 억압했던 측면을 의식하게 되어 예전에 제대로 알지 못했던 요소들을 더 자각하게 된다. 또 심리적으로나 정서적으로 더 성장하고 성숙하며 창의성을 개발해 타고난 잠재력을 발현할 수 있게 도와 준다. 꿈을 꾸는 당시의 건강 상태를 절묘하게 '읽어내기'도 한다.

사실 우리가 악몽이라고 부르는 기분 나쁜 꿈들도 꿈에 담긴 중요한 내용을 기억하려는 장치일 뿐이다.

다음은 바바라라는 한 여성의 꿈 이야기이다.

부엌에 혼자 있다. 지하실 쪽이 소란스럽다. 무슨 파티가 있는 것 같다. 애들이 떠난 후로 집에서 파티를 한 일이 없는데 웬일이지, 혼자 생각한다. 무슨 일인가 싶어 지하실로 내려간다. 내려가니 낯선 사람들이 둘러서서 술을 마시며 얘기를 나누고 있다. 그런데 말소리가 하나도 안 들린다. 내 귀가 멀기라도 한 것 같다. 사람들 사이를 돌아다녀 본다. 내가 유령이기나 한 듯 아무도 나를 보지도 듣지도 못한다. 어느새 내 손에 핸드백이 들려 있다. 조금 전에도 갖고 있었는지는 모르겠다. 가방 안에선 고기가 썩고 있다. 겁이 나서 가방을 못 열겠다. 악취에 사람들 기분이 상할 것 같다. 점점 더 초조하고 무기력해진다. 절망감에 사로잡혀 혼자 지하실을 배회하다 땀을 흘리며 잠에서 깬다.

이 꿈을 꾸고 나서 바바라는 기분이 몹시 상했다. 꿈 작업 모임에서 이 꿈을 나눴을 때 참석자 모두 바바라의 건강을 염려했다. 참석자들이 투사한 것은 (고기 썩는 것, 갑자기 조용해진 파티에서 유령처럼 떠다니는 것에서) 암일 가능성에, (지하실이라는 점에서) 아랫배 쪽인데다, (핸드백 모양에서 강하게 연상하여) 아마도 방광 쪽이 아닐까, 에 초점이 맞춰졌다.

당시 바바라는 육체적으로나 정신적으로 문제가 있다고 느끼지 않았다. 오히려 유럽 여행을 앞두고 들떠 있던 참이었다. 사람들이 꿈을 보고 건강 문제가 아닐까 라고 했을 때 아닐 거라고 얘기하면서도 실은 그녀도 아주 미묘한 '아하'를 느꼈다고 한다. 당시엔 꿈에 뭔가 있음을 확인해 주는 그 신호를 무시했지만, 집에 돌아가면서 건강 문제가 아닐까 하던 사람들의 염려도 계속 마음에 걸렸다. 그녀는 여행을 떠나기 전에 스스로를 안심시키기도 할 겸 건강진단을 받기로 했다.

자궁암 검사 결과에서는 아무 이상이 없는 것으로 나왔다. 하지만 불안한 마음은 가시지 않았다. 스스로 생각해도 놀랍고 짜증나는 일이었지만. 꿈에서 느낀 찝찝함이 사라지지 않아 검사를 좀 더 해 보겠다고 고집을 부렸다.

여기서 바바라는 꿈을 대수롭지 않게 낮춰 보고 무시하는 사회의 편견과 부딪힌다. 우울증세가 있는 여자의 히스테리로 취급받고 싶지 않아, 검사를 더 받고 싶은 이유가 꿈에서 받은 직관 때문이라고는 말하지 않았다.

바바라가 단호하게 검사를 더 받고 싶어 하자 의사들은 마지못해 초음파 검사를 했다. 검사에서 방광 내벽에 이상하게 두꺼운 게 보였다. 조직 검사에서 그것은 전이가 빠르게 진행 중인 악성 종양임이 밝혀졌다. 즉시 수술을 받았고, 아슬아슬하게 암을 잡았다. 이 글을 쓰고 있는 지금 바바라는 3년째 재발 없이 건강하게 살고 있다.

바바라는 악몽과 뒤이은 꿈 작업 덕분에 목숨을 건졌다고 생각한다. 시간이 좀 지나 의사에게 유럽 여행을 다녀와서 건강 검진을 받았으면 어땠을지 물어봤더니, 아마 너무 늦었을 것이라고 조심스럽게 대답했다고 한다.

내 경험으로 보자면 그룹으로 모여 정기적으로 꿈 작업을 하는 데는 좋은 점이 많다. 구성원들이 친밀해지고 서로 창조적인 영감을 제공할 뿐 아니라 (바바라의 꿈을 다룰 때 그랬던 것처럼) 살면서 힘든 시간을 보내게 될 때 서로 정서적으로 의지처가 되어 주기도 한다. 또 살면서 부딪히는 도전을 창의적으로 대응하여 의식의 세계로 가져올 수 있는 장을 제공한다.

(암 판정을 받고, 뒤이은 수술로 힘든 시간을 보내는 동안은 말할

것도 없고) 꿈 작업을 하는 동안 사람들이 바바라에게 보여 준 친밀감, 진솔한 대화, 정서적인 뒷받침 등은 긍정적인 결과를 가져오는 데 아주 중요한 역할을 했다. 또 바바라가 꿈에서 이해한 것을 좀 더 의식하고, 삶의 복잡한 진실을 더 잘 이해하는 데도 결정적인 역할을 했다.

바바라가 한 꿈 작업은 세 번째 가정, 즉 오직 꿈꾼 사람만이 자기 꿈이 주는 의미를 분명하게 알 수 있다는 것을 잘 보여 준다. 바바라의 경우에서처럼, 꿈에 담긴 (많은) 의미 중에 뭔가 참되고 경우에 맞는 일이나 이야기를 들으면, 말로 표현할 수 없는 감각의 변화를 통해 직관적으로 '아하'를 느끼게 된다. 이 '아하'만이 꿈이 전하고자 하는 의미가 무엇인지 결정하는 데 믿을 수 있는 유일한 시금석이다.

꿈에 담긴 다층적인 의미는 꿈을 꿀 때 꿈 경험에 이미 녹아들어 있다거나, 꿈을 꾼 후에 기억하고 이해하려는 노력으로 만들어지는 것이 아니다. 어떤 자극에 그냥 뭔가가 떠오르면서 '아하' 하고 알아차리게 된다. 이런 '아하' 반응은 기억의 작용으로, 무의식에선 이미 알고 있던 것을 (의식에서는 처음으로) 기억하는 것으로 볼 수 있다. 바바라가 다른 구성원의 말이 진실임을 알 수 있었던 것은 무의식에서는 가방(방광) 속에 고기가 썩고(암) 있다는 것을 이미 알고 있었기 때문이다. 꿈이 의미하는 바를 분명하게 알 수 있는 이가 바로 꿈을 꾼 사람뿐일 수밖에 없는 것은 이 때문이다.

특히 누군가의 지도를 받거나 분석가, 치료사, 상담가, 영적 지도자와 함께 꿈 작업을 할 때 이 점을 명심해야 한다. 그렇지 않으면 꿈 작업의 질이 좋을수록 꿈꾼 이의 삶이 꿈 작업에 휘둘리는 비참하고 모순된 상황이 벌어질 수 있다.

꿈꾼 이가 그렇게 의미 있고 중요한 직관이 다른 사람에게서 온다고 생각할 때 특히 위험하다. 직관이 좋을수록 꿈꾼 이가 구루Guru에게 더 많이 의존하게 되고, 이런 상황이 오래 계속하다 보면 꿈꾼 이가 자신을 찾아 가는 데 꿈 작업이 도리어 방해가 된다. 자신이 지닌 정서적인 힘과 상상력을 고스란히 지닌 채 창조적이고 충만한, 자유로운 삶을 살 준비가 미뤄지는 것이다. 그래서 당신이 꾼 꿈이 무슨 의미인지 알 수 있는 사람은 당신 자신밖에 없다는 것을 다시 한 번 강조한다. '아하'를 통해 당신이 이미 알고 있는 것이 무슨 의미인지 알게 되는데, 그건 처음부터 그 꿈을 창조한 이가 바로 당신 자신이기 때문이다. 무의식에 내재된 지식을 찾는 일을 다른 사람들이 도와줄 수는 있겠지만, 최종 결정은 꿈꾼 사람이 내릴 수밖에 없다.

꿈이 지닌 다양한 의미에 대한 모든 직관의 근원은 무의식 깊은 곳에 있는 지혜인데, 누구나 그 지혜를 활용할 수 있다. 꿈 작업이 교육받은 소수만이 할 수 있는 활동이 아니라는 뜻이다.

누구나 가져다 쓸 수 있는 이 무의식의 지혜는 대부분 우리 몸속에 자리 잡고 있다. 몸 안의 세포 하나하나는 나름의 생명을 가지고 있고, 매일 밤 꿈에 그 무의식 상태의 내용을 보여 준다. 내 경험에 따르면 꿈에는 잘 드러나지는 않지만 꿈꿀 당시의 몸 상태를 나타내는 보고서가 담겨 있다. 꿈의 전체 배경과 내용에 너무 잘 스며들어 있어서 평생토록 듣다 보니 아무도 귀 기울이지 않게 된 '새벽 네 시, 이상무'라는 마을 방송처럼 들리지 않는 것이다.

하지만 몸에 이상이 있을 때 꿈은 평소와 달리 이 건강보고서를 긴박하게 전면에 내세운다. 이럴 때 꿈꾸던 사람은 깜짝 놀라 잠에서 깨는데, 이것은 우리 선조가 "새벽 네 시! 셔터를 내리고 가축을 보호소로 데려가세요! 태풍이 다가오고 있습니다!"라는 마을 지킴이의 다급한 방송에 귀를 기울이던 것과 같다. 이런 의미에서 바바라의 꿈은 "새벽 네 시! 위험한 모임이 지하실에서 조용히 진행되고 있다. 가방 속엔 고기가 썩고 있다."고 외친 것이고 바바라는 놀라서 벌떡 일어난다. 겉보기에 암호 같은 메시지의 긴박함과 의미를 무의식에서 이미 알아차린 것이다.

꿈 작업이 바바라에게 도움이 될 수 있었던 것은 꿈에 담긴 상징 언어가 보편적이기 때문이다. 바바라가 자기 꿈을 이야기하는 동안 사람들은 각자 상상하면서 그 꿈을 자기가 꾸었다면 어떤 의미에서 '아하'라고 느꼈을지를 생각한다. 그렇게 나눈 이야기가 정확했기 때문에 바바라의 내면에서도 상응하는 '아하'가 일어났다. 그건 바바라의 꿈이나 각자의 상상 속에 나타난 이미지의 상징적인 의미가 심층에서 보편적으로 공유된 것이기에 가능한 것이다.

사실 일부 독자는 이런 토론 내용을 읽기도 전에 바바라의 꿈에 나타난 이미지들에서 나름대로 '감'을 잡았을 것이다. 그런 '아하' 반응

하나의 의미만 표현한 꿈은 없다

은 이미지들 자체에 상징적으로 담긴 보편적인 성질에 감응한 결과이다. 그런 직관은 꿈이 구현하는 미묘하고 원형적이며 은유적인 언어를 인류 모두가 공유하고 있기에 가능하다. 꿈이 우리에게 말을 거는 방식이 다 비슷한 것이다.

꿈의 언어는 최초의 모국어, 즉 모든 인류가 공유한 공통어이다. 우리가 수백만 년 동안 본질적으로 같은 방식으로 꿈을 꾸어 왔다고 보는 근거는 많다. (리처드 리키Richard Leaky는 인류의 기원을 지금의 올두바이 계곡Olduvai Gorge에서 최초로 도구를 사용한 인류의 조상인 호모 하빌리스가 발견된 기원전 2백만 년 전쯤으로 보고 있다.) 우리는 이 오래된 공통어를 별다른 노력 없이도 무의식적이고 직관적으로 이해할 수 있다. 자신을 더 잘 알려고 노력하는, 관심사가 비슷한 사람들과 함께 할 때 더 잘 이해할 수 있다.

문화적 한계를 뛰어넘는 이 보편적인 공통어는 꿈 외에 세계의 신화와 종교적인 텍스트, 의례에서도 찾아볼 수 있다. 세계 신화와 종교에 담긴 성스러운 이야기들에는 꿈에서처럼 다양한 상징적 의미와 함의가 동시에 담겨 있다. 상징과 은유라는 언어를 사용하는 신화와 마찬가지로 꿈에 담긴 의미는 다양하고 그 중요성도 다층적이다. 하나의 의미만을 지닌 꿈이나 신화는 없다. 그래서 어떤 상황이 특별한 형태를 띠고 나타나는 데는 많은 원인이 있다. 조지프 캠벨이 얘기했듯, 신화는 대중의 꿈이고 꿈은 개인의 신화이다.

바바라의 꿈은 바로 그런 점을 보여 주는 예이다. 꿈 작업 첫 날 우리는 건강 문제에 집중하여 투사했다. 그러다 사람들은 다른 층위에 담겨 있을 의미를 탐색하기 시작했다.

누군가 그게 자기 꿈이라면 꿈에 바바라가 혼자 부엌에 있다는 것에서 시작하는 게 중요할 것 같다고 말했고, 바바라는 이때 강한 '아하'를 느꼈다. 그 사람은 아이들이 집을 떠난 이후로 그런 일이 없었고 또 자기 집에서 열리는 파티에 초대 받지 않았다는 건 빈집 증후군의 한 전형인 것 같다고 말했다. 자기라면 아이들이 자라 집을 떠나면서 어머니로서 역할이 끝나 자신의 가치가 손상되었다고 느낄 것 같다고도 했다. 그리고 파티에 도착했을 때도 무시당하고 마치 안 보이는 것처럼 취급당한 것은, 그게 자기 꿈이라면, 30년 넘게 부모 노릇에 헌신했던 많은 에너지를 쏟아부을 새로운 관심거리를 찾지 못했다는 의미인 것 같다고 제안했다.

바바라는 부엌에 혼자 있는 게 실제로 10대이던 막내가 집을 떠난 빈집의 상황을 잘 드러낸다고 확인해 주었다. 지하실에서 들려오는 파티 소리가 자신이 별로 경험하지 않은 개인적·심리적·영적·창의적인 자아를 향해 아래로 내려가 탐구하라고 직관이 요구하는 것 같다고 말했다.

바바라가 지하실로 내려가는 장면은 지하 세계로 향한 하강이라는 보편적이고 원형적인 신화의 주제를 떠오르게 한다. 신화에 등장하는 영웅은 흔히 (깨어 있을 때) 위의 세계를 소생시키는 데 필요한 '보물'(지혜, 용기, 강인함, 창의력)을 찾아 (무의식의) 깊은 곳으로 내려가야 한다. 바바라의 꿈은 어떻게 그런 신화적인 주제가 현대인들의 꿈에 근대적인 옷을 입고 나타나는지를 보여 주는 뛰어난 예이다. 아주 오래된 이야기들에 담긴 심오하고 중요한 상징적인 의미가 이 꿈에도 똑같이 담겨 있다. 이런 집단적이고 원형적인 수준의 의미는 모든 꿈에 어느 정도 담겨 있다.

바바라가 지하실에 갔을 때 들을 수도 없고 들리지도 않았다. 그건 이제 엄마의 역할도 끝났으니 자신에게나 다른 사람들에게 자신이 아무런 가치가 없고 중요하지도 않다는 두려움을 상징적으로 보여 주는 것이라고 인정했다. 대부분 여성이 '신분증'이 있는 지갑을 넣는 핸드백 안에서 썩고 있는 고기는 자신의 정체성을 어머니 혹은 양육자에서만 찾아온 것에 대한 은유이다. 본래 영양분을 주는 '고기'가 쓸모를 못 찾고 썩고 있는 것이다. 고기의 '영양분'이 더 이상 필요가 없기 때문이다. 바바라는 당시 큰아이가 집을 떠나면서 시작한 부업을 막 그만두었다고 한다. 그래서 '생산적인' 활동을 통해 자신의 가치와 정체성을 느끼는 것이 꿈을 꿀 당시 자신에게 매우 중요한 감정적인 이슈였음을 덧붙였다.

이 꿈이 지닌 의미와 관련된 제안은 모두 동시에 '정확'하고 꿈에 담긴 이런저런 층위와 관련이 있을지 모른다. 꿈꾼 사람의 '아하'만이 어느 해석이 옳고 그른지 확인해 줄 수 있을 따름이다. 바바라의 꿈은 심리적인 면과 몸에 관련된 해석이 모두 옳다고 할 수 있다.

내가 보기에 꿈에 담긴 의미(혹은 꿈에 내재된 의미가 있기나 한지)를 학문적으로 논의할 때는 꿈과 꿈 이미지에 담긴 이런 모호하고 다원결정적이며 다층적인 성질을 고려해야 한다. 경험상 중요한 학파들이 내놓은 꿈에 대한 이론들은 본질적으로 다 옳은 것 같다. 모든 학파가 자신들의 주장을 뒷받침할 방대한 양의 설득력 있는 증거를 제시하고 있다. 문제는 꿈 이론가들이 "꿈이 의미하는 것이 이러저러하다는 것을 의심할 바 없이 보여 주었으므로, 꿈에 담긴 의미에 대한 다른 견해들이 옳지 않다는 것을 우리가 증명한 것이다."라고 얘기할 때이다. 제대로 된 과학이라면 예술과 마찬가지로 논의를 닫아 두거나 새로운 가능성을 배제하기보다 이전에 인식하지 못했던 패턴과 연결점들을 찾아 해석하려고 할 것이다.

 모든 꿈에 성 에너지와 '리비도적' 욕구가 담겨 있다고 한 프로이트는 옳았다. 아들러 또한 제대로 보았다. 모든 꿈에는 꿈꾼 사람이 지닌 권력과 경쟁에 대한 의지와 깨어 있을 때 다양한 영역에서 목표를 달성하느냐 실패하느냐에 관한 요소가 담겨 있다. 융도 옳았다. 모든 꿈에는 꿈꾼 사람의 심리영성적인 발달에 관한 '개성화'와 '집단무의식'의 원형적 에너지가 담겨 있다. 또 (꿈꾼 이의 '종교'에 대한 태도와 상관없이) 더 깊은 합일을 향한 갈망이 담겨 있다. 꿈을 '무작위적'이고 단편적인 것들이 단기 기억에서 장기 기억으로 전환한 결과라고 보는 현대의 실험실 연구자들도 제대로 보고 있는 것이다. 이 이론들은 모두 유용한 것이고 하나도 버릴 게 없다. 사과나 복숭아가 아니라고 오렌지를 내버릴 필요는 없지 않을까. 나름대로 맛있고 영양가 있는 '과일'을 더 다양하게 즐기면 될 일이다.

꿈은 다양하고 상호의존적인 의미들을 보여 준다. 암을 '진단'하게 되는 바바라의 꿈에 또 다른 의미가 있진 않을까. 암은 유기체 전체의 발달과 상관없이 일부 세포가 마구 자라는 일종의 성장장애이다. (신화, 꿈에서 나타난 이미지로 다루어) 상징적인 관점에서 볼 때 암은 삶의 에너지가 균형을 잃어 조절, 통합되지 않은 채 자기 파괴적으로 성장하는 것에 대한 은유적인 표현이다. 이런 의미에서 암을 우리 삶에서 억압되고 살아내지 못한 부분으로 생각해 볼 수 있다. 성장 발달 과정에서 자연스럽고 창의적으로 발현되어야 할 에너지가 건강하고 균형 있게 표현되지 못하고 부분적으로나마 위험하게 나타나는 것이다.

많은 사례를 통해 볼 때, 암은 건강하고 적절하게 성장하고 표현할 통로가 막힌 사람들의 삶에서 이처럼 은유적이고 '보상적'인 역할을 하는 것 같다. 흔히 이런 막힘은 너무나 조그맣게 제한되고 한정된 자아상으로 나타난다. "내가 그런 걸 어떻게……뭔가를 새로 시작하기엔 너무 늦었어. ……예술가도 아닌 내가 무슨……."

지난 20여 년간 꿈 작업을 해 온 경험을 토대로 몸의 질병이나 이상에 담긴 상징적인 성질이 발생 과정에서 중요한 만큼 잠재적인 치유와 해결책도 담고 있다는 결론을 내렸다. (흔히 꿈 작업을 한 결과로) 그런 상징적인 요소에 대한 깨달음이 늘어 가면 몸에 있던 문제를 해소하는 데 크게 도움이 되는 것 같다. 내면 작업을 하다 보면 자신에 대해 더 많이 깨닫고 이해하게 되면서 자신에게 더 너그러워지고 동시에 좀 더 창의적으로 변화한다. 이런 경험을 반복하면서 나는 이러한 내면 작업이 신체의 건강과 치유에 아주 심오하고 긍정적인 효과가 있다는 것을 확신했다.

바바라가 꾼 꿈에서 '빈 둥지' 상태의 심리와 임신을 흉내 내 문제를 '해결'하는 급성 자궁암 사이에 어떤 연관성이 있다고 생각해 볼 수 있다. 물론 이런 식으로 몰아가면 '뉴에이지의 횡포'가 될 위험도 있다. 자신의 현실은 자기가 만드는 것이라며, 심리영성적으로 '심약'해서 무의식적이지만 피해갈 수 있는 사고나 질병을 만나게 된 것이다. 그래서 희생자에게 자신을 '탓하라'는 식이 될 수 있는 것이다. 이런 태도에는 일말의 진실이 담겨 있을 때라도 상처 입은 사람이 가장 필요로 하는 이해와 동정이 부족하다. 질병이나 상처에 담긴 상징적인 에너지를 찾아 나갈 때 정말 중요한 것은 비난보다 치유와 화해의 가능성에 주목하는 것이다.

사실 많은 사람이 질병과 상처에 내포된 미묘하고 상징적이며 은유적인 면을 들여다보는 것을 두려워한다. 뭔가 지적으로 미심쩍기 때문이기도 하고, 자기 자신을 치유하려고 분투하는 사람에게 괴로움을 줄지 몰라 마음에 부담이 된다는 게 그 이유이다. 하지만 심리영성적인 치유에 주의를 기울여 얻는 보상은 잠재적인 위험에 비해 훨씬 크다. 상처 입고 제한된 자아상에 변화가 일어나기 때문이다. 질병이나 상처의 상징적인 의미를 조금이라도 이해하면 몸이 눈에 띨 정도로 금방 회복된다. 그 사람 삶의 다른 분야에 미치는 긍정적인 효과는 말할 것도 없다.

이 시점에서 꿈이 주는 다층의 의미에 좀 더 큰 사회적·문화적 패턴이 개인의 건강과 심리영성적인 온전성에 영향을 미치지는 않는지, 꿈에 집단적인 힘이 반영되고 드러나지는 않는지 생각해 볼 수 있다.

꿈은 항상 '집단적'인 측면을 반영한다. 즉 꿈꾸는 사람의 개인적인 정황을 정확하게 묘사할 뿐 아니라 그 사람이 사는 문화와 사회도 정확하고 '객관적'으로 그려낸다.

바바라의 꿈에 드러난 '빈 둥지 증후군'이 바로 이런 사회적인 의미를 건드리고 있다. 꿈 속 이미지들은 문화적인 영향력, 특히 성차별주의와 성역할에 대한 고정관념을 반영한다. 여권 운동이 발전하였다고는 해도 우리의 남성적인 사회는 여전히 여성들이 가정을 보살피고 어머니 노릇을 하는, 성별에 따라 정해진 제한된 영역의 역할에서 가치를 찾고 만족할 것을 장려한다. (암과 관련해 몸이 보내는 미세한 메시지를 '듣지 못하던' 바바라의 처음 반응에 덧붙여) '지하실에서 열린 침묵 파티'가 무의식 상태에서이긴 하지만 자신이 가슴 깊이 문화 전반에 대해 느끼는 것을 반영하는 것일지도 모른다. 겉으로는 정상적이고 예의 바르게 사회 전체가 나이든 여자인 그녀의 진정한 인간성을 '무시하기로' 공모하고 있는 것이다. 하나의 계급으로서 모든 여성의 진정한 인간성을 무시하는 것과 마찬가지이다.

바바라가 꿈의 말미에 강하게 느끼는 '무력감'과 '좌절감'은 이런 면에서 특히 통렬하다. 어떤 면에서 이런 감정들은 그녀가 자신의 건강이 좋지 않음을 직관적으로 알아차렸다는 것을 보여 준다. 우리는 여기서 수동적으로 생각만 하고 있는 사람을 행동하게 하려고 꿈이 상황을 '과장'해서 표현하는 다른 예를 볼 수 있다. 그녀가 느낀 극단적인 무력감은 대개 인간이 죽음에 직면했을 때 느끼는 것이다. 육체적인 죽음을 피할 수 없다는 것은 누구나 알고 있다. 하지만 그 사실을 직면하는 순간 어쩔 수 없이 무력함을 느끼기 마련이다.

다른 면에서 바바라가 느끼는 깊은 무력감과 좌절감은 여성이 성차별에 부딪쳤을 때, 또는 사회적으로 받아들여지는 중산층의 삶을 선택했기 때문에 진정으로 원하던 삶을 포기한 채 살아온 자신을 처음 들여다보기 시작했을 때 느끼는 것이기도 하다.

이렇게 이해할 때 바바라의 꿈에는 내가 지난 세월 동안 수천 명의 여성에게 들은 것처럼 그 은유 속에 이들이 겪은 성적인 억압이 생생하게 담겨 있다. 그것은 이들이 깨어 있는 동안 상황을 어떻게 지적으로 이해하고 있느냐와 상관이 없다. 바바라는 '전형적인' 아내와 어머니로서 자신의 삶에 만족했다. 그래서 그런 삶이 별것 아니라거나 창의적인 에너지를 낭비하는 것이라는 일부 페미니스트들의 주장에 동의하지 않았고 소위 말하는 여성운동에 관심도 없었다. 꿈에서 '파티' 소리를 들었을 때 바바라가 처음 한 생각이 아이들이 집에 살 때였음을 기억하는가? 그런데도 지하실에 내려갔을 때 파티 참석자들은 모두 성인이었다. 성차별이 '어른'들의 현상이어서 그런 게 아닌지, 또는 어른들이 상대의 진정한 인간성을 무시하며 아이들에게도 그렇게 하도록 만드는 것이 아닌지 생각해 볼 수 있다.

이렇게 보면 꿈에서 바바라가 듣지 못한 것은, 가부장적인 사회에서 나이 든 여자의 경험에 덧붙여, 깨어 있을 때 성차별로 받은 상처를 인정하기를 거북해하고 억압하는 바바라 자신의 태도에 대한 은유일 수 있다. 암 투병 전에 바바라는 자신이 상대적으로 특권층인데다 결혼생활도 행복해서 다른 여성들이 겪는 억압을 별로 경험하지 않았다고 생각했다. 꿈과 암으로 삶이 극적으로 바뀌면서 바바라는 예전의 생각들을 다시 들여다보고 자신이 가진 창의적 에너지를 좀 더 적극적으로 표출하고 싶어 했다.

남자들이 꾸는 꿈에도 집단에서 경험하는 성차별과 남성의 관점에서 본 성역할의 불평등함이 나타난다. 간단한 예로 30대 후반의 피터라는 남자가 꾼 꿈을 살펴보자.

나는 전사인데 검은 말을 타고 있다. 막 끔찍한 격전을 치렀고 온몸은 상처와 피로 범벅되었다. 나는 집이 있는 마을로 되돌아가고 있다. 언덕을 넘어서자 불에 타 폐허가 된 마을이 보인다. 마을을 지키려던 내 모든 노력은 헛된 것이었다.

천천히 폐허로 다가간다. 몇 안 되는 살아남은 사람들이 날 알아보지 못하고 겁에 질려 도망친다. 한 노인은 다리가 불편해 도망도 못

간다. 가까이 다가가자 노인은 겁에 질려 몸을 사린다. 더 가까이 다가가자 그때서야 나를 알아본다. 노인은 몸을 바로 펴면서 내게 다른 사람들은 어디 있는지 묻는다. 뭐라 대답할 말이 없다. 노인은 내 침묵이 무슨 뜻인지, 마을을 떠나 싸우러 간 장정들 중에 나만 유일하게 살아남았다는 것을 알아차린다. 노인이 충격을 받아 멍하니 나를 쳐다보고 있다. 나는 노인 앞을 천천히 지나쳐 간다.

이제 내 앞에 불쏘시개를 창처럼 휘두르는 여자가 서 있다. 품에 안은 사내아이를 보호하려는 것이다. 내가 다가가자 그녀는 위협적으로 창을 쳐들고 방어 자세를 취한다. 더 가까이 다가가자 내가 누군지 알아보고 창을 내던지고 다가온다. 그녀가 상처를 꿰매 줄 테니 말에서 내리란다. 지금 말에서 내리면 다시 탈 수 없을 것 같아 나는 그냥 천천히 앞으로 나아간다.

아까 그 노인이 도망치는 사람들에게 나를 따라가라고, 내가 길을 안내할 거라고 소리친다. 여자와 아이를 포함한 사람들이 천천히 내 뒤를 따른다. 나는 힘겹게 머리를 들어 저 멀리 산을 바라본다. 저 산으로 가면 안전한 곳을 찾을 수 있을지도 모르겠다. 저 산에 닿을 수만 있다면.

다른 꿈들과 마찬가지로 이 꿈에도 개인적인 것부터 집단적인 것까지 다양한 의미 층이 있다. 피터는 오랜 질병으로 심신이 허약했다가 회복 중이었다. 오래 몸담던 직장에서 해고되면서 병이 생긴 것 같았다. 그는 직장을 잃으면서 남자로서의 가치를 근본적으로 위협 받았고, 바바라가 느낀 '빈 둥지 증후군'과 비슷한 처지였다.

그가 꿈에서 입은 상처는 어떤 면에서 지극히 개인적인 것이다. 또 한편으론 바바라의 꿈에서처럼 우리가 살고 있는 문화에서 지배적인 성차별, 특히 전통적인 남성의 성역할을 내면화하면서 받은 집단적인 차원의 상처이기도 하다.

가부장적인 요즘 사회에서는 거의 모든 남성이 피터처럼 나름대로의 상처를 안고 있다. 그에 따르는 감정적인 상처는 또 어떤가? 갈수록 더해가는 무력감과 이를 악물고 노력해도 아무런 성과도 없는 것 같은 느낌은 가시지 않는다. 그렇다고 그런 기분과 감정을 자연스레 말하거나 표현하지도 못한다. 스트레스로 큰 고통을 받으면서도 도움을 청하지 못하는 등 돌보고 치유하는 내·외면의 여성성과 단절되어 있는 것이다. 이 모든 것이 전장에서 살아남았을지는 모르지만 깊이 상처 입은 전사라는 비극적인 영웅의 이미지로 나타난 것 같다. 아무 희망도 없는 (그러나 명예로운) 고통의 길을 묵묵히 나아가는 것이다.

세부사항에 주의를 더 기울일 필요가 있는 꿈이지만, 여기서는 집단 안에서 남성이 성차별로 받는 심리영성적인 상처를 극적으로 보여 주는 예로 소개한다.

사회에서 드러나지 않는 이런 집단적인 억압이 아이들과 소수 민족, 빈곤층, 병원이나 감옥 등의 시설에 있는 사람들의 꿈에도 비슷하게 나타난다.

　꿈은 꿈꾸는 사람 개인의 건강 상태뿐 아니라 사회 전반의 건강 상태도 나타낸다. 깨어 있을 때 사회를 어떻게 인식하느냐 하는 것은 우리가 내리는 결정이나 행동의 무의식적인 '배경'이 된다. 그처럼 사회의 건강 상태를 보여 주는 의미 층도 흔히 꿈의 배경에 녹아들어 있다. 이런 배경이 전면에 드러날 때는 바바라와 피터가 그랬던 것처럼 우리가 사회와 문화와 맺고 있는 관계에 뭔가가 크게 '엇나가' 있을 때이다.

　꿈과 꿈꾸기에 관련된 또 다른 원형적인 측면에는 인류의 미래에 대한 중요한 약속이 담겨 있다. 우리의 타고난 창의력이 꿈에 반영되어 있기 때문이다. 창의성은 인류가 보편적으로 타고난 권리로 무의식 깊숙이에 근원을 두고 있다. 꿈은 깨어 있을 때 상상력과 창의적인 충동을 불러일으키는 데 중요한 매개이다. 이런 창의성을 깨어 있을 때의 삶이나 활동을 통해 극적이고 독창적으로 또 상징적으로 '재구성'할 수 있다. 특정한 과제나 자기표현 행위에서 창의적인 영감의 형태로 나타나기도 한다.

　사람들은 대부분 꿈이 주는 창조적인 영감이 예술가들의 작품 활동에나 적용된다고 생각한다. 꿈이 '예술적인' 영감의 원천이 된 것은 사실이다. 그러나 이런 대중적인 이해로 꿈이 삶의 모든 측면에 대단한 창의적인 영감을 준다는 사실이 가려져 버렸다. 꿈을 통해 얻게 되는 원형적이고 창의적인 충동은 예술뿐 아니라 모든 인간 활동에,

특히 '딱딱한' 과학 기술의 발명과 발견에 창의적인 에너지와 혁신을 제공한다.

예를 들어, 로버트 루이스 스티븐슨Robert Lewis Stevenson이 쓴 소설과 이야기에는 꿈에서 일어난 일에서 영감을 받아 쓴 것이 많다. 특히 《지킬 박사와 하이드씨》는 심리학적인 걸작으로 잘 알려져 있다. 모차르트와 베토벤을 포함한 많은 작곡가도 꿈에서 들은 음악을 활용했다고 한다. 타르티니Tartini가 작곡한 유명한 〈악마의 트릴Devil's Trill〉은 꿈에서 보고 들은 즉흥 연주를 악보에 옮겨 적은 것으로 알려져 있다.

낭만주의 문학을 공부한 사람이라면 새뮤얼 테일러 콜리지Samuel Taylor Coleridge가 꿈에서 받은 영감을 그대로 받아 적은 것이 〈쿠빌라 칸Kubla Khan〉이라는 시임을 알 것이다. 그 시가 미완으로 남은 까닭은 누군가의 방문으로 꿈이 끊겼기 때문이라고 한다. 콜리지가 불청객을 보내고 났을 땐, 흔히 그렇듯, 꿈에서 받은 영감이 사라져 버린 것이다.

이렇듯 예술 분야에서 꿈에서 영감을 받는 이야기는 잘 알려져 있다. 실제로 꿈에서 영감을 받아 천재적이고 혁신적인 발상으로 위대한 발명, 발견을 한 분야는 철학을 비롯해 물리, 건축, 농업, 전자공학과 동물학까지 다양하다.

19세기에 러시아계 귀족 드미트리 멘델레예프Dmitrii Mendeleev는 물리계를 구성하는 기본 단위, 즉 모든 물질을 구성하는 기본 원소들을 연구하고 있었다. 복잡하고 무작위로 보이는 원소들의 성질과 모양을 전반적으로 설명하고 예측할 수 있는 원리를 찾고자 했으나 별 성과가 없었다.

멘델레예프는 (소련 연방 상류층에서 오늘날에도 그러하듯) 여름이면 흑해 연안의 오데사 외곽에 있는 시골별장에서 보냈다. 그의 대가족은 무더운 오후엔 함께 모여 실내악을 연주하며 보냈다.

하루는 핑계를 대고 가족음악회에서 빠져 나온 멘델레예프는 옆방의 소파에서 잠시 눈을 붙인다. 잠을 자는 동안 옆방에서는 음악소리가 흘러나온다. 멘델레예프는 꿈에서 갑자기 우주의 모든 기본 원소들이 반복되는 음악의 소절처럼 질서정연하고 아름답게 배치되는 것을 '본다'. 흥분상태에서 잠이 깬 그는 우리가 화학시간에 늘 보는 주기율표의 첫 모델을 그린다.

반세기가 지난 후 덴마크 출신의 닐스 보어Niels Bohr는 멘델레예프가 고민하던 것과 본질적으로는 같은 문제를 연구하고 있었다. 멘델레예프의 직관에 기반을 둔 채 보어는 자기만의 방식으로 질문을 약간 다르게 던져 본다. 처음부터 기본 원소들이란 게 있는 이유가 뭘까, 원소들이 불연속적으로 존재하게 되는 물리적인 원리는 무엇일까? 예를 들어 주기율표에서 수소와 헬륨은 왜 빈 공간을 두고 떨어져 있는지, 둘 사이에 과도기 상태의 무언가가 존재하지 않는 건 왜일까?

당시에 알려진 모든 아이디어를 소진하고도 만족할 만한 새로운

하나의 의미만 표현한 꿈은 없다

가설을 찾지 못한 보어는 꿈꾼다.

꿈에서 그는 경마장에 와 있다. (다른 곳에서는 아이스크림을 먹는 꿈을 꾸고 있었다고도 전한다. 나는 이 소박함이 맘에 든다.) 그가 관심을 가진 경주가 곧 시작될 거라는 안내방송이 나온다. (내 생각엔 이 사람이 돈을 건 경주일 것 같다.) 방송을 듣고 경주를 보려고 관중석으로 넘어 간다. 관중석에서 그는 말들이 달릴 경로가 하얀 칼슘 가루로 아주 진하게 표시되어 있는 걸 본다.

지나치게 하얗게 표시된 경주로를 보면서 그는 꿈에서 말들이 정해진 경로 안에서만 달려야 하는 규칙이 있음을 '기억한다'. 말들이 경로를 바꿀 순 있지만 그건 서로 부딪치지 않을 만큼 서로 충분히 떨어졌을 때만 가능하다. 그리고 어느 말이든 경로를 벗어나 하얀 가루를 날리면 당장 실격이다.

보어는 이때 엄청나게 흥분했다고 한다. 이 신기한 '경마 규칙'이 자신이 찾고 있던 원소들이 지닌 불연속적인 성질에 대한 기본적인 물리 '법칙들'을 상징적으로 보여 주고 있다는 것을 그 순간 깨달은 것이다. 원자핵 주위를 도는 전자들의 궤도가 경마장에 '그어진' 선들만큼이나 엄격하고 임의적으로 정해져 있다는 사실을 터득한 것이다. 경마장의 말들처럼 전자들도 아무 궤도나 '자유롭게' 도는 것이 아니라 불연속적으로 일정하게 미리 결정된 궤도를 따라서만 움직일 수 있다. 이렇게 한 궤도에서 다른 궤도로 이동하는 데 필요한 에너지의 양을 '양자'라고 한다. 이 변하지 않고 불연속적인 에너지의 '양자'가 전자들이 운행하는 특정한 궤도를 정의하고, 나아가 불연속적이고 불변하는 기본 원소들 자체의 성질을 규정한다. 꿈에서 깨어난 보어는 (나중에 노벨 물리학상을 받게 되는) '양자 이론'의 첫 번째 공식을 급하게 받아 적는다.

에드윈 뉴먼이라는 언론인이 아인슈타인에게 상대성 이론에 대한 감을 언제 처음 잡았느냐고 물었다. 아인슈타인은 오래전 독일에서 보낸 청소년기에, 수학에 낙제하고 집안에 부담이 되지 않으려고 배관공이 되면 어떨지 가족들과 상의할 무렵이라고 대답했다. 그 어려운 시기에 몹시 황홀하고 기억에 남는 꿈을 하나 꾸었다고 한다.

그는 밤에 친구들과 썰매를 타고 있다. 눈 덮인 언덕을 올라가 미끄러져 내려오고 다시 올라가 미끄럼을 타고 내려오길 반복했다. 언덕을 미끄러져 내려오던 어느 순간 아인슈타인은 이번엔 썰매가 점점 더 빨리 달리고 있다는 걸 알게 된다.

썰매가 점점 더 빨라지더니 어느새 빛의 속도에 가까워지고 있다. 그때 고개를 들어 별들을 올려다본다. 굴절된 별빛이 무지개처럼 퍼져 보인다. 전엔 본 적이 없는 경이롭고 신비한 광경이다. 왠지 모르지만 아인슈타인은 뭔가 자기 삶에서 가장 중요한 걸 보고 있다는 걸 알아차린다.

"그 꿈을 이해해야 한다는 걸 알았죠. 과학자로서 내 경력 전부가 실은 그 꿈에 대한 명상이라고 할 수 있어요."라고 아인슈타인이 말했다.

꿈을 통해 과학적인 발견을 하는 이야기들 중에 나는 일라이어스 하우Elias Howe가 현대인들의 삶에 필수품이 된 재봉틀을 발명한 예를 제일 좋아한다. 1700년대 중반 산업혁명이 막 시작되었을 때 다축 방적기와 동력으로 작동하는 직조기가 발명되었다. 하지만 이 두 기계가 실을 잣고 직조하는 것만큼이나 효율적으로 재봉이 가능한 기계가 발명되지 않아서 산더미같이 쌓인 직물은 여전히 숙련된 재봉사들의 손을 거쳐야 했다. 경제·사회적인 병목현상이 극심해서 산업혁명은 어려움을 겪고 있었다.

빠르고 질 좋은 재봉 기계를 발명해야 할 경제적인 압력이 대단했다. 전 세계적으로 이 문제를 해결하는 데 많은 창의적인 에너지가 집중되었지만 반세기가 지나도록 문제는 해결되지 않았다.

미국에서 직물업자들이 내건 막대한 보상에 고무된 하우는 이 문제를 해결하기 위해 발 벗고 나섰다. 알려진 모든 방법을 동원해 바느질 기계를 만드는 문제를 해결하려 했지만 별 소득이 없었다. 그러다 방적기와 직조기가 발명된 지 75년쯤이 지난 어느 날 하우는 꿈을 꾼다. (흔히 그렇듯) 그는 한창 뭔가가 진행 중인 중간쯤부터 꿈을 기억한다.

하우는 아프리카에서 식인종을 피해 달아나고 있다. 이를 악물고

밀림 속을 도망치지만 결국 원주민에게 잡히고 만다. 원주민들은 그의 손발을 묶어 막대기에 매달아 마을로 데려간다. 물이 가득한 무쇠 솥에 그를 던져 넣고 솥에 불을 붙여 산 채로 끓이기 시작한다.

버둥거리던 하우는 물이 부글부글 끓기 시작할 때쯤 손을 묶은 끈이 느슨해진 걸 알게 된다. 솥 가장자리를 잡고 뜨거운 물 밖으로 몸을 끌어올릴 때마다 원주민들은 날카로운 창으로 찔러 하우를 물속으로 밀어 넣는다.

악몽에서 깨어났을 때 하우의 마음 한켠은 이 상황을 거리를 두고 바라보고 있었다. "창 끝마다 구멍이 나 있다니, 거참 이상하네. 끝에 구멍이라. ……끝에 구멍! 맞아, 그게 답이야!"

하우는 자신을 포함해 사람들이 바늘이라는 일반적인 통념에 눈이 멀어 있었다는 걸 깨닫게 된다. 손으로 할 때는 뭉툭한 끝부분에 바늘구멍이 있는 게 편할지 모르지만 기계로 만들 때는 뾰족한 쪽에 바늘구멍이 있어야 편한데 그걸 놓친 것이다. 이 부분이 해결되자 바늘이 옷감을 뚫고 실을 아래로 가져가 두 번째 실로 감싸 다시 끌어올리는 기어 시스템을 만드는 일은 아주 쉬웠다.

안타깝게도 하우 개인의 삶은 별로 알려진 게 없어서 이 역사적인 꿈에서 그 사람 개인의 심리에 관한 다른 의미나 중요성에 대해서는 추측할 수밖에 없다. 여기서 중요한 건 이 꿈이 집단에 미친 영향이다. 이 꿈 덕분에 산업혁명 동안 차오른 에너지가 해결될 수 있었다.

재봉틀의 발명으로 산업화의 마지막 공정이 비로소 해결되어 병목현상이 해소되었다.

누군가 '식인종'이 그를 '요리'하는 '뜨거운 물'은 집단적인 수준에서 보면 역설적으로 그의 발명으로 변화된 사회에서 우리가 흘리게 된 '땀'과 '노동착취공장'에서 겪은 불행에 대한 은유라고 지적했다. '뜨거운 물'은 하우가 엄청난 정신적인 노력의 결과 흘린 '땀'에 대한 은유도 될 것이다.

바느질 기계 자체는 '원초적인' 리비도가 창의적인 표현과 문화적인 인공물로 '승화'하는 것을 보여 주는 좋은 사례이다. 꿈에 담긴 특정한 심상이 그런 의미를 강하게 불러일으킨다.

이 꿈은 융이 얘기하는 '그림자' 원형과 그림자가 지닌 창의적이며 선물을 가져다주는 측면에 대한 뛰어난 예이기도 하다. 기술적인 문제에 대한 창의적인 해결책이 문자 그대로 가장 어둡고 거부감이 드는 무서운 인물, 즉 '식인종'의 손에 있다는 것은 결코 우연이 아니다. 하우의 꿈에서 식인종들은 그림자 원형이 지닌 에너지에 대해 심오한 진리 하나를 보여 준다. 깨어 있을 때의 일반적인 통념에서 보자면 무의식 상태여서 자아에게 아직 분명하게 드러나거나 이해되지 않은 모든 것은 불쾌하고 못생기고 무섭고 어둡고 위험하다. 하지만 깨어 있을 때의 의식이 가장 원하고 갈망하는 모든 것(예컨대 가장 두드러지고 당연한 것 몇 개만 들자면 사랑의 에너지, 창의력, 신성과의 합일감 등)은 무의식 가장 깊은 곳에 있다. 그래서 그림자가 쓰고 나타나는 어둡고 무서운 가면 뒤에는 늘 우리가 가장 절실하게 원하고 찾는 것이 숨어 있다.

여기서 '식인종'이 전하는 해결책을 알아보는 데는 '악몽'에 따르는 무섭고 불쾌한 감정을 넘어서 분명하게 보려는 영웅적인 노력과 용기가 필요하다. 흥미진진한 '악몽'을 꾸고도 꿈에 담긴 치유와 창의적인 가능성을 보지 못하고 놓치는 일이 얼마나 많은가?

위에 소개한 네 일화는 꿈에서 창의적인 충동이 어떤 모양을 띠고 나타나는지를 보여 주기 때문에 특히 흥미롭고 설득력 있다. 꿈에서 영감을 받아 발명·발견하게 되는 비슷한 이야기는 과학기술계에서 흔히 찾아볼 수 있다. 이는 우리 꿈속 전반에 원형적인 창의적 충동이 늘 내재되어 있다는 실질적인 예가 되기도 한다. 소개된 네 가지 꿈도 마찬가지이겠지만 꿈에는 창의적인 영감이라는 요소 외에도 다른 의미가 많이 담겨 있다. 이 꿈들은 창의적인 충동이 어떻게 상징과 은유라는 본질적으로는 같은 방식으로 의식에 '전달'되는지를 잘 보여 주고 있다.

하우와 멘델레예프, 보어, 아인슈타인이 꿈을 통해 경험한 것에는 꿈이 주는 또 다른 중요한 영감이 있다. 그건 창의적인 돌파구를 만나기 전까지 이들은 고심 중인 문제를 해결하고자 엄청난 시간과 노력을 들였으며 이미 알려진 모든 방법을 동원해 여러 각도에서 검토했다는 점이다. (오토 로위Otto Lowie가 보여 준 신경 기능과 관련된 화학반응에 관한 실험부터 프리드리히 케쿨레Fredrich Kekule가 제 꼬리를 무는 뱀의 이미지에서 자극받아 밝혀 낸 벤젠의 분자 구조까지) 꿈에서 영감을 받은 수많은 과학기술의 사례에서, 이전에 알려진 모든 이론이나 분석을 세밀하게 재조사하고 동이 났을 때에야 꿈속의 이미지에서 창의적인 돌파구를 얻게 된다.

그건 펌프질을 할 때 마중물을 넣으면 더 잘 작동하는 것과 같다. 꿈에 관심을 기울인 덕분에 창의적인 '돌파구'를 보상으로 받게 된 사람들은 예술가와 과학자만이 아니다. 삶에서 가장 중요한 이슈들에 대해 자기 자신에게 정직한 질문을 던질 때마다 우리는 꿈 펌프에 마중물을 넣는 셈이다. 마음을 열고 꿈이 전하는 치유와 창의적인 메시지를 받아들일 준비가 되어 있으면 매일 밤 꿈에 내재되어 있는 원형적인 창의성의 충동을 자극하게 된다.

꿈은 깨어 있을 때의 의식에서 보자면 진정으로 놀라운 지혜와 유머, 명철함과 창의력을 드러내 보여 준다. 꿈에 좀 더 규칙적으로 관심을 기울이다 보면, 우리 개인의 삶에서뿐 아니라 우리가 공유하고 상호의존적으로 존재하는 더 큰 규모의 집단적인 수준에서도 그 보상이 크다. 보편구제론자들 사이에 내려오는 오랜 금언을 인용하자면, 꿈은 '각자와 전부의 화해를' 촉진하는 건강과 온전성에 이바지하기 위해 온다.

3장
꿈은 어떻게 의식의 진화를 도울까?

의식 수준에서 내면의 목소리가 가진 힘에
동의할 수 있는 사람만이 자기발견을 할 수 있다.
_칼 융

꿈을 기억하건 못 하건 모든 사람은 꿈을 꾼다. 이를 뒷받침하는 과학적인 증거는 많다. 1958년 시카고 대학의 수면연구실에서 유진 아세린스키Eugene Aserinsky와 너대니얼 클라이트먼Nathaniel Kleitman은 사람들이 꿈을 꿀 때 렘REM이라고 부르는 '빠른 안구 운동'이 나타난다는 것을 발견했다. 이를 계기로 전 세계의 다른 연구자들도 '모든 사람은 꿈을 꾼다'는 오래된 지혜를 제한된 연구실 환경에서 직접 관찰할 수 있게 되었다.

문헌에서 '모순적인 수면'이라고도 부르는 렘수면이 꿈꾸기와 연관되어 있다는 발견을 통해 실험실에서 꿈을 연구하는 새로운 시대가 열렸다. 이전의 꿈 연구는 사람들의 주관적인 보고에 의존할 수밖에 없었다. 측정도 재생도 할 수 없는 이런 보고는 과학자들 입장에선 믿을 수 없는 자료에 불과했다. 객관적으로 자료를 얻을 방법이 없다 보니 과학계에선 꿈 연구에 별로 관심을 갖지 않았고 연구비를 구하기도 힘들었다.

하지만 아세린스키와 클라이트먼의 논문 덕분에 연구실에서 꿈을 꾸는 동안 일어나는 생리 현상에 대한 연구가 시작되었다. 신빙성에 문제가 있을 수밖에 없는 꿈꾼 사람의 진술에만 의존할 필요가 없어졌기 때문이다. 하지만 꿈꾸는 동안 일어나는 생리적·생화학적인 현상에만 관심과 연구비가 집중되어 한편으로는 꿈에 담긴 상징적 내용물과 의미에 대한 탐구는 더 뒷전으로 밀려났다.

실험실 연구는 그 속성상 계량화나 수치화할 수 있는 물리적인 자료에만 관심을 기울인다. 이런 한계 때문에 일부 연구자들은 꿈을 꾸는 과정 자체는 별 '의미가 없다'는 주장을 펴기도 한다. 꿈 현상을 무작위적인 신경계의 활동으로 보고 기껏해야 단기 기억의 흔적들이 장기 기억으로 전환하는 과정에서 일어나는 '소음'으로 치부하기도 한다. 이미 말한 것처럼 내가 내린 결론은 전혀 다르다. 나는 꿈에는 다층적이면서 또 중요한 의미가 담겨 있다고 믿는다. 꿈이 단기 기억이 장기 기억으로 통합해 가는 과정이라는 주장이 틀린 것은 아니다. 그렇다고 꿈을 꾸는 동안 다른 의미 있는 일이 일어나지 않는다고 말할 수는 없다.

깨어 있는 동안의 의식의 기능에 대한 방대한 연구 자료에 따르면 실제로 인간이 지닌 단기 기억의 한계는 한 시간 반 정도라고 한다. 아무리 동기부여가 잘 되어 있고 헌신적인 사람이라고 해도 한 가지 활동에 90분 이상 집중하지는 못 한다고 한다. 한 시간 반마다 두뇌는 차단기를 내리고 방금 입력된 단기 기억을 장기 기억으로 다시 처리해야 한다는 얘기이다. 대개 90분 간격으로 일어나는 렘 주기도 상당 부분 단기 기억의 '칠판'에 '공간'이 부족해서 일어나는 것으로 보인다.

꿈이 기억을 재구성하는 데 연관되어 있다는 사실은 꿈꾸기가 인간 의식에서 의미를 만들어 내는 데 중심적인 구실을 한다는 증거라고 볼 수 있다. 꿈이 아무런 의미가 없다는 주장과는 아주 다른 이야기일 수밖에 없다. 그렇다면 인간은 어떻게 의미를 인식할까? 우리는 장기 기억의 목록을 이용한다. 순차적으로 늘어놓은 목록에서 이것과 저것을 대조해 비슷한 점과 차이를 알아내고, 숨겨진 구조적인 동질성이나 상징적·정서적인 '의미'와 '카텍시스cathexis'* 등 연관성을 찾아낸다. 이 목록 자체가 인간이 의미를 인식하는 기본 구조라고 할 수 있다. 일면 이상야릇한 꿈속의 이미지들과 경험을 열린 마음으로 들여다보는 것은 그 자체가 꿈과 꿈을 꾸는 것에 내재된 의미의 본질을 긍정하는 것이다.

꿈은 얼핏 보기에 '말이 안 돼' 보인다. 하지만 그렇다고 꿈이 의미 없다고 보기는 어렵다. 오히려 그 반대다. 표면에 드러난 말이 안 돼 보이는 이미지와 감정, 생각을 깊이 들여다보면 연상과정을 통하여 자기자신에 대한 의미 있는 깨달음에 이르기도 한다.

아세린스키와 클라이트먼의 연구 이후 많은 발견이 잇따랐다. 한 동물 연구에서는 눈꺼풀이 있어서 잠잘 때 눈을 감는 동물 대부분이 규칙적인 렘수면을 하는 것으로 관찰되었다. 이러한 발견을 통해 인간뿐 아니라 규칙적인 렘 주기를 보이는 모든 온혈동물이 꿈을 꾼다고 추정할 수 있다.

호주에 사는 바늘두더지는 잠자는 동안 급속한 안구 운동을 보이

* '심리' 대상에 대한 관심이 끊임없이 지속되는 일. 정신분석학파는 정신적 에너지가 어떤 특정한 관념, 기억, 사고, 행동에 축적되는 것으로 해석한다.

지 않는다고 한다. 그래서 바늘두더지가 꿈을 꾸지 않는다는 기록도 있지만 렘 현상을 보이는 다른 유대류나 포유류는 꿈을 꾸는 것 같다. 프랜신 패터슨Francine Patterson은 고릴라 코코와 작업했고, 여키스Yerkes 유인원 센터에 있는 동물행동학자들은 컴퓨터를 이용해 침팬지 와쇼Washoe와 대화를 시도했다. 인간과 동물 간의 의사소통을 시도하는 이 같은 연구를 통해 곧 다른 동물이 꾸는 꿈 이야기를 듣게 될지도 모른다.

렘수면 동안 뇌파와 신진대사를 관찰한 결과, 꿈을 꿀 때와 깨어 있을 때 경험하는 것에 대한 뇌의 반응이 비슷하다고 한다. 예를 들어 보스턴 마라톤을 뛰는 꿈을 꿀 때 몸 전체의 신진대사가 활발해질 뿐 아니라 뇌도 실제 뛸 때와 같은 지시를 근육에 내보낸다. 우리가 꿈을 꾸다가 벌떡 일어나 달려 나가지 않는 유일한 이유는 혈관 속에 있는 신경 억제물질 덕분이다.

이 억제물질들은 자율 신경계를 분리시켜 꿈속 경험에 반응해 대뇌피질에서 근육을 움직이려는 것을 막는다. 신경 억제물질은 아주 불안정해서 순식간에 분해되어 흔적도 없이 사라지긴 하지만 렘수면 상태에서 꿈을 꾸는 동안은 끊임없이 생산된다. 꿈과 렘수면이 끝나면 신경 억제물질의 생산도 바로 멈춘다. 마지막 분자가 분해되어 사라지는 즉시 몸의 마비가 풀리고 근육들은 다시 자율 신경계의 조절을 받는다. 바로 이 때문에 우리는 꿈을 꾸는 동안은 꼼짝도 않고 가만히 누워 있다가 꿈이 끝나면 몸을 뒤척이게 되는 것이다.

신경 억제물질이 처음 발견되었을 때 고양이와 다른 동물들을 대상으로 한 끔찍한 실험들이 있었다. 꿈꾸기로 접어든 실험 대상은 꿈꾸는 내용을 표현하느라 몸을 격렬하게 움직였고, 뇌파분석 결과 수면 상태의 뇌가 보이는 신경 반응이 깨어 있을 때와 똑같다는 사실이 이 실험들에서 드러났다.

때로 내분비계가 잘못 작동하여 꿈이 끝나고 완전히 깨어난 뒤에도 뇌에서 계속해서 신경 억제물질을 생산하기도 한다. 이럴 때 마비를 경험하게 되는데 근육 하나 움직일 수 없다. 이런 상태가 되면 사람들은 마비를 풀려고 안간힘을 써 몸을 움직이려 한다. 하지만 아무리 애를 써도 몸이 움직이지 않아 심한 불안에 휩싸이기도 한다.

사실 그런 안간힘은 역효과를 일으킨다. 큰 근육을 움직이려는 급박한 대뇌의 명령을 신경 억제물질이 가장 효율적으로 차단하기 때문이다. 이상하게 들리겠지만 경험상 이런 '마법을 깨는' 가장 효율적인 방법은 얼굴을 찡그리는 것이다. 얼굴과 목의 작은 근육들이 마비의 영향을 제일 적게 받는다고 한다. 그래서 이 근육들을 움직이면 가장 손쉽고 효과적으로 내분비계에 꿈이 끝났음을 알려 대뇌가 근육을 관장할 시간이라는 '신호'를 보낼 수 있다. 마비를 풀려고 몸부림을 칠 때 얼굴을 찡그리게 되면서 '마법'에서 풀려나는 것인지도 모른다.

꿈꾸는 동안 마비가 잘 풀리지 않으면 꽤 고통스럽다. 하지만 영아돌연사증후군에 비하면 아무것도 아니다. 영아돌연사증후군이 통제된 실험실 상황에서 발생한 적은 없지만 일부 병원관계자들은 신생아, 특히 미숙아가 꿈을 꿀 때 신경 억제물질이 과다하게 혹은 잘못된 순간에 집중적으로 혈관으로 들어갔기 때문이라고 추정한다. 그래서 자율 신경뿐 아니라 정상적이라면 억제물질의 영향을 받지 않을 비자율 신경까지 차단되면서 심장 박동과 횡격막 수축, 숨쉬기가 멈춰 질식사한다는 것이다.

미숙아에게 돌연사증후군의 위험이 특히 높다는 것은 꿈꾸는 동안 마비계가 이 문제의 핵심임을 강하게 암시한다. 일부 미숙아에게는 자율과 비자율 신경계의 차이를 인식하는 기능이 발달할 시간이 근본적으로 부족했을 가능성이 아주 높다. 그래서 보통 때라면 적절한 양의 억제물질도 미숙아에겐 치명적이 되는 것이다.

어쨌건 이런 사실들과 추론이 꿈꾸기와 연관되어 있다는 사실은 매우 흥미롭다. 정상적인 몸에서 하룻밤에도 몇 번씩 기관들이 완전히 마비되는 위험에 처하는 것이다. 잘못하면 영아돌연사증후군의 경우처럼 죽을 수도 있는데 말이다. 하지만 복잡하게 진화한 온혈동물 중에 꿈꾸기에 동반하는 이런 위험을 줄이거나 없애 생존 가능성을 높이는 방향으로 진화한 종species은 하나도 없어 보인다.

그렇다면 여기에서 아주 흥미로운 결론을 이끌어 낼 수 있지 않을까? 종이 진화한다는 아이디어는 특정한 생태 환경에서 종의 생존 가능성을 높이기 위해 행동과 신체구조를 바꾼다는 것이다. 이 이론에 뭔가 중요한 것이 있다면 꿈꾸기 자체에 근원적으로 중요한 뭔가가 있음에 틀림없다. 꿈꾸는 것이 그토록 위험한 것이라면 생존을 위해 꿈꾸기를 버렸어야 하는데 실은 정반대이기 때문이다. 동물들이 대부분 꿈을 꾼다는 것은 분명히 꿈꾸기가 생존에 아주 중요한 가치를 지닌다는 걸 발견했기 때문일 것이다.

프로이트와 융의 동료이기도 한 헝가리의 정신분석학자 샌도르 페렌치Sándor Ferenczi는 꿈과 진화의 연관성을 연구했다. 그는 꿈을 꾸는 것이 진화적 관점에서 볼 때 아주 중요할 뿐 아니라 '꿈 자체가 진화의 작업장'이라는 결론을 내렸다. 페렌치는 인류가 오늘날의 인간으로 진화할 수 있게 된 것은 우리의 유인원 조상들이 말을 하는 꿈을 꾸었기 때문이라고 주장한다. 꿈을 통해 처음으로 신경학적으로 시냅시스 연결을 만들고 말을 하는 데 필요한 신경계 통로를 놓았다는 것이다.

물론 이런 주장을 종의 진화라는 입장에서 증명하기는 쉽지 않다. 하지만 개인의식의 발달과 진화라는 관점에서 증명하는 건 어렵지 않다. 꿈은 늘 꿈을 꾸는 사람이 발전·지향하는 까닭을 드러내 보여 준다. 또 "지금 이 순간 나는 누구이며, 어떻게 해서 이렇게 되었나? 나는 어떤 사람으로 성숙해 가고 있나?"라는 질문을 던지고 그 대답을 상징적으로 보여 준다.

꿈에는 개인적·심리적인 그리고 사회·문화적인 의미에 덧붙여 종 전체의 진화와 발달에 연관된 의미도 담겨 있는 것 같다. 때로 꿈이 왜 그렇게 '모호하고' '무의미하게' 나타나는지에 대한 답이 이 부분에 있을지 모른다. 꿈이 '혼란스럽고' '무의미하게' 나타나는 건 부분적으로는 우리가 아직 제대로 의식하고 이해하지 못한 잠재된 성장과 발전의 가능성을 언급하기 때문인 것으로 보인다.

개인의 성장과 발달에서는 분명히 그렇다. 꿈을 꾼 당시에는 제대로 의식하지 못했지만 뒤돌아봤을 때 우리 개인의 발전을 얘기하고 있다는 것을 알게 될 때가 있다. 집단적인 수준에서도 그럴 것이라고 믿을 수 있지 않을까. 사실 그럴 만한 근거는 충분하다.

나는 간혹 4백만여 년 전 우리의 유인원 조상들이 꿈에서 깨어나 끝없이 펼쳐진 사바나 위로 떠오르는 첫 아침 햇살을 보면서 호기심 어린 눈을 끔뻑이는 상상을 해 본다. "도대체 그게 뭐였지? 꿈속의 이상한 소리들은 뭐야? 곤충이나 새, 바람이나 물소리도 아니고, 이 소리들을 다 합쳐 놓은 것 같기도 한데……. 아냐, 틀림없이 짐승 소리야. 근데 내가 알고 있는 짐승 소리는 아니고, 대체 뭐였지?"

유인원들은 이따금 여유가 생길 때 그 이상한 소리로 가득한 꿈을 두고 의미를 곰곰이 생각해 보지 않았을까? 이렇게 꿈꾸고 사색하는 일이 몇 세대, 아니 몇 백 년에 걸쳐 계속되었을 것 같다. 그러던 어느 날 누군가 아주 독창적인 생각을 해내는 것이다. "아, 알겠어! 그 소리엔 의미가 있어! 무엇인가의 이름이기도 하고. 맞아, 그건 단어야!" 나는 이 놀라운 존재가—여자가 아니었을까?—첫 번째 인간, 호모 사피엔스의 원조였을 것 같다.

우리 모두 꿈을 꾸는 것은 분명하다. 진화가 우리 없이 이뤄지지도 않았다. 우리는, 개인으로든 종으로든, 완성되지도 완벽하지도 않다. 신학적인 용어를 쓰자면 계시록은 아직 다 쓰이지 않은 것이다. 신성은 (원한다면 '여전히 무의식적이고 아직 나타나지 않은 인간의 잠재력'이라고 표현할 수 있겠다) 우리 내면에서 완전히 개발되고 자각되지 않았다. 꿈이라는 계속되는 원형적 드라마는 이런 진화가 아직도 진행 중이라는 증거이다.

2장에서 다뤘듯 꿈은 우리에게 창의적인 영감과 에너지라는 선물을 준다. 어지러운 감정을 더 잘 이해하도록, 개인과 집단이 지닌 문제를 더 잘 꿰뚫어 보도록, 우리 내면 깊숙이에 있는 무의식 상태의 본질을 좀 더 의식에서 자각하고 인식하게끔 도와 준다. 꿈은 파울 틸리히Paul Tillich가 '우리 존재의 기반'이라고 부른, 뭐라 이름 붙일 수 없는, 근본적인 '내면'을 건드리는, 이것 없이는 다음 숨을 들이쉬거나 생각을 하는 것도 불가능한 그 무엇이다. 물론 깨어 있을 때 이런 심리적 측면을 우리가 의식하는 경우가 아주 드물기는 하다.

실제로 '영적 발달'을 정의하는 한 가지 방법은 우리가 살면서 간혹 느끼는 이 신성한 진화의 에너지와 연관짓는 것이다. 꿈을 통해 그런 의식적인 감각에 한 걸음 더 가까이 갈 수 있다. 반면 꿈은 장난기와 에누리 없는 솔직함으로 충격을 주기도 한다. 1장에 소개한 '수프로 가득한 수영장에 익사하는' 꿈이나 2장에 나온 바바라가 꾼 '지하실의 침묵 파티'와 피터가 꾼 '상처 입은 전사'가 그 예이다.

중요한 꿈을 꾸고 나서 흔히 느끼는 이런 '충격'은 꿈이 그 자체로 깊은 종교영성적인 믿음과 직관의 근원이 되는 까닭이기도 하다. 꿈에서 세상을 떠난 지 얼마 되지 않은 이들의 영혼을 만나는 일이 많다. 전 세계 사람들의 꿈에 귀신이나 악귀, 천사, 신성한 안내자나 보호자와 같은 '원형적인 아이디어'가 나타난다.

《백설 공주》나 다른 민담에 나오는 '절대 거짓말을 하지 않는 거울'은 꿈꾸기에 대한 최상의 은유가 아닐까 싶다. 자아의 복잡다단한 성격을 비춰 주는 꿈속의 이미지는 때로 모호하고 사소하거나 진부하게 느껴진다. 불안하고 비참한 느낌이 들게 한다. 하지만 마술 거울처럼 꿈은 늘 진실만을 전한다. 결코 거짓말을 하지 않는 거울의 이미지는 거울이 비추는 이미지가 믿을 수 있는 진실이란 점과 우리에게 진실을 전하는 충격적인 방식 두 가지를 다 가리킨다.

기억하겠지만 《백설 공주》에서 사악한 마녀는 절대 거짓말을 하지 않는 거울에게 매일 같은 질문을 한다. "거울아, 거울아, 이 세상에서 누가 제일 예쁘니?" 거울은 마녀가 제일 예쁘다고 대답한다. 하지만 백설 공주가 사춘기에 접어들자 사정은 달라진다. 이야기가 끝날 때까지, 화가 난 마녀가 하는 일은 백설 공주를 죽이려는 것이다. 일련의 암살자를 보내고도 성공하지 못하자 본인이 직접 나서기도 하지만 결국은 다 실패한다. 그럴 수밖에 없는 게, 난쟁이를 비롯해 새와 숲 속의 동물 등 자연의 모든 것이 백설 공주를 돕기 때문이다.

마녀가 매일 아침 마술 거울을 들여다보고 거울의 대답에 그토록 화를 내는 건 결코 우연이 아니다. 마녀의 반응은 무의식 저 깊은 곳에서 솟아오른 불편하고 '놀랍고' 반갑지 않은 소식을 어쩌다 접할 때 우리가 보이는 반응과 다르지 않다. 진실한 자신의 모습을 보지 않으려 하고 대신에 그 무의식의 에너지를 외부의 타인에게 투사하는 것이다. 마술 거울에 비친 모습이 늘 진실하고 정확하지만 그녀와 우리는 그것이 자기 내면의 모습이란 걸 인정하지 않으려 한다.

대개 우리는 (우리 자신의) '왕국에서 가장 아름다운' 모습으로 있지 않다. 이는 어떤 대상과의 비교·판단에서 하는 말이 아니라 우리 내면에 개발되지 않고 남아 있는 잠재력을 가리키는 말이다. 마녀가 그랬듯 우리는 흔히 꿈이 전하는 다양한 면들 중에서 다른 사람과 관련된 부분만 먼저 보게 된다. 그렇다고 하더라도 다양한 면들이 모두 진실이기에 개인과 집단의 건강과 온전성을 진일보하기 위한 것으로 볼 수 있다.

몇 년 전 샌프란시스코 만에 있는 예수회의 사순절 피정에 초대받은 적이 있다. 첫날 나는 꿈에 관심을 기울여 무의식에 숨겨진 내면생활의 깊이를 깨닫는 것이 얼마나 가치 있는 일인지 짧게 얘기했다. 이론적인 부분과 함께 (4장에 나오는) 꿈을 기억하는 데 도움이 될 만한 실질적인 조언도 다뤘다. 그날 프로그램을 마치고 참석자들은 꿈을 기억해서 적어 오기로 하고 흩어졌다.

다음 날 다시 모이자마자 참석자들의 불만이 쏟아졌다. 요지는 우리는 모두 경건한 삶을 추구하는 사람들로 사순절 동안 신의 존재를 더 가까이 느끼기 위해 피정을 왔다. 당신이 꿈에 관심을 기울이라고 해서 해 봤는데 꿈이 너무 '역겹고' 불쾌하고 추잡하다. 이건 우리가 원한 것도 아니며 당신이 일어나리라고 말한 것에 정반대가 아니냐는 것이었다.

그때 나는 꿈이 신성과 만남을 더 깊이 경험하도록 도와 줄 때, 그런 초월적인 존재감이 손상을 입거나 끊어진 곳부터 시작한다고 생각했다. 돌이켜 보니 정말 그런 것 같다. 예를 들어 가족들과 해결되지 않은 문제로 내가 자아와 유리되어 있다고 치자. 아무리 신성한 원형의 에너지를 느끼고 싶어도 내가 자아와 유리된 상태에서는 가능하지 않다. 그래서 먼저 가족과의 문제에서 생긴 감정을 제대로 느끼고, 어릴 때 일어난 일을 완전히 다르게 이해할 필요가 있다. 그런 후에라야 일상적인 일들의 표면 아래 감춰진 깊은 곳에 있는 신성한 원형의 에너지를 느낄 수 있을 것이다. 그래서 건강하고 온전해지려는 노력으로 꿈을 통해 내 삶에 신성한 에너지가 어떻게 작동하는지 알고자 할 때 나와 좀 더 큰 원형적인 나 그리고 우주 사이에 해결되지 않고 남아 있는 감정의 드라마를 먼저 접하게 되는 것이다.

(깨어 있을 때의 작고 분리된 '자아'인) 아주 평범하고 제한된 '나'에서 전체 혹은 신성과 온전히 하나인 큰 자아에 이르는 경험은 끊이지 않고 잇닿아 있다. 경험상 모든 꿈은 궁극적으로 초월적이며 직접적이고 창의적으로 모든 생명의 우주적인 춤에 모양을 부여해 주는 이 신성하며 집단적이고 원형적인 에너지에 참여하는 것을 목표로 한다. 이는 꿈이 지향

하는 완전하고 개인을 초월한 '건강과 온전함'의 규모를 개념화하는 한 가지 방법이다.

이렇게 볼 때 꿈에 처음부터 '숨어 있는' 다양한 의미들이 서로 연관되어 있고, 개인을 넘어서는 집단 무의식의 원형적 에너지와도 닿아 있다고 볼 수 있다. 어떤 꿈이나 꿈 작업도 자아 속에 있는 신성을 자각하는 데까지 이르지 못하면 완전하지 않다. 꿈이 최종적으로 지향하는 것이 바로 이것이기 때문이다. 이런 건강하고 온전한 경험과 이해에 도달하기 위해서는 하나도 빠뜨리지 말고 발걸음 하나하나 자세히 살펴보아야 한다. 하나라도 빠지면 이론에 불과할 뿐 온전하지도 완전하지도 않다.

따라서 꿈은 깨어 있을 때 우리의 경험을 정의하는 자기중심적이고 번민에 찬 제한되고 '눈 먼' 자아와, 전체all의 더 큰 삶에 직접 의미 있게 참여하는 이런 초월적이고 무의식 깊은 곳의 경험 사이를 오간다. 그게 무엇이건 꿈은 '장애물'이 있는 바로 그곳에 텐트를 치고 '도덕극'을 시작한다. 꿈꾼 사람이 장애물을 치우고 자유롭게 초월적·창의적으로 자각하게 하려는 것이다. 장애물이 하나씩 제거될 때마다 꿈은 '보수 작업'이 필요한 다음 장소로 건너가 또 다시 유랑극단의 천막을 세운다.

꿈이 이런 식으로 진화한다는 것은 꿈 작업을 하는 사람들의 꿈이 어떻게 변화하는지 지켜보면 알 수 있다. 심리영성적인 면을 개발하기 위해 꿈 작업을 시작한 사람들이 갈수록 더 '신비로운' 꿈을 기억하고, 개인뿐 아니라 우리가 집단적으로 안고 있는 삶과 딜레마를 반영하는 꿈을 꾸는 것을 볼 수 있다.

이런 맥락에서 기억할 것은 마법의 거울이 긍정적인 면을 비출 때도 거짓말을 하지 않는다는 점이다. 꿈이 '내가 왕국에서 가장 아름다운 사람'이라고 말하면, 그 말을 믿어도 좋다. 여기서 '왕국'은 내면 깊숙이 진정한 자아가 있는 왕국을 가리킨다. 그러니까 왕국에서 제일 아름다운 사람이란 말은 남들이 뭐라고 하든 혹은 내가 그들을 뭐라고 생각하든 상관없이, 나 자신의 내면 깊숙이 가장 진실한 면과 창의적으로 소통하며 조화를 이루고 있다는 의미이다. 이상하게 들릴지 모르지만 꿈이 전하는 이런 긍정적인 모습을 받아들이고 통합하는 것이 더 힘들어 보인다. 사람들은 자신의 강점이나 뛰어난 능력을 자기 것으로 인정하고 창의적으로 표현하는 것을 실패나 어리석음을 인정하는 것보다 어려워한다.

깨달음에는 개인적이고 '분리된' 경험에서부터, 안팎에서 신성의 존재를 의식적으로 느끼는 데까지 연속한 단계들이 있다. 이런 깨달음에 이르는 데 제일 흔한 '장애물'이 자기기만이다. 몇 년 전 사순절 피정에 온 사람들에게 내가 말한 것처럼, 가짜 정체성을 내세워 행동하면서 그 '가짜 인물'을 통해 진정한 초월적 경험을 하기를 기대할 수는 없다. 그럴 수 있다고 상상하는 것 자체가 기괴한 일이다.

진정한 나 자신만이, 진실하고 의식적으로 발달한 나 자신만이 내 경험에서 어떤 깊이를 보고 삶 속의 신성한 에너지와 존재를 의식할 수 있다. 진실하지 않고 꾸며낸 행동은, 지어낸 신실함(신성의 존재를 느낄 때 자발적으로 나오는 반응이 아니라, 외부의 형식을 흉내 내는 가짜 신실함)은 얻고자 하는 것을 얻는 데 방해가 될 뿐이다.

그래서 꿈은, 특히 영적인 경험을 진지하게 갈구하는 사람들이 꾸는 꿈은, 그런 '방해물'로 곧바로 간다. 어릴 적 상처나 현재의 자기기만, 억압된 '비밀스런' 욕망이나 생각들처럼 '길을 막고' 삶에서 초월적인 의미를 느끼지 못하도록 하는 모든 것이 이에 해당한다. '절대 거짓말을 하지 않는 마법의 거울'을 들여다보는 꿈 경험은 처음에는 '불쾌'할 수 있다. 하지만 그건 성장을 가로막고 심리영성적인 비전을 흐리는 '문제들'을 의식적으로 깨닫게 하기 위해서이다. 심리영성적인 발달을 더 어렵게 하기 위해서가 아니라, '방해물'들을 하나도 놓치지 않고 없애려는 것이다. '개인적'이거나 '단순히 심리적인' 문제가 해결될 때마다 진정한 영적·종교적 경험으로 더 가까이 다가간다. 이런 경험은 생생하게 살아 있으며 초월적인 의식으로 모든 것을 감싸 안는 우주에 직접 참여하는 것이다. 이런 영적인 체험은 '종교적'이라고 보건 그렇지 않건 간에 모든 사람에게 본질적으로 똑같은 경험이다.

모든 꿈이 이렇게 아주 개인적인 것부터 초월적이고 집단적인 것까지 광범위한 영역의 의미를 전한다는 사실은 우리가 꿈에 훨씬 더 많은 관심을 기울여야 할 이유가 된다. 여기에 꿈을 나누면서 서로 신뢰할 수 있는 공동체를 만들게도 되니 꿈을 기억해 나누는 일이 더 매력적이고 가치 있게 된다. 이런 점을 잘 보여 주는 사례가 있다.

몇 년 전 내가 신학교에서 '꿈과 꿈꾸기에 담긴 의미'란 강좌를 가르칠 때다. 버클리에 있는 스타-킹 신학교에서 학생 하나가 찾아와 강의 시간에 나눌 꿈이 하나도 없어도 강좌를 들을 수 있느냐고 물었다.

"제게 '모든 사람이 꿈을 꾼다'는 얘길 하실 필요는 없어요. 책을 읽어 봤거든요. 매일 밤 꿈은 꾸는데 단지 기억을 못 할 뿐이라고요. 읽어 본 걸로는 꿈이 아주 흥미롭고 저한테 도움이 될 거란 건 알겠어요. 기억만 한다면 말이죠. 그래서 말인데 사람들이랑 나눌 꿈이 없어도 수업을 들을 필요가 있을까요?"

나는 흔쾌히 그렇게 하라고, 꿈을 규칙적으로 나눌 기회를 갖는 것만으로도 더 잘 기억하게 될 테니 걱정하지 말고 가서 등록하라고 대답했다. 그때까지 나는 경험을 통해 (실험실 연구에 따르면 매일 밤 대여섯 번의 꿈을 꾼다는데도) 성인들이 꿈을 잘 기억하지 못하는 데는 꿈을 나누고 생각해 볼 사회적·정서적 환경이 되지 않아서라고 확신했기 때문이다. 그런 환경만 만들어지면—예를 들어 매주 '꿈을 기억해야 하는 숙제'가 있는 강의를 듣는 것 같은—정말 꿈을 기억하는 일이 없던 사람들조차 꿈을 기억하기 시작했다.

하지만 이번엔 내가 틀린 것 같았다. 마이크는 수강 신청을 했고 출석률도 모범적이었다. 매주 눈을 반짝이며 강의에 집중했고 다른 사람들의 꿈에 대해 자기 의견도 활발하게 나눴다. 그렇지만 자기 꿈을 가져오지는 못했다.

시간이 가면서 나는 이 수업이 그에게 어떤 경험이 될지 걱정이 되기 시작했다. 다른 사람들이 꽤 의미 있는 '아하'를 받는 제안을 자주 했지만, 그는 정서적으로 여전히 거리를 두고 있었다. 자기 꿈을 가지고 작업하면서 다른 사람들의 정서적 관심을 받는 기회를 갖지 못하다 보니 꿈 작업에서 중요한 사회적·정서적 교감을 완전히 놓치고 있는 것이다.

나는 샌프란시스코 만이나 다른 지역의 고등 교육기관들에서 꿈 작업 강의를 많이 한다. 단순히 상징적인 형태나 구조에 대한 지적인 분석 능력을 개발하려는 게 내 목적은 아니다. 그런 것도 중요하지만 진솔한 만남을 통해 정서적인 친밀감와 심리영성적인 지지를 경험하고 이를 통해 신뢰할 수 있는 공동체를 만드는 것이 훨씬 더 중요하다. 이런 제대로 된 공동체를 만들기 위해서는 정서적으로 취약해질 수밖에 없는 위치에 자기 자신을 기꺼이 내어 놓을 수 있어야 한다. 그래서 자기 꿈을 가지고 작업하는 위험부담을 받아들이고 경험하는 게 필요하다.

내가 이끄는 꿈 모임에서 내 꿈을 나누고 작업하는 것도 이 때문이다. 꿈을 나누지 못하기 때문에 마이크가 꿈 작업의 이런 기본적인 부분을 놓치고 있는 것 같았다. 그래서 나는 마이크를 평소보다 조금 적극적으로 괴롭히기 시작했다. 수업을 시작할 때마다 질문을 했다. 깨어났을 때 기분이 어땠는지, 깨어날 때 뭔가 스쳐 지나는 인상 같은 건 없었는지……. 그런 질문들로도 아무런 새로운 정보를 얻지 못하자 나는 마침내 그냥 꿈을 만들어 내라고 제안하기에 이르렀다.

"기억을 했다면 오늘 아침 꿈은 어땠을 것 같나?"

그런 제안이 그리 이상한 것은 아니다. 내면에서 떠오르는 이미지나 경험은 모두 무의식에서 온다. 그건 꿈이 오는 것과 본질적으로 같은 곳이다. 그래서 그냥 상상해 낸 것도 '진짜' 꿈만큼이나 상징적인 의미를 담고 있다. 마이크는 나의 이런 장난기 있지만 진지한 제안을 받아들일 만큼 느긋하지 못했다. 이론적으로는 이해하지만 그건 '너무 속임수 같아서' 하기 싫다고 한 발 비켜났다.

다음엔 무엇을 해야 할지 난감했다. 그때 마이크가 갑자기 좀 이상하긴 하지만 우리가 얘기하는 동안 떠오른 생각이 있다고 했다.

"어젯밤 꿈에 파스텔 색이 있었던 것도 같아요."

'파스텔 색이 있었던 것도 같다고!' 그동안 별 내용이 없는 꿈 조각을 들어본 적이 있기는 해도 이건 정말 해도 너무하다. 이렇게 별 내용도 없는 걸 가지고 무슨 작업을 할 수 있을까 싶었다. 하지만 마이크가 한 학기 내내 처음으로 내놓은 것이어서 일단 시작해 보기로 했다.

나는 당시 꿈에는 두 가지 종류가 있다는 오해를 하고 있었다. 시작과 중간, 끝이 있어서 꿈 작업을 할 만한 가치가 있는 꿈과 '임의의' 조각으로 작업할 가치가 없는 꿈으로 나눈 것이다. 마이크의 꿈을 가지고 작업하다 보면 어떤 감정들이 일어나지 않을까 싶긴 했지만 별 기대는 하지 않았다.

작업을 시작하기 위해 나는 뭘 질문하고 제안해야 할지 머리를 쥐

어짜야 했다. 다른 사람들도 마찬가지였다. 그러다가 누군가 "당신 마음속에 파스텔이랑 파스토럴(목회)이랑 어떤 연관이 있나요?" (이렇게 음률이 잘 맞지 않지만 비슷한 단어들을 기술적인 용어로는 클랭klang 연상이라고 한다.)

마이크가 이상한 표정, 내가 '아하' 인식이 일어날 때의 얼굴 표정이라고 알아차리게 된 그런 표정을 지었다. "글쎄요, 그렇게 말씀하시니까……. 예, 연관이 있어요."

모든 사람이 그 연관이 뭔지 알고 싶어 했다. 하지만 그는 "창피하다."며 주저했다.

그러자 내가 뭐라고 말할 필요도 없이 반 전체가 지금까지 나온 것들보다 더 나쁠 순 없다는 둥 이런 저런 말로 사람 좋게 마이크를 부추겼다.

마이크가 웃으며, "알았어요, 알았어. 얘기할게요. 그 질문을 받았을 때 다른 사람들이 한 학기 내내 얘기하던 '아하', 라는 느낌을 받았는데 그게 뭐냐면 '목회 생활'에 대한 내 헌신이 아주 '파스텔'적이란 거예요. 제가 신학교에 오게 된 게, 늘 그러리라고 생각해 온 것처럼 진짜 목사가 되고 싶어서가 아니라 부모님의 기대 때문이거든요."

나는 이 고백에 담긴 깊이와 힘에 놀랐다. 그토록 조그만 꿈 조각—내가 아무 의미도 없을 거라고 기꺼이 내버리려 한—에 이처럼 큰 문제에 대한 은유가 명료하게 담겨 있다니! 솔직히 난 그 고백에 놀라진 않았다. 몇 번의 만남으로 이미 마이크가 자신이 생각하는 것만큼 목회자가 되고 싶어하는 것 같지 않다고 생각했다. 날 놀라게 한 건 겉보기에 그토록 작은 꿈 조각을 통해 그 문제를 그가 의식하게 된 방식이었다.

그날 이후 나는 무의미해 보이는 꿈 조각으로 작업하는 것에 관심을 기울이게 되었다. 나는 수강생들에게 '서사시'적인 꿈은 당분간 가져오지 말라고 부탁했다. 꿈 조각으로 작업하면서 마이크의 사례가 예외였는지 아니면 모든 꿈 조각에 이렇게 놀라운 공안과 같은 간결한 성질이 있는지 알고 싶었다.

수강생들은 내 부탁을 들어 주었고 마이크의 꿈이 예외가 아니라는 것은 금방 드러났다. 대부분 꿈 조각에, 마이크의 '쉽게 사라지는 파스텔 색깔'처럼, 어떤 감정과 은유들이 극적으로 압축되어 있는 것 같았다.

꿈 작업 후 마이크에게 단기적인 '문제'가 드러나기도 했다. 사람들 앞에서 말짱한 제정신으로 목회가 자신이 원하는 일이 아님을 인정하고 나자 자신의 삶에 오래도록 틀과 의미를 부여해 준 자기기만 상태로 되돌아갈 수 없었다고 한다. 행동과 외모, 심지어 성격까지 순식간에 변했다. 그는 더 이상 '친절남'이 아니었다. 수업과 약속 시간을 지키지 않고 과제물을 제때 제출하지도 않았다. 길거리나 건물에서 만났을 때 예의 바르게 행동하지도 않았다.

마이크는 그 작은 꿈 조각으로 드러난, 상충하는 감정들 때문에 점점 더 힘들어했다. 학기말 즈음에는 더 이상 견딜 수가 없었다. 그는 부모님에게 전화해 목회자가 되고 싶지 않다고 얘기했다. 그러고는 신학교를 그만 두고 샌프란시스코에 있는 은행에 일자리를 구했다. 이후 들리는 소식으로는 금융계에서 행복하고 만족한 삶을 살고 있는 것 같다.

여기까지는 마이크 자신의 '아하' 인식으로 확인된 이야기인 만큼 그 꿈의 의미를 '사실'로 볼 수 있다. 지금부터는 내가 이론에 근거해 해석한 것이다. 나는 앞에서 꿈이 우리 개인과 집단의 의식을 확장하고 개발에 이바지한다고 했다. 또 꿈은 다양한 층위의 의미를 미묘하게 전달한다고도 했다. 그래서 나는 마이크의 꿈에 목회자가 되는 것에 대한 갈등 외에 다른 의미가 더 있을 거라고 생각했다.

처음 마이크의 직업적인 '소명'과 관련해 '파스텔 색'을 풀어낸 날 언뜻 이런 생각이 스쳤다. 그게 내 꿈이었다면 내가 기억하지 못하는 '파스텔 색'이 라벤더 색일 것 같았다. 그리고 내가 정말 원해서가 아니라 부모님을 만족시키려고 하는 일 중 하나가 이성애자인 척하는, 나의 성적 정체성과도 연관되어 있을 것 같았다.

하지만 그날 저녁 그 꿈 조각을 가지고 작업을 더 하는 것이 무리일 것 같아서 스치는 생각을 혼자만 간직했다. 결국 마이크와 그 문제에 대해 나눌 기회는 오지 않았다. 돌이켜 보면 그 문제를 건설적으로 나눠볼 수도 있었겠지만, 나 자신 그 작은 꿈 조각을 가지고 작업한 결과에 몹시 놀란 나머지 거기까지는 생각이 미치지 못했다.

학교를 떠나 이사하고 나서 몇 년 후에 마이크가 '커밍아웃' 했고,

게이 커뮤니티에서 꽤 잘 알려진 활동가가 되었다는 소식을 들었다. 마이크가 '아하'라고 확인해 주는 게 가장 확실하겠지만 결과적으로 내 원래 생각에 어떤 근거가 있었던 것 같다.

마이크의 꿈에 대한 추정이 정확하지 않을지는 모르지만, 여하튼 모든 꿈과 꿈 조각에 여러 의미가 담겨 있다는 분명한 예가 될 것이다. 꿈이 얼마나 길고 복잡한지와 상관없이 '다중결정적인' 꿈의 성질은 꿈꾸기 자체에 내재되어 있다. 꿈을 얼마나 조금 혹은 '조각조각으로' 기억하는지와 상관없다.

이 점을 조금 더 확장해 보자. 우리는 마이크가 인식한 '아하'를 통해 그가 목회자가 되려 한 것이 실은 꽤나 심각한 자기기만이라는 것을 알게 되었다. 또 그의 성적 정체성에 대해서도 짐작해 보았다. 이 꿈 조각에 적어도 두 가지 의미가 더 들어 있을 것으로 보인다.

사람들이 세상에 '가짜 정체성'을 내세우고 마치 그게 진짜 '자아'인 것처럼 행동할 때마다, 이런 자기기만을 지속하는 데 점점 더 많은 심리적·정서적 에너지가 필요하다. (그건 의식적이든 무의식적이든 생각과 감정을 억압하려고 할 때도 마찬가지이다.) 자기가 내세운 외면의 가짜와 내면의 진짜 사이의 괴리가 클수록, 그런 자기부정을 유지하는 데 더 많은 에너지가 필요하다. 이런 에너지 소모는 무의식적으로 이뤄진다. 왜냐하면 그런 에너지 소모를 인정하는 것은 허위를 의식한다는 것으로, 원래 '목적'에 어긋나기 때문이다. 사실 그런 자기부정의 시스템을 유지하는 데는 현실을 그냥 받아들이고 인정하는 것보다 늘 더 많은 에너지를 소모한다.

그래서 이런 부정과 자기기만이 있을 때 흔히 나타나는 '증상'은 '피로감'이다. 늘 어딘가 아픈 것 같고 일처리를 효율적으로 하려고 해도 하루가 짧은 것 같아 초조하고 우울하다. 여가 시간을 갖거나 즉흥적으로 뭔가를 할 시간도 없다.

마이크는 (자신의 성적 정체성은 물론이거니와) 직업 선택에 대한 자기기만으로 늘 '피곤'을 느꼈다. 따라서 희미하고 기억에서 잊은 '파스텔 색'은 그의 건강 상태를 은유적으로 가리키는 것이기도 하다.

마찬가지로 내 생각엔 이 꿈이 마이크가 마음속으로 그려 온 영적 생활을 적나라하게 보여 준다. 원래 가족들이 마이크에게 기대한 '영적인 사람'과 '목사가 될 사람'이라는 소임은 단순히 자신들이 이루지 못한 꿈을 '영웅 아들'이 이뤄 주기를 원한 부모의 바람만은 아니었다. 마이크 자신도 진심으로 영적인 생활과 경험에 관심이 있었고, 또 원했다. 하지만 신학교에 와서 신학생 생활이 영적인 체험과는 거리가 멀다는 걸 알고 크게 낙담했다. 동료 신학생들의 생활태도는 억압되고 경쟁적인데다 얼마간 위선적이기까지 했고, 거기다 교과과정은 빡빡하기만 할 뿐 실체 없이 이론적이고 추상적이었다. 이 모든 것이 그가 어릴 때부터 간직한 영적인 갈망을 채워 주지 못했고 신의 존재를 가까이 느끼게 하기보다 더 멀리 떨어지게 했다. 이런 의미에서 나는 '파스텔 색'이 그가 신학교 생활에 실망하고 영성적으로 고갈되어 가면서 약해진 종교에 대한 헌신을 나타낸다고 생각한다.

마이크의 꿈 조각은 다시 한 번 마술 거울이 거짓말을 하지 않는다는 것을 분명히 보여 준다. 깨진 거울의 아주 자그만 조각조차도 정말로 진실한 이미지를 비춰 준다. 꿈은 자아가 지닌 환상이나 자기기만을 돕거나 부추기지 않는다. 자기부정과 기만에 엄청난 에너지를 쏟아부었다 해도 마찬가지이다. (꿈꾸는 이의 건강과 온전함이 진화하는 데 진정으로 필요한 것이 아니라면) 꿈은 꿈꾸는 이가 의식하고 있는 세계관이나 자아상에 아첨을 하지도 않는다.

꿈은 꿈꾸는 이의 진정한 자아와 주변 환경을 속이지 않고 반영한다. 그렇기 때문에 편안하던 삶이 단기적으로는 혼란에 싸이고 엉망이 되기도 한다. 하지만 세월이 흐른 뒤 꿈 작업 초기의 이런 어지러운 경험을 어떤 애수를 갖고 되돌아보게도 된다. 편하진 않지만 이런 경험은 낡은 '껍질을 벗고' 새로운 자아를 더 의식화해 가는 과정에서 모든 사람이 겪는 것이고 또 필요한 일이다.

이렇게 의식은 진화한다. 자기 인식이 진화함에 따라 우리는 자신의 선택과 행동, 패러독스를 더 깊이 이해한다. 그러면서 깊은 무의식에 있던 집단적 원형들을 점진적으로 의식 수준에서 창의적으로 표현하는 것이 가능해진다. 진화 중인 의식이 패러독스를 거부할수록 의식의 발전은 더 높은 장벽에 부딪히고 마음은 성급하게 닫혀 버린다. 꿈은 그런 장벽을 무너뜨리고 모호함 속에 담긴 통렬함을 깊이 인식하도록 도와 준다.

의식이 온전하지 못하고 여전히 진화하고 있는 곳에서 아이러니와 모호함의 패러독스는 피할 수가 없다. 어차피 이럴 거라면 거기에 익숙해지는 게 나을지 모른다.

의식세계에서 누군가가 지닌 세계관의 구조와 내용은 (논리적인 사고 패턴, 깨어 있을 때 습관적으로 느끼는 정서나 감정은) 어쩔 수 없이 그 사람이 지닌 자기기만, 부정, 성급하게 자신에 대해 규정해 놓은 한계들을 드러낸다. 이런 이유에서 이성적인 세계관과 거기에 녹아든 사고와 감정의 스타일들은, 그동안 복잡다단한 전체all에서 늘 잘려 나온 제한된 것으로서 무의식에서 새로이 의식으로 등장하는 부분에 위협받는다. 궁극적으로 우리의 의식을 의식시키는 이런 새 정보는 꿈을 매개로 그 사람의 의식으로 흘러들어오기도 한다.

이제껏 억눌러 오고 터부시해 온 생각과 느낌을 만날 때 괴로울 수밖에 없다. 이런 경험은 개인적인 수준에서 일어나기도 하고 집단적인 면도 있다. 집단적인 은유의 예로 '사고 전달'을 믿지 않는 사람들의 꿈에도 자주 등장하는 '텔레파시'를 들 수 있다.

대부분 사람들은 텔레파시를 믿지 않는다. 하지만 누구나 꿈속에서 다른 인물과 '텔레파시'로 대화하는 경험을 한다. 꿈속의 어떤 인물이 '말을 한다'고 느끼지만 그 사람 입술이 움직이는 것을 보는 일은 별로 없다. 드물게 그 사람 말을 '들으며' 얼굴을 쳐다보고 입술이 움직이지 않는 것을 눈치 챌 때도 있다. 다른 사람들과 꿈을 정기적으로 나누다 보면 예전엔 몰랐던 다른 사람의 생각이나 꿈에 대해 알게 되는 '오싹한' 경험을 하기도 한다.

깨어 있을 때 하는 이런 '오싹한' 경험을 통해 꿈의 의미가 더 확장되기도 한다. 깨어 있을 때 텔레파시를 '확인해 주는' 것이긴 하지만 그런 경험도 그 자체로 '꿈 은유'이다. 이런 경험은 분명 칼 융이 '동시성'—아무런 인과관계가 없는데도 어떤 관계와 의미가 있는 듯한 느낌이 강하게 드는 우연—이라고 부른 것에 해당한다.

텔레파시가 진짜 존재하는 현상인지 아닌지는 잠시 제쳐두고, 내가 여기서 강조하고 싶은 것은 '텔레파시'가 내포하는 상징이다. 인류는 오랫동안 사고나 다른 정신 상태가 아무런 물리적인 수단 없이도 멀리 떨어진 곳으로 전해질 수 있다는 생각에 매료되어 왔다. 하지만 최근 들어 이런 생각은 실험실에서 분리·측정·반복하여 증명하지 못했다 하여 '신비주의'나 '병적인 자기기만'으로 격하되었다.

이렇게 텔레파시라는 아이디어와 이미지는 현재 주류를 이루고 있는 이성적·과학적인 세계관에서 벗어난 모든 정서적·심리적·영성적 경험과 아이디어에 대한 아주 적절한 은유가 된다. 놀랄 만큼 많은 사람이 꿈에서 텔레파시를 경험한다. 이 경험은 제한된 이성적 세계관이 지배하는 세계를 미묘하게 건드린다. 꿈에 나타나는 텔레파시는 현대 서구 산업 사회에 '근본주의자'적인 위치를 차지하고 있는 과학 발견의 장이 아직 끝나지 않았음을 상징적으로 일깨워 준다.

인류에게 (또 다른 종에게) 텔레파시의 이미지는 현대인들에게 꿈이 개인과 집단의 건강과 온전성에 이바지하기 위해 나타나는 예이다. 아직 진화의 가능성을 담고 있는 의식과 '안전'이나 '통념'의 이름으로 성급하게 닫아 버린 사고, 감정, 경험들은 서로 반대되는 것이다. 따라서 꿈이 이에 대해 어떤 문제제기를 하고 있는 것이다. 마이크가 자기 자신이나 목사직을 두고 성급하게 결론을 내린 탓에 그런 것처럼, 우리의 깊고 진정한 인간 본성이 새롭게 드러남에 따라 인류 전체도 무엇이 옳고 적절하고 가능한지에 대한 전통적인 생각들을 재고할 필요가 있을지 모른다. 그래서 꿈은 우리 개인과 집단의 진화 과정을 돕는 주된 수단 중 하나라 할 수 있다.

여기서 중요한 정치적인 연결점을 하나 찾을 수 있다. 서구 산업 국가들은 아직도 제국주의와 식민주의적 행태를 계속하면서 이를 '정당화'한다. 이들은 자신들이 '착취', 억압하고 있는 사람들이 '원시적'이어서 '앞선 문명'이 '도와' '현대 사회로 데려와야' 한다는 핑계를 댄다. 그들이 '원시적'이라는 증거로는 '미신에 사로잡힌 신앙'을 떠들썩하게 언급한다. 특히 무생물에 '정령'이 있다고 믿고 꿈을 믿으며, 특히 텔레파시와 자연 세계와 죽은 자들과 대화하는 것을 예로 든다. 그렇지만 세련된 서구인들도 꿈을 관심 있게 들여다보면 '원시인들'과 비산업 사회와 많은 공통점을 찾을 수 있다.

'원시인'들을 '제대로 된 인간이 아닌' 것처럼 취급하는 것은 심리적으로 보면 자기기만적인 행동으로, 주로 '억압과 투사'에서 생겨난다. 주로 꿈을 통해 경험하게 되는 이런 심리의 '원시적인' 면을 우리는 싫어하고 거부하며 억압한다. 하지만 그렇게 자신을 기만하고 억압한다고 해서 실제 상황이 변하는 것은 아니다. 우리가 거부한 에너지는 내면에 여전히 존재하면서 활발히 작용하고, 우리가 쉽게 '다르다'고 꼬리표를 붙일 수 있는 사람들에게 투사된다.

따라서 우리가 경멸하고 거부하는 '원시적인' 우리 내면의 모습을 외부의 '원주민'에게 투사해서 보게 된다. 이들을 억압하는 것은 실은 자기증오에 지나지 않는다. 자신의 고유한 인간성을 거부하고 부인하다 보면 심리적으로 우리가 다른 사람들과 공유하고 있는 보편적인 인간성도 부인한다. 히틀러는 유대인들이 세상을 정복해 지배하려 한다며 유대인들을 증오했다. 북미에 처음 정착한 유럽인들은 인디언들이 탐욕스럽고 믿을 수 없는 존재라며 증오했다. 성인들은 어린아이들을 자신들의 소유물로 본다. 남자와 여자는 감정적인 반응이 다르다며 상대를 믿지 않는다. 인류는 대개 다른 생물체들을 소모할 수 있는 대상으로 본다. 이는 모두 자기증오가 외부로 투사된 예이다. 우리가 보지 못하는 자신의 일부를 다른 대상에 쉽게 투사하는 것이다.

억압과 투사의 드라마는 계급주의나 인종차별, 나이차별, 성차별, 제국주의, 파시즘 등 모든 형태의 차별에서 끝없이 반복된다. 우리의 자기증오가 억압과 투사를 통해 표현되고 행동으로 옮겨지는 것이다.

아무런 물리적인 매개 없이 생각이나 감정을 교류할 수 있다는 아이디어는 이성적인 세계관으로 볼 때 '말도 안 되는 소리'로 치부된다. 깨어 있을 때 이성적인 세계관을 가진 사람들의 꿈에 그토록 자주 텔레파시가 등장하는 것은 그것이 현실에서 금기로 여기고 무시되기 때문인 것 같다.

하지만 무의식에서 이뤄지는 집단의 생존과 종의 진화라는 점에서 보면 현대인들의 꿈에 텔레파시가 나타나는 것은 우리 유인원 조상들이 언어에 대해 꿈을 꾼 것과 비슷한 면이 있다. 인류가 좀 더 의식적인 차원의 '원격 탐사'를 개발할 참이라면, 미래에 나타날 현상들은 현재 드러난 양상과는 아주 다른 경로를 취하게 될 것이다. 또 인간이 사회적으로 교류하는 기본적인 방식이 변하리라는 것을 쉽게 상상해 볼 수 있다. 집단적인 생존이라는 진화 전략으로 보자면 텔레파시는 쓸 만한 점이 많다.

나는 꿈에서 '텔레파시적인' 연결(나중에 깨어 있는 삶에서 확인된 그런 연결)을 많이 경험했다. 나 같은 사람에게 '텔레파시'는 이상하다기보다 아주 생생하고 실재적인 현상이다. 칼 융이 (녹화된 BBC 인터뷰 도중에) 평소와 달리 열정적이고 솔직하게 말한 것처럼 '무식한 사람들이나 그런 걸 무시'한다.

30년 가까이 같이 살면서 아내와 내가 경험한 수많은 것 중 하나를 짤막하게 소개해 보자. 한번은 아내와 내가 같은 날 밤 앞발이 커다란 사람 손 모양인 코끼리 꿈을 꾸었다. 우리 둘 다 사람 손을 한 코끼리에 관해 읽은 적도 텔레비전에서 그런 이미지를 본 적도 없었다. 아내의 꿈에서 그 괴물은 털북숭이 매머드 같아 보였고, 내 꿈에서는 인도코끼리 같아 보였는데 엉덩이를 깔고 앉아 내게 손을 흔들고 있었다.

　세월이 가면서 나는 두 사람이 같은 꿈을 꾸는 것은 그들이 얼마나 정서적으로 가깝고 또 얼마나 비슷한 상징 드라마를 공유하고 있는지를 보여 주는 게 아닌가 하고 생각했다. '사람 손을 한 코끼리'의 이미지 덕에 나는 힌두 신화에 나오는 원형적인 인물인 가네샤에 끌리게 되었다. 가네샤는 코끼리 머리를 한 인도의 신으로 장애물 극복의 도사이자 상업의 수호신이다. 이 꿈을 꾸기 전에 가네샤는 내게 모양을 바꾸는 수많은 힌두교 신 중 하나였을 뿐이다.

　매머드가 빙하기의 수렵·채취 사회에서 음식과 옷, 도구와 의례의 원료가 되었듯 아내에게 그 털북숭이 매머드는 풍요와 근심에서 해방되는 것을 의미했다. 나에게 가네샤는 여성성과 전쟁을 하는 수많은 남신 원형들과 달리 여성성과 조화를 이루는 원형적인 남성성의 이미지로 다가왔다.

　루돌프 슈타이너는 (동물 머리에 인간의 몸을 한 이집트의 신들과, 인간의 머리에 동물의 몸을 한 수메르와 메소포타미아의 신들처럼) 동물, 인간의 혼합 형상은 자기인식이 늘어감에 따라 무의식의 본능이 '인간'으로 진화해 가는 것이라고 제안했다. 칼 융도 (키메라와 만티코어manticore와 같이) 신화와 꿈에 나오는 혼합된 형상들에 대해 비슷한 말을 했다. 아내와 내 꿈에 같이 등장한 '사람 손을 한 코끼리'는 어떤 의미에서는 우리 삶에서 '남성성'의 에너지가 같이 개발되고 있음을 나타내는 이미지이다. 예컨대 가정과 사회에 필요한 것을 정기적으로 '제공'하고 '희생'하는 것과 연관된 에너지 말이다. '손'의 이미지는 창의적이고 경제적인 '손에 든 일'과 안정된 수입을 얻도록 우리 삶을 '조작하는' 능력을 의미했다. 이런 면에서 서로 돕고 있는 우리의 모습을 이 꿈을 통해 확인받은 기분이었다.

우리는 이렇듯 텔레파시처럼 선명한 꿈을 자주 같이 꾼다. 나는 이것이 우리가 얼마나 친밀하게 함께 진화하고 있는지에 대한 '척도'라고 믿는다. 다른 사람들이 얘기해 준 텔레파시 꿈에서도 나는 같은 결론을 내린다. 즉 이 같은 일은 종종 일어나며, 정서적인 밀착감뿐만 아니라 상징에 대해 비슷한 반응을 보이는 것과 연관이 있다는 것이다.

하지만 유명한 꿈 연구가인 윌리엄 디멘트William Dement는 그런 주장을 할 때마다 "증거를 보여 달랬더니 기껏 예화만 듣게 되네, 뭐!"라는 불평을 많이 들었다고 한다. 제한된 실험실 연구 결과에 익숙한 이들로서는 정당한 불평이다. 하지만 이는 인간 심리의 진화에 대해 제대로 이해하지 못한 얘기이다.

실험실 환경에서 꿈속의 텔레파시 현상을 규명하려는 선구적인 시도가 있기는 했다. 브루클린의 한 의료 센터에 있던 스탠리 크리프너Stanley Krippner와 몬터규 울만Montague Ullman, 앨런 본Alan Vaughan이 일련의 공동실험을 했다. 이들의 이야기는《꿈속의 텔레파시Dream Telepathy》(1973)라는 흥미진진한 책에 소개되어 있다. 연구자들은 정교한 규칙들을 고안해 피실험자를 선발했다. 피실험자들과 아무 관계도 없는 사람들이 '보낸' 이미지를 실험실에서 잠자는 동안 꿈에서 '받도록' 한 것이다. (이렇게 의식 수준에서 아무런 관계도 없는 관계를 줄여서 '맹목blind'이라고 한다.) 연구에 참여한 다른 '맹목' 그룹의 사람들이 임의로 선정한 그림들을 무작위로 선택해 보냈다. 그리고 피실험자들이 꾼 꿈을 기록해 그 기록을 또 다른 '맹목' 그룹의 사람들에게 평가하게 했다. 이때 '타깃' 이미지가 담긴 원래의 이미지도 전부 같이 보냈다. 그런 다음 외부 평가자에게 피실험자들의 꿈 보고서에 근거해 원래 사용된 '타깃' 이미지가 무엇인지 선택하게 했다. 예를 들어, 실험이 가장 '성공적'이던 밤에 사용된 타깃 이미지는 조지 벨로우의 음울하고 격렬한 프로 복싱 경기 그림이었다. 독립된 '맹목' 평가자들 모두 그날 피실험자들이 꾼 꿈 몇 개가 근본적으로 이 그림과 연관되어 있다고 생각했다.

 이 실험은 통계적으로 의미 있는 결과를 이끌어 냈는데, '삼중으로 맹목'인 평가자들이 '타깃 이미지'로 사용된 그림을 골라낸 횟수는 우연이라는 말로는 설명할 수 없는 것이었다. 그러니까 우선 우연과 텔레파시 외에 모든 가능한 원인을 제거한다. 엄격한 통계적인 기준을 적용해 우연도 배제된다면, 가능한 원인으로 남는 것은 텔레파시가 유일하다는 것이다.

 이 연구가 텔레파시 현상이 존재한다는 데 통계적으로 의미 있는 결과를 내놨다는 것은 놀라운 일이 아니다. 이렇게 특별한 성과를 이루었음에도 (보도된 얘기를 믿을 수 있다면, 아마도 가장 비밀스러운 군사 연구를 제외하고) 과학계가 이를 완전히 무시했다는 것도 놀라운 일이 아니다. 사실 진짜 놀라운 점은 기본적으로 심각하게 잘못된 가정에 기반을 둔 이 연구가 그만큼이나 성공했다는 것이다.

그들 스스로 인정하듯 연구자들은 텔레파시가 전파와 비슷한 일종의 '파동'이란 이론에 근거해 실험을 개발했다고 한다. 그들은 비상한 음악적 혹은 수학적 재능을 타고난 사람들이 있듯 텔레파시 교신에 타고난 '재능'이 있는 사람들을 실험 대상으로 찾았다고 한다. 내 경험은 전혀 다르다. '파동'과 '재능'은 별로 상관이 없다. 모든 사람은 개발되지 않고 잠재된 직관을 지니고 태어난다. 내 경험에 비춰 볼 때 깊은 감정과 정서의 교류가 있을 때 텔레파시로 연결되는 경험을 하게 된다. 그런 정서적인 연상이 얼마나 강한지에 따라 누구와 텔레파시로 교감하는지가 결정된다. 내 경험으로는 전쟁이나 천연재해로 헤어진 부모와 자식 간, 연인들과 타고난 적, 같은 종류의 깊은 공포나 열정을 나누는 사람들 사이에선 꿈에 텔레파시가 등장할 가능성이 높다. 그리고 그들은 개인적으로 깊은 감정과 정서로 연결시켜 주는 '일화'와 항상 관련이 있다.

내게는 이 연구에서 과학적 객관성과 신뢰성이란 이름으로 '송신자'와 '수신자' 사이에 어떤 관계나 정서적인 연결을 제거하려 한 노력은 그 자체로 부정적인 결과를 가져올 우려가 커 보인다. 내가 경험한 바로는 텔레파시 현상은, 특히 꿈속에서 나타날 때는, 연구자들이 그렇게 '통제'하려 한 바로 그 깊은 정서적 연결과 교류를 통해

'텔레파시'가 '이동'하는 것 같기 때문이다. 그래서 이들의 실험이 성공한 것은 텔레파시가 실재할 뿐 빈번하게 일어난다는 것을 증명한다. 그 점이 내게는 특히 인상적이다. 매우 흔해서 가장 중요한 정서적인 요소들이 제거되었을 때도 통계적으로 확인할 수 있을 만큼 자주 일어난다.

이 실험이 간혹 그렇게 극적인 성공을 거둘 수 있었던 것은 타깃으로 선택한 카드의 이미지에 상징적인 의미가 가득 담겨 있었기 때문이 아닐까 한다. 그리고 그날 저녁 '당번'인 '송신자'와 '수신자' 양쪽 모두 해결되지 않은 채 갖고 있던 심리영성적인 문제와 연관이 있을 것 같다. 책에서 실험이 가장 성공적이던 날 밤의 일화를 읽고 다시 한 번 확신하게 되었다. 모든 정서적인 연관을 제거하려는 노력이 실패했기에 실험에 성공하게 된 것이다. 그날 밤에 임의로 선택된 이미지들은 참석자 양측에게 강한 정서적인 반응을 일으키는 상징을 담고 있었다. 예를 들어, 피비린내 나는 권투 그림이 타깃 이미지이던 날 밤 실험에 직접 관여한 양측의 남자들에게 지배와 거친 경쟁에 대한 감정들과 관련해 해결되지 않은 개인적인 문제가 있었을 것이라고 짐작된다. 남자들 거의 대부분은 이러한 원형적인 문제로 얼마간은 힘들어하고 있다. 따라서 '송신자'와 '수신자'가 서로 상대를 모르더라도 여전히 권투 경기라는 강한 상징적인 이미지에 담긴 이미지를 매개로 텔레파시를 주고받은 것이다.

이런 증거에서 보듯 우리는 현재 가장 급진적인 진화 전략으로 텔레파시를 좀 더 의식적으로 사용하는 능력을 집단적인 꿈 세계에서 '실험'하고 있다고 추정할 수 있다. 이 같은 생각에 '이성적인' 조소를 던지는 이가 많을 것이다. 그런 조소에서 나는 19세기 헝가리의 의료 개혁가인 이그나즈 제멜바이스Ignas Semmelweis가 병균이 질병을 확산한다는 의견을 제시했을 때 받은 조소와 적대감을 떠올린다. 그는 눈에 보이지 않는 미세한 병균이 질병을 옮기므로 해결책은 '강박적으로 씻는 것'이라고 주장했다. 동시대인들은 그를 미친 사람으로 취급했다. 볼 수도 계량할 수도 없는 미생물은 '유령'처럼 들렸기 때문이다. 증명되지도 않은 아이디어에 집착해 환자를 보고 수술을 하는 사이에 매번 손을 씻는 제멜바이스의 행동이 동시대인들에겐 정신병자의 강박적인 행동과 너무 닮아 보였다. 불쌍한 제멜바이스는 결국 자신의 주장을 증명하기 위해 자살을 택한다. 고의로 오염된 메스로 자해하여 자신이 패혈증으로 죽을 것이라고 공표한 것이다.

이런 추론들을 '원칙적으로' 거부하는 사람들은 당연히 꿈에 관심을 두지 않는다. 그래서 그들은 이런 증거의 근간을 형성하는 바로 그 경험으로부터 조직적으로 소외되어 있다.

불행하게도 텔레파시 경험이 등장하는 꿈을 꿀 때 '빠른 안구 운동'처럼 물리적으로 확인할 수 있는 신체 반응은 아직 발견되지 않았다. 많은 사람이 텔레파시가 분리·측정되지 못했다는 이유로 그런 경험이 존재하지 않는다고 믿는다. 하지만 (아세린스키와 클라이트먼이 렘 현상을 확인하여 공포하기 전인) 불과 30년 전만 하더라도 일부

과학계에선 많은 사람이, 분리해서 측정할 방법이 없었기 때문에, 꿈 같은 건 없다고 믿었다는 것을 기억할 필요가 있다. 당시 사람들은 '꿈'이라고 부르는 것은 실제로는 잠에서 깰 때 순간적인 대뇌 활동에서 만들어진 것이지 잠자는 동안에 일어난 것이 아니라고 믿었다.

뒤이은 발견들은 이런 '이성적'이고 '빈틈없는' 견해가 틀렸다는 것을 증명했다. 현대 과학의 모든 가정이 옳다고 믿는 것은 (고대 그리스인들이 자기과신이라고 부른) 오만의 일종이고, 이는 늘 오류로 밝혀졌다.

성급하게 닫아 버린 낡은 아이디어들이 더 새롭고 통합된 아이디어들로 대체되는 이야기는 그 자체로 원형적이고 신화적인 드라마이다. 이 드라마는 개인 성격의 진화에서 또 역사·문화적인 발전에서도 발견된다. 꿈은 이런 의식의 진화에 중심적인 구실을 한다. 꿈 경험에 좀 더 많은 주의를 기울이기 시작하면 우리도 이 과정에 더 적극적이고 창의적인 구실을 할 수 있다.

4장
기억나지 않는 꿈 되살리기

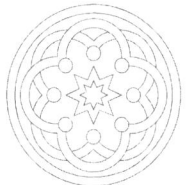

꿈 작업에 관해 과학자와 영성가, 심리학자, 꿈 작업가 모두
꿈 일기를 쓰는 것이 얼마나 가치 있고 중요한지에 동의한다.
꿈이 중요하기 때문에 기록할 필요가 있고, 또 금방 잊히는 성질 때문에라도 기록해야 한다.
기록한 것이 없으면 배울 것도 없다.

_바버라 앤드루스, 매리 마이클

꿈을 기억하는 데 정말 중요한 것은 관심을 가지고 꿈을 기억하고 싶다고 진심으로 원하는 것이다. 자기 안에 있는 무의식의 깊이와 창의적 에너지를 더 알고자 하는 마음이 분명해야 한다. 꿈이 의식으로 가져오는 내용 때문에 자신이 알고 있는 세상이 흔들리고 무너지더라도. 지금까지 예에서 본 것처럼 꿈은 늘 우리의 건강과 온전함에 도움이 되려고 온다. 또 우리가 지닌 부정과 자기기만을 변화하고 통합하는 방향으로 움직인다.

꿈 자체도 그렇지만 꿈을 기억하려는 결심도 창의적인 상상력을 발휘하는 것이다. 어쩌다 악몽을 꾼 뒤 절망적인 마음에서 시작할 수도 있지만 대개는 창의적인 가능성에 영감을 얻어 또 호기심에서 꿈을 기억하기로 마음먹게 된다.

꿈을 기억하는 가장 간단하고 효과적인 방법은 자신이 꿈을 기억해 적으면서 만족스러운 '아하'의 직관을 갖는다고 상상하는 것이다. 이런 상상을 생생하게 할수록 실제로 잠에서 깨어났을 때 그렇게 될 가능성이 크다. 이런 상상을 하기에 제일 좋은 시간은 잠들기 직전이고, 또 상상을 자주 할수록 꿈도 더 잘 기억한다. 꿈에 관한 책을 읽는 것도 도움이 된다.

다른 사람들과 규칙적으로 꿈을 나누고 탐색하거나 전문가에게 분석을 받다 보면 이전에 무시하고 잊어버린 꿈들이 떠오른다. 어떤 종류의 꿈 탐색이건 다른 사람과 꿈을 나누는 것이 이런 꿈 기억에 도움이 된다.

대부분의 성인이 꿈을 기억하지 못하는 까닭은 사회적으로나 정서적으로 그래야 할 이유가 없기 때문이다. 20여 년의 내 경험에 따르면 이유가 생기기만 하면 (예를 들어 꿈 강의를 듣거나 꿈 작업 모임에 참여하면) 꿈을 전혀 기억하지 못하던 사람들도 금방 꿈을 기억하기 시작한다.

꼭 기억할 점은 꿈 탐색을 함께 하는 사람들이 전문적으로 훈련받은 사람이 아니어도 된다는 점이다. 친구들과 정기적으로 꿈을 나누고 이야기하는 것으로도 흥미롭고 정서적으로 풍부하며 직관이 넘치는 결과를 얻을 수 있다. 모르는 사람들과 꿈을 나누더라도 금방 가까워져 좋은 친구가 된다.

친구들을 모으는 게 여의치 않으면 교회 주보나 기숙사 게시판에 광고를 붙여 꿈 모임을 시작할 수도 있다. 사람들이 어떻게 모이게 되느냐는 별로 중요하지 않다. 참석자들이 상대를 존중하는 분위기에서 허심탄회하게 꿈을 나누고, 토론이나 투사를 할 때 '만약 그게 내 꿈이라면'과 같은 방식을 염두에 두기만 하면 된다. 꿈 모임 참석 여부와 상관없이 의식적으로 꿈을 기억하려고 하면, 특히 잠들기 직전에 의식적으로 관심을 기울이면, 깨어났을 때 기억하는 꿈의 수나 질이 증가한다. 기억한 꿈은 깨어나자마자 기록해야 한다.

꿈 기억을 적을 필기구는 자다가 일어나 많이 움직이지 않아도 되도록 잠자리 가까운 데 놓아 두는 것이 좋다. 연필이나 쓰다만 봉투같이 단순한 것은 물론 녹음기처럼 복잡한 물건도 쓸 수 있다.

녹음기를 사용하는 게 조금 불편한 점도 있지만 나름의 이점이 있다. 요즘엔 녹음기 값이 싸서 음성으로 작동하는 것도 예전에 비해 쉽게 살 수 있다. 불을 켜거나 어두운 데서 스위치를 찾을 필요가 없기 때문에 한밤중에도 사용하기가 아주 편하다. 잠을 깨지 않고 '자면서 한 말'도 녹음할 수 있다. 자면서 한 말은 종잡기 힘들 때가 많지만, 단어나 목소리의 톤이 꿈 기억을 돕는다. 자면서 한 말은 누군가 듣고 기억해 주지 않는 한 잊혀지기 마련이라 수동 녹음기도 이런 미세한 꿈 경험을 담는 데 소중한 도구이다.

녹음기에 '기록'을 남기느라 중얼거릴 땐 잠이 깨서 멀쩡한 상태라고 생각할지 모른다. 하지만 나중에 들어보면 한밤중에 녹음된 낯선 목소리에 놀라게 된다. 이런 우리 내면의 '하위성격subpersonalities'들은 잠을 자는 동안 나름의 독특한 목소리로 이야기를 한다. 녹음기를 이용해 달아나기 쉬운 꿈 기억을 담다 보면 이렇게 의식하지 못한 부분의 음성을 실제로 듣기도 한다. 독자들 중에 녹음된 자기 목소리를 처음 들었을 때의 놀라움을 기억하는 이가 많을 것이다. 꿈을 기록한 녹음기에서 수면상태에서 떠오른 놀랍도록 다르고 다양한 하위성격의 목소리를 들을 때도 마찬가지이다.

녹음기로 꿈을 기록할 때 단점은 우선 누군가와 같이 자는 사람이라면 한밤중에 녹음기에 중얼거리는 소리에 상대가 짜증스러워할 수 있다. 또 녹음한 걸 제대로 활용하려면 종이에 옮겨 적어야 한다. 그게 귀찮게 시간을 잡아먹는 '여분의 단계'로 성가시게 여겨질 수 있다.

녹음기로 꿈을 기록하는 사람들은 대개 혼자 잠을 자고 타이핑 속도도 빠른 편이다. 타이핑을 잘하는 사람에겐 녹음 내용을 받아 적는 '여분'의 단계가 꿈 작업의 첫 단계로 신나는 과정이 된다. 숙련된 솜씨로 힘들이지 않고 받아 적는 동안 꿈의 다양한 의미 하나 하나에 대한 '아하'가 뒤따르기 때문이다.

꿈을 받아 적는 동안 밀려드는 최초의 '아하'는 청각적인 자극이 촉각·근운동 감각·시각적인 표현으로 자연스레 전환되면서 오는 결과가 아닐까 싶다. 받아 적는 과정이 익숙하고 기계적일수록 받아쓰는 물리적인 행위에는 신경이 덜 쓰인다. 그래서 대뇌에서 한 감각이 다른 감각으로 전환되면서 떠오르는 연상과 기억에 더 많은 에너지를 쏟을 수 있다.

'아하'라는 직관은 근본적으로 기억의 과정이라고 했다. 기본적으로 꿈에 나타난 사건이나 느낌을 잘 기억하면 그 의미도 더 잘 파악할 수 있다. 그래서 꿈 기억을 돕는 방법들을 알아두면 꿈을 더 잘 이해하는 데도 도움이 된다.

앞에서 언급한 것처럼, 꿈을 기록해 작업할 때 가능한 한 다양한 방법을 동원하면 꿈을 기억하고 이해하는 데 도움이 된다. 꿈을 시각, 언어, 청각, 촉각, 근운동 감각 등의 방법으로, 모든 신체감각과 더불어 그 과정의 정신적·감정적 반응을 포함해 기록하고 작업하면 좋다. 그럴수록 통찰력과 창의적인 에너지라는 꿈을 통해 의식으로 받아들이는 선물도 풍성해진다.

예를 들어, 스치는 냄새나 하찮아 보이는 사건으로 이전에 잊어버린 꿈이 생생하게 되살아나기도 한다. 잊어버린 기억이 저절로 되살아날 때는 (먼지 냄새나 사과 썩는 냄새, 차 문을 열거나 샤워하러 들어가는 동작, 잠깐 스치는 빛의 느낌 등) 그 기억을 불러온 상황이 꿈의 중심 의미나 내용과 상징적으로 연관되어 있기 마련이다. 그럴 때 꿈 내용과 함께 꿈이 기억난 상황을 같이 기록해 두는 것이 좋다.

꿈 기억과 이해를 높이는 손쉬운 방법 하나는 꿈을 시각적으로 표현해 보는 것이다. '그림 하나가 천 마디 말보다 낫다'는 오랜 속담이 맞다는 걸 실감할 것이다. 막대 그림 같은 조악한 스케치 하나에도 갑작스레 어떤 통찰이 떠오르기도 한다. 이는 마음속에 있는 연상과 에너지의 흐름이 시각뿐 아니라 언어적인 대뇌의 변연계를 동시에 활성화하기 때문이다.

실제 예를 하나 들어보자. 내가 몇 년 전에 꾼 것인데 깨어났을 때 그 느낌이 아주 생생했다.

완전 무장을 한 중세의 기사가 무장한 말을 타고 있다. 횃불이 밝게 타는 동굴 한가운데에 컨베이어 벨트가 놓여 있다. 말과 기사는 그 위에서 천천히 왼쪽에서 오른쪽으로 움직이고 있다. 말은 발아래

'땅'이 움직이는 것에 겁을 먹고 뒷걸음질 친다. 기사는 말을 달래느라 진땀을 뺀다. 검은 후드를 쓴 난쟁이나 트롤 같은 작은 존재들이 움직이는 '조립 라인' 벨트 양쪽에서 일하고 있다. 나는 말과 기사가 거대한 압착기 안으로 빨려 들어가고 있는 걸 알고 놀란다. 압착기 주변 바닥엔 홈통이 있다. 아마도 압착기에 기사와 말이 눌려 피가 나오면 흘려보내기 위한 것 같다. 아니나 다를까 조금 뒤에 내가 두려워하던 일이 일어난다. 기사와 말이 무서운 기세로 내려온 위판에 납작하게 눌린다. 나는 그 누르는 힘의 충격에 놀라 잠이 깬다. 잠을 깨기 직전, 겁에 질려 있으면서도, 나는 바닥의 홈통에 핏기가 전혀 없는 것을 보고 놀란다.

잠에서 깬 나는 이 꿈을 일기장에 적으면서 이렇게 극적인 이미지에 담긴 의미가 무엇일지 혼란스러우면서도 흥분되고 강한 호기심을 느꼈다. 꿈을 자세히 적고 난 후에도 꿈이 신비롭기는 처음과 마찬가지였다. 이야기를 적어 놓은 바로 옆에 지하실 장면을 하나 그려 두기로 했다.

그림을 그리면서 압착기 눌림판의 아랫면이 평평하지 않고 이중의 '혹' 같은 모양인 걸 알았다. 나는 두 개의 볼록 거울이 잇대어 있는 것처럼 하나의 선으로 그렸는데 갈매기가 날아가는 모습과 비슷한 모양새가 되었다. (⌒) 그걸 보면서 나는 책을 펼친 모습을 그려도 이런 모양이 되겠다고 생각했다.

그 생각과 함께 든 '아하'는 몸으로 느낄 정도였다. 어떤 면에서 이 꿈은 꿈을 기억해 기록하려는 '영웅적인' 노력에 대한 '농담' 같았다. 말을 탄 사람은 꿈 자체를 상징하고, 그 사람은 꿈 일기장에 적히면서 '눌리고' '납작해진다'. 어떤 꿈이든 글로 적으면서 왜곡되고 '납작해'지는데 그건 기사와 말이 압착기 안에서 뒤틀리고 납작해져 '죽는' 것과 비슷하다.

동시에 이 꿈은, 이미지 자체는 끔찍하지만, 꿈을 나누기 위해 기록하는 것의 궁극적인 가치를 재확인해 주기도 했다. 입을 떠억 벌린 무시무시한 압착기로 다가가는 동안 말을 안정시키려 애쓰는 기사는 중요한 원형인 '자발적 희생willing sacrifice'을 상징한다. 그런 의미에서 이 꿈은 꿈속의 죽음이 항상 개성과 성격의 성장과 연관되어 있음을 보여 주는 예도 된다. 기사는 말과 자신이 곧 죽음을 맞을 것임을 안다. 하지만 그 죽음이 숭고하고 또 필요한 것임을 알기에 두려움을 극복하고 말을 진정시키려는 것이다. 기사도 말도 '완전 무장'을 했다는 것은 '기꺼이 희생하는 행동'이 경직되고 단단한 방어기제를 부수고 극복하겠다는 의식적인 선택임을 암시한다.

기사가 보여 준 '기꺼운 희생'에는 자살처럼 보이는 부분이 있다. 꿈에서 '자살'은 대개 꿈꾼 이가 자신의 성장과 개성화에 의식적으로 참여하는 것을 은유적으로 보여 주는 것이다. 깨어 있을 때 꿈꾼 사람이 실제로 (자신이든 남이든) 자살 문제를 다루고 있을 때라면 당연히 꿈속의 자살 이미지는 깨어 있을 때의 상황을 직접적으로 가리킨다. 하지만 '모든 걸 끝내려는' 이런 욕구는 흔히 근본적으로 성장하고 변화하려는 마음 깊은 곳의 원형적인 욕구가 좌절되었을 때, 그 상징을 잘못 해석해서 나타내는 반응으로 보인다. 자살은 대개 상상력이 제대로 발휘되지 못했을 때 하는 선택이다. 자살을 생각하는 사람은 자기 내면 깊숙이 숨어 있는 성격과 신념에 맞춰 살 수 있는 방법이 있을 거라고는 상상하지 못한다. 그래서 이런 욕구를 '실현할 수 없는' 고통에서 헤어나는 유일한 길로 죽음을 생각하는 것이다.

꿈에서 말을 탄 기사는 '펼쳐 놓은 책'처럼 보이는 '압착기press'에 눌려 '뒤틀리고' '납작해진다.' 여기에 또 다른 아이러니가 있다. 내가 한 일을 '인쇄press'해 출판하는 데는 불가피하게 나 자신이 드러나고 내 삶이 '펼쳐 놓은 책'처럼 비평과 오해에 노출되는 면이 있다는 것이다. 이런 두려움이 들 때면 나는 내 책을 읽고 이해하는 사람들이 그렇지 않은 사람들보다 세상에 더 긍정적인 영향을 줄 거라는 생각으로 나 자신을 다독인다.

이 꿈에는, 다른 꿈들과 마찬가지로, 그 자체만으로 탐색해 볼 만한 가치가 있는 다른 의미도 담겨 있다. 여기서는 꿈을 그림으로 남기고 스케치하여 얻을 수 있는 이점을 보여 주는 예로 제시하는 것으로 그치겠다.

한 침대에서 같이 자는 아내와 나는 꿈을 기록하느라 불필요하게 상대를 방해하지 않으려고 둘 다 '전등펜'을 사용한다. 일반 볼펜에 작은 전등을 붙여 만든 것이다. 더 성능 좋고 비싸지 않은 전등펜들도 많이 나와 있지만 잉크가 빨리 닳고 충전용 잉크를 구하기가 쉽지 않다. 그래서 보기엔 별로이지만 집에서 간편하게 만들 수 있는 걸로 사용한다.

우리 부부는 이제 하룻밤에 몇 번씩 깨더라도 상대를 방해하지 않고 꿈을 기록할 만큼 익숙해졌다. 별로 움직이지 않고도 침대 옆에 놓아둔 종이에 메모할 수 있을 정도이다. 움직이다 보면 꿈 기억이 달아나기 십상이어서, 우리는 될 수 있으면 적게 움직이려고 한다. 어쩌다 상대를 깨우더라도 대개는 상대도 꿈을 기억해 기록한다. 지난 20여 년 동안 전등펜을 사용하는 데 너무 익숙해져서 이젠 여행을 하거나 낯선 곳에서 혼자 잠을 잘 때도 사용한다.

내가 적어둔 꿈의 절반 이상이 한밤중에 전등펜으로 처음 기록한 것이다. 가끔 아침에 일어났을 때 꿈을 꾼 기억도 일어나 기록한 기억도 없을 때가 있다. 하지만 무언가 적은 것이 남아 있고 그 기록을 읽다 보면 무언가 떠오르기도 한다.

반대로 "무슨 꿈인지는 모르겠지만 자다 일어나 적어 뒀어."라고 생각하며 일어나는 날이 있다. 하지만 일기장을 보면 아무것도 적어 놓은 게 없다. 이런 것을 기술적인 용어로는 '거짓 깨어남false awakening'이라고 한다. 이것 자체도 중요한 경험이다. 꿈을 정기적으로 기록해 작업하는 사람들이 흔히 경험하는 현상이다.

어떤 방법을 사용하든 처음 기억했을 때 꿈을 기록하는 것은 중요하다. 깨어났을 때 정말 선명하던 꿈도 그때의 강한 느낌이나 심상을 기록한 것이 없으면 깨어난 지 한 시간 정도 지나면 사라지기 때문이다.

한 번도 꿈을 적거나 얘기해 본 적이 없는 사람들이라도 어린 시절부터 기억하고 있는 꿈이 한두 개는 있다. 반복해서 꾸기도 하는 그런 꿈은 몇 년 동안 심지어 수십 년이 지난 다음에도 기억난다.

이렇게 저절로 기억나는 꿈들은 살면서 다른 시기에 여러 번 작업해 볼 가치가 있다. 반복해서 꾸는 꿈도 마찬가지이다. 두 종류의 꿈 모두 꿈꾼 사람이 지닌 삶의 기본적인 이슈들을 선명하고 강렬하게 상징적으로 보여 준다는 점에서 그렇다. 그런 꿈들에는 많은 의미가 미묘하고 다층적으로 뒤섞여 있다.

저절로 기억나는 꿈들은 꿈꾼 사람 개인이 가진 기본적인 '신화'를 나타낸다고 볼 수 있다. 외부 환경이 어떻게 변하더라도 개인의 삶에 의미를 주는 기본적이고 상징적인 '이야기' 말이다. 쉽게 기억에 남는 이런 꿈들은 우리 삶 전반에 관련되어 있어서 평생 동안 우리의 의식 가까이에 머문다. 그에 담긴 상징이나 이미지가 삶의 기본적인 행동과 결정에 끊임없이 울림을 주기 때문이다.

저절로 기억나는 이런 꿈들은 예외적인 것이다. 평생 꾸는 나머지 수십만 개의 꿈은 처음에는 생생하고 기억할 만할지 몰라도 곧바로 기록하지 않으면 그냥 사라져 버린다.

꿈 작업을 처음 시작한 흥분과 열정으로 깨어날 때마다 일일이 아주 세부사항까지 꿈을 기록하는 사람도 있다. 그러다 보면 수면 패턴이 심하게 흐트러져 얼마 지나지 않아 지쳐 포기하게 된다. 대개는 정말 인상적인 요소만 짤막하게 기록해 두는 것으로 충분하다. 나중에 더 풍부하고 복잡한 내용도 기억을 되살릴 수 있기 때문이다.

드물긴 하지만 꿈이 너무나 인상적이어서 깨어나자마자 바로 꼼꼼하게 다 적어야만 할 때가 있다. 그러지 않고서는 다시 잠을 이룰 수가 없다. 그럴 땐 일어나서 그림을 그리거나 자세히 기록하는 수밖에 없다. 그러나 대부분의 꿈은 간단히 메모를 남기고 나중에 줄거리를 채워 넣는 것으로 '충분'하다.

잠드는 동안 떠오르는 생각과 느낌은 그날 밤 꿀 꿈에 큰 영향을 미친다. 그렇게 보면 우리는 늘 어떤 꿈을 꿀지를 '배양'하고 있는 셈이다. 대개는 의식하지도 못 하지만 말이다. 잠이 들 때 그날 일어난 일과 경험을 생각해 보고 다음 날 있을 일을 생각한다. 그렇게 저절로 떠오른 '임의적'인 생각과 감정들은 그날 밤 꿀 꿈의 주제와 문제들에 녹아들어 간다.

꿈을 좀 더 의식적으로 배양하는 방법도 있다. 잠들기 직전에 꿈을 기억해야지 하는 생각과 함께 꿈꾸고 싶은 특정한 문제와 상황에 집중하면 대개는 그런 내용이 꿈에 나타난다. 이것이 제일 단순한 꿈 배양 연습으로 쉽게 해 볼 수 있는 방법이다. 꿈을 배양하는 연습이나 의식의 기본은 반응이 올 때까지 꾸고 싶은 꿈에 집중하는 것이다.

중요한 결정을 내려야 하는 문제들에 대해 기도와 명상, 요가 같은 것을 의식적으로 하다 보면 꿈을 더 풍부하고 생생하게 기억하고 이해할 수 있다. 이런 꿈을 배양하는 연습을 통해 꿈을 꾸는 동안 '의식이 깨어 있기를', 다시 말해 꿈을 꾸는 동안 그것이 꿈임을 의식하는 자각몽lucid dreaming*을 꾸기를 바랄 수도 있다. 원하는 명상법을 꿈 배양 연습에 포함시킬 수도 있다. 운동선수나 무술인들은 이런 방법이 기술 향상에 큰 도움이 된다는 걸 알고 있다. 마음속으로 리허설을 하고 의식적으로 심상을 떠올리는 것이 실력을 향상시킨다고 알려져 있다. 내 경험으로는 이런 '마음속 리허설'이 깨어 있을 때보다 꿈속에서 더 효과적인 것 같다. 이 방법은 누구나 할 수 있는 것이기도 하다.

   간밤에 꾼 꿈은 가능한 한 일어나자마자 전부 적어 두는 게 최선이다. 이때가 꿈에 담긴 세부사항이나 복잡한 내용을 가장 선명하게 기억할 수 있는 때이다. 일어나서 바로 적을 수 있는 환경이 아닐 때는 간단한 메모를 남겨 나중에 시간이 날 때 제대로 기록하는 것이 좋다. 나는 낮에 짬이 날 때 꿈을 적는데 어느 땐 잠자리에 들기 전까지 그럴 시간이 나지 않는 경우도 있다. 드물긴 하지만 너무 바빠서 다음 날까지 적지 못하기도 한다. 별로 이상적인 경우는 아니지만 그럴 때도 메모를 통해 세부사항을 많이 기억하는 편이다. 처음 시작하는 이들에겐 그리 쉽지 않을 것이다.

* '명석몽'으로 해석하기도 한다-옮긴이 주.

기억한 꿈을 적는 데까지 시간이 많이 걸릴수록 세부사항이나 미묘한 내용은 사라져 버리고 개략적인 내용만 남기 마련이다. 시간이 많이 지나 내용을 대부분 잊었더라도 기억이 나는 부분은 항상 적어서 생각해 볼 가치가 있다. (마이크의 '아마도 파스텔 색 같은') 아주 자그마한 조각조차도 극적인 에너지와 통찰을 불러일으킬 수 있기 때문이다.

심지어 우리가 꿈을 잊는 방식까지도 그 의미와 중요성의 패턴을 드러낸다. 식초에 담긴 진주가 녹아 사라지듯, 꿈의 복잡한 연상과 가공의 다양한 층들은 사라져 버리고 꿈이 '존재하는 까닭'에 더 가까이 다가가게 된다. 그래서 굴에 상처를 낸 진주를 만드는 모래 한 알처럼 '불편한 무엇'의 근원과 만나게 된다. 꿈 조각은 긴 '소설'에 담긴 중심 주제와 메시지를 축약해 담은 짧은 시와 같다. 아무리 작은 꿈 조각도 무시해선 안 된다.

꿈을 기억하는 세 가지 기본 기술을 요약하자면 첫째, 진심을 다해 꿈을 기억하고 이해하고 싶다고 원한다. 둘째, 일어나 꿈을 기록할 도구를 잠자리 바로 옆에 놓아둔다. 셋째, 잠이 들 때 꿈을 기억해 이해하고 싶다고 자신에게 상기시킨다. 이 외에 다른 방법이 필요할 수도 있겠지만 이 세 단계 없이는 그 어떤 정교한 기술들도 별 효과가 없을 것이다.

꿈을 적을 때 자극이 되고 감정을 불러일으키는 제목을 달면 좋다.

제목이 있으면 나중에 적어둔 꿈들을 다시 살펴볼 때 나무 하나하나가 아닌 숲 전체를 조망할 수 있다. 꿈을 순차적으로 살펴보는 것은 초기에서 중간이나 고급 단계로 넘어가는 중요한 단계이다. 꿈을 시리즈로 다루고 일정 기간에 걸쳐 자주 나타나는 주제와 이미지들을 찾아보라. 그러면 내면 깊은 곳에서 일어나는 전체적인 진화와 빙산의 움직임을 이해하는 데 큰 도움이 된다.

꿈 제목은 꿈에 담긴 의미에 대한 통찰력보다 꿈 경험 자체를 상기시키는 것이 낫다. 꿈을 기억하는 데는 구체적인 이미지가 훨씬 더 도움이 되기 때문이다. 예를 들어 '불타는 성에서 도망치기'라는 구체적인 제목이 장기적으로는 '두려움' 같은 추상적인 제목이나 '가족에게 화가 나다' 같은 분석적인 제목보다 꿈을 기억하는 데 더 도움이 된다. '두려움'이나 '가족에 대한 분노' 모두 꿈에 담긴 요소이긴 하지만 '불타는 성에서 도망치기'라는 제목에서 꿈에서 경험한 내용을 기억하기가 훨씬 쉽다.

꿈에서 얻은 통찰을 제목에 담고 싶다면 부제목으로 다는 것이 좋다. 위의 예라면 나는 '불타는 성에서 도망치기-두려움과 가족에 대한 분노' 같은 제목을 달 것 같다. 대개는 꿈을 기록하고 나면 제목 하나가 저절로 떠오른다. 이런 제목은 처음 꿈이 솟아오른 곳과 같은 무의식 깊은 곳에서 떠오르는 것이다. 흔히 꿈을 기록할 때 처음 적은 이미지가 제일 좋은 제목이 된다.

제목을 보는 것만으로 꿈을 기억할 수 있다면 몇 달, 몇 년 뒤에도 제목만 보고 새로운 통찰을 얻기도 한다. 예를 들어 '불타는 성에서 도망치기'라는 제목에서 처음에 들여다볼 때 놓친 새로운 의미를 발견할 수도 있다. 당시에 전국을 휩쓴 경제난이라는 집단적 의미나 그때는 놓친 건강이라는 개인적인 문제를 알게 될지도 모른다. 혹은 이후에 꾼 꿈들과의 맥락에서 살펴볼 때 꿈을 꾼 그 당시에 내가 부모님에 대해 갖고 있던 어떤 드라마를 정말로 '떠나보낸' 시점이라는 걸 알게 될 수도 있다. 이렇듯 꿈을 처음 적을 때 기억을 되살리기 쉬운 제목을 달아두면 지속적으로 꿈 작업을 하는 데 큰 도움이 된다.

세 가지 기본 준비 단계를 다 거치고도 꿈을 기억하지 못하는 사람이 있다. 이럴 때 다음 한두 가지가 도움이 될 것이다.

처음 일어나 잠자리에서 움직이다 보면 꿈이 달아날 수도 있다. 잠이 깰 때 조용히 누워서 "내가 무슨 꿈을 꾸었지?" 하며 생각을 되살려 보라. 이렇게 하는 걸 잊어버리거나 움직이고 싶은 마음이 강할 땐 조금 움직여 몸을 풀어준 뒤 처음 깨어났을 때의 자세로 되돌아가 "무슨 꿈을 꾸던 중이지?" 하고 자문해 본다. 이렇게 하면 처음에 아무 기억이 나지 않았어도 대개는 꿈이 되살아난다.

잠을 자는 동안 우리는 습관적으로 일련의 자세를 한다. 그런 자세들을 하나하나 해 보는 것도 꿈 기억을 되살리는 데 도움이 된다. 추측컨대 어떤 자세로 자는 동안 꾼 꿈은 그 자세를 다시 하면 되살아난다. 깨어났을 때 꿈을 쉽게 기억하는 사람도 시간이나 에너지가 허락하는 대로 이런 습관적인 자세를 차례대로 해 보라. 그러면 꿈 기억을 자극하여 뭔가가 더 떠오르기 마련이다.

수백 년 동안 밀교주의자들과 고대 이집트에 이르는 다른 동양 종교의 추종자들은 인간의 심리가 '여러 개의 영혼'으로 구성돼 있다고 믿었다. 잠을 자는 동안 이 다수의 영혼이 각기 다른 경험을 하고, 우리가 깨어나 이 경험을 '꿈'이라고 부르는 것이다. 이 사람들은 잠자는 동안 습관적으로 취하는 자세에 따라 다른 꿈을 기억하게 되는 것을 두고 '영혼'이 여럿이라는 실험적 증거로 여긴다.

잠잘 때 자신이 습관적으로 하는 자세를 의식하지 못하는 사람도 있다. 잠자리를 같이 하는 사람에게 물어보면 잘 알고 있을 것이다. 같이 자는 사람이 없다면 잠들기 전의 자세로 가만히 누워 몸의 느낌을 살펴보라. 다음에 어떤 자세를 하면 뭔가 제대로 맞아떨어지는 것 같은 느낌이 드는지 몸이 대답해 줄 것이다.

꿈을 기억하는 세 가지 단계를 제안한 대로 다 해 보고, 깨어났을 때 꿈이 기억나지 않아 천천히 잠잘 때의 습관적인 자세를 모두 해 보았는데도 아무런 효과가 없을 때도 있다. 그렇더라도 포기하지 마라. 꿈 기억을 자극할 방법이 하나 더 있다. 아주 천천히 명상하듯 잠잘 때 습관적으로 하는 여러 자세로 한 번 누워 보라. 그러면서 이번에는 "내가 무슨 꿈을 꾸고 있었지?" 같은 일반적인 질문 대신 깨어 있을 때 자신이 (긍정적이든 부정적이든) 제일 강한 정서적 반응을 보이는 사람들의 얼굴을 떠올려 보라.

그 사람들이 꿈에 등장했을 가능성이 가장 많다. 잠자리에서 뒹굴면서 이들의 얼굴을 그리다 보면, 그 사람(들)의 얼굴이 어떤 장면과 함께 떠오를 것이다. 그렇게 떠오른 장면은 의식적으로 상상한 것이 아니다. 이런 예상치 못한 장면은 대부분 꿈속의 장면이다. 그 장면이 깨어 있을 때 경험한 것이라 할지라도, 이런 식으로 떠오를 땐―상징적인 중요성 때문에―그 장면을 꿈에서 다시 보았을 가능성이 매우 크다. 꿈을 꾸지 않았더라도 꿈 기억을 되살리려고 할 때 이렇게 저절로 떠오른 장면들은 꿈처럼 다룰 필요가 있다. 이렇게 장면 하나와 연결되고, 거기서부터 유추하다 보면 더 많이 기억해 낼 수 있다.

얼굴 외에도 꿈에 자주 등장하는 장소들, 그러니까 어릴 때 집이나 빛의 느낌, 창문이나 현관문, 경치, 애완동물, 자동차 등을 자주 마음속에 그려 보는 버릇을 들이면 이 방법은 아주 효과가 있다. 자신의 꿈 세계에 나타나는 특정한 지역과 계절에 익숙해지면, 이렇게 자주 반복해서 나타나는 이미지들이 다른 것들과 어우러져 저절로 채워질 것이다.

왜 어떤 때는 꿈이 잘 기억나고 어떤 때는 그렇지 않을까? 원인은 다양하고 복잡하다. 오랜 시간을 관찰하다 보면 나타나는 자연스러운 생리적 24시간 주기는 꿈꾸는 사람의 의지나 집중도, 심리영성적인 발전 단계 혹은 태양과 달, 계절적 변화 주기와 같은 자연 현상에 대한 반응과 연관이 없어 보인다. 꿈을 규칙적으로 기록하는 여성이라면 잊어버리고 기억하는 주기가 생리 주기와 어느 정도 일치한다는 사실을 알게 될 것이다. 남성들과 폐경기가 지난 여성들도 기억하고 잊어버리는 데 마찬가지로 27일에서 29일의 주기를 보인다. 그에 맞는 생체 주기가 있는 것도 아닌데 그렇다. 식습관이나 스트레스 등 일반적인 육체적·정신적 건강 상태가 꿈을 기억하는 데 영향을 미치기도 한다.

많은 사람에게 비타민 B 복합제가 꿈을 기억하는 데 도움이 되는 것 같다. 비타민 B와 꿈을 기억하는 능력 사이의 상관관계를 증명하기 위해 다양한 실험이 있었다. '자기충족적 예언'과 무의식적인 반응까지 차단하기 위해 이중 삼중의 정교한 은폐장치를 고안해 참가자들이 연구자의 의도를 모른 채 참가한 실험도 있었다. 한 그룹은 플라시보 약을, 다른 실험대상은 다양한 양의 비타민 B를 섭취했다. 이 연구에서 비타민 B 보조제를 섭취한 실험 대상의 75~80%가 '꿈'을 더 많이 꾸었다. 즉 예전과 달리 꿈을 기억하는 빈도가 늘었다고 보고했다. 반면 플라시보 약을 먹은 그룹은 같은 기간에 아무런 변화가 없었다.

내 경험으로는 합법적인 '꿈 약'에 가장 가까운 것이 평범한 복합 비타민 B 보조제였다. 실험 결과 비타민 B군 전체를 다 먹는 것이 가장 믿을 만하다고 하고, 비타민 B_6만으로도 비슷한 결과가 나왔다는 보고도 있다. 개인적으로는 비타민 B 복합제에 비타민 C를 같이 먹는데, 비타민 C가 비타민 B의 소화에 도움을 주는 것 같다. 나는 잠자는 동안 소화·흡수되도록 잠자기 전에 비타민 보조제를 먹는다.

비타민 B는 수용성이기 때문에 과용할 우려가 거의 없다. 몸이 받아들일 수 있는 양보다 비타민 B가 많이 들어오더라도 (비타민 A와 같은) 지용성 비타민과 달리 체내 지방에 축적되지 않고 오줌으로 배출된다. 비타민 B를 과다 복용했을 때 증상은 화장실을 자주 가는 것이다. 볼일을 볼 때 약간의 불편한 느낌이 생기기도 하고 오줌 색깔이 평소보다 훨씬 밝은 노란색을 띤다. 하지만 비타민 B를 섭취하면 정상치 내에서도 오줌 색깔이 노랗게 변하므로 색깔만으로는 걱정할 필요가 없다. 혹 비타민 B를 과다 섭취해서 몸 안에 해가 될 만큼 축적되면 소변량이 늘고 손발이 저리다가 점차 손가락과 발가락에 감각이 없어진다. 이때도 비타민 B의 과다 섭취를 중단하기만 하면 증상은 금방 사라지고 감각도 정상으로 돌아온다. 부작용이 생길 우려가 있으므로 급작스럽게 식습관과 비타민 섭취를 바꾸기 전에 의사와 상의하는 것이 좋다.

국가정신건강연구소의 실험에 따르면 극소량의 엘에스디LSD와 메스칼린mescaline, 페요테peyote* 등의 자연적인 '환각물질'도 깨어 있는 동안 행동이나 인식에 아무런 영향을 미치지 않으면서 꿈 기억을 극적으로 증가시킨다고 한다. 하지만 개인적으로 이런 방법을 추천하고 싶지는 않다.

---

* 멕시코·미국 남서부에서 자라는 선인장의 일종이며 거기서 채취한 환각제.

다른 정신상태로 바꾸는 약물들, 특히 알코올과 마리화나, 다양한 코카 추출물 등은 정반대의 효과를 낸다. 아주 조금만 투약해도 꿈을 기억하는 것이 힘들어진다. 진정제, '안정제'와 '근육 이완제'도 마찬가지로 부정적인 효과를 낸다. 거의 모든 수면제와 '긴장 완화제들'도 꿈 기억을 감소시킨다. 스텔라진, 할돌, 테그레톨과 같은 항정신성 약물들도 마찬가지이다.

꿈을 통해 심각한 정신적·정서적 동요가 표현되기 때문에 이런 부작용은 특히 비극적이다.

나는 심각한 정신분열이나 자폐 증상을 지닌 청소년과 성인을 대상으로 한 치유 프로그램에서 수석 치료사로 수년간 일했다. 융 학파의 방법을 이용해 내담자들과 꿈 작업을 하고 직원들에게 꿈 작업 방법을 훈련시켰다. 버클리에서 10년간 일하고 연구하는 동안 정말로 심각한 정신병을 앓는 환자들의 꿈조차도 건강과 온전함을 도모하고 있다는 데 깊은 감명을 받았다. 그래서 다른 기관들에서 이런 환자들의 치료에 화학 요법 의존도가 높은 것에 몹시 우려하게 되었다. 그런 약물들은 환자들이 효과적으로 치유되어 사람들과 제대로 교류하며 정서적으로나 창의적으로 살아가는 데 필요한 바로 그 근원으로부터 차단하기 때문이다.

오랫동안 꿈을 꾸지 못하면 정상적인 사람도 방향 감각을 상실한다. 정서불안과 환각, 미세동작 능력 상실, 성격 이상도 일으킨다고 한다. 이런 사실은 철저하게 통제된 실험실 환경에서 여러 차례 증명된 것이다.

혈중 알코올 농도가 높으면 렘수면으로 들어가기가 어려워서 비슷한 증상을 보인다. 어떤 원인에서든 오랫동안 꿈을 꾸지 못한 동물이나 사람은 '되튀김 효과'를 겪는다. 그렇기 때문에 수면 부족 상태의 인간이나 동물이 잠을 잘 기회를 얻으면 즉시 렘수면으로 빠져들어 잃어버린 꿈 경험을 자동적으로 '벌충'하는 것이다.

알코올로 유발된 섬망증delirium tremens에 사로잡힌 사람들의 행동은 실험실 환경에서 렘수면을 조직적으로 방해받은 사람들이 보이는 행동과 실질적으로 구분하기 어렵다. 장기간 꿈을 못 꾸면 심각한 알코올 중독과 마찬가지로 정신적으로 무뎌지고 정서적으로 불안정해지며 근육 활동이 둔화된다. 일부 연구자들은 섬망증 환자들이 실은 꿈이 결핍된 수면 장애라고 얘기하기도 한다. 심각한 알코올 중독자는 잠이라고 이름 붙일 수도 없는 무의식 상태에 있다는 것이다. 혈중 알코올 농도가 높으면 술에 취해 정신을 잃더라도 꿈을 꾸지 못한다. 그러나 잠에서 깨어나 알코올 농도가 어느 정도 떨어져 '되돌아 오기' 시작하면 '깨어 있는 동안 꿈을 꾸는' 것이다. 이들이 겪는 환각 현상은 본질적으로는 자는 동안 자연스레 등장했어야 할 꿈속의 이미지들이 깨어 있는 동안 마음속으로 침입해 들어온 것이다.

비슷하게 환각작용이 있는 약을 복용한 사람들이 경험하는 '무서운 환각 체험bad trips'은 이들이 깨어 있는 동안 꾸게 되는 꿈이다. '무서운 환각 체험'을 하는 사람들은 (어쩌다 꿈을 기억했을 때) 꿈이 대부분 악몽인 사람들이다. 반대로 이런 약물들을 사용해 긍정적이고 심오한 경험을 한 사람들은 대개 이전에 꾼 꿈들이 흥미롭고 긍정적인 경우이다.

이런 종류의 화학물질이 보통은 (프로이트가 '일차적 과정primary process'이라고 부른) 무의식과, 깨어 있는 동안의 좀 더 합리적이고 선형적으로 작동하는 마음의 기능 사이에 있는 경계를 낮추는 것 같다. 수많은 '심리탐험가'들의 증언을 들어보면, 똑같은 약을 같은 양 먹더라도 사람에 따라 어떤 사람은 신성의 존재를 직접 느끼는 신비로운 체험을 하고 다른 사람은 '지옥'의 나락으로 떨어지기도 한다. 화학물질이 부정적인 반응을 만들어 내는 것이 아니라 약물을 사용한 개인이 자신을 얼마나 받아들이고 긍정하며 안정적인 상태인지에 달려 있으며, 약물은 촉매 구실을 할 뿐이라는 결론을 내리게 된다.

모르핀은 다소 불명확하다. 모르핀을 사용하는 동안 지독한 악몽을 꾸었다고 보고한 사람들이 있다. 하지만 이들이 극심한 통증에 시달리던 중이어서 그런 것인지, 아니면 약 때문인지는 알 수 없다. 두 요소 모두 악몽을 꾸는 데 어느 정도 기여를 하는 것 같다.

내 경험으로는, 기도와 명상에서처럼, 각 개인이 어떤 꿈 생활을 하고 있느냐가 긍정적이고 생생한 심리영성적 경험에 대한 가장 믿을 만한 척도이다.

약물을 사용해 심층 무의식의 '수문을 갑자기 쳐부수어 버리는' 것과 꿈에 주의를 기울이며 부드럽게 접근하는 것 사이의 가장 중요한 차이는 안전함의 차이라고 볼 수 있다. 누군가의 꿈 생활이 근본적으로 부정적이고 두려운 것이라면 그 사람이 환각작용이 있는 약물을 사용할 경우 '환각적이고 압도당하는 무서운 환각 체험'을 경험할 우려가 크다. 심층 무의식부터 치밀어 올라오는 에너지에 너무 급작스럽고 사납게 노출되면서 정서적으로 압도당하는 것이다. 그러나 같은 사람이 꿈을 통해 심층 무의식에 서서히 부드럽게 접하게 되면 비슷한 '환각'을 경험할 확률은 0에 가깝다.

꿈을 꾸는 과정은 자연스러운 '견제와 균형' 시스템이 있어서 그런 식의 압도적으로 부정적인 경험을 막아준다. 정신 상태를 바꾸는 강한 약물이 바로 이런 방어적인 견제와 균형 체계를 못 쓰게 만드는 것이다.

프로이트가 '센서'라고 부른 꿈꾸는 심리의 일부분은 꿈에서 자신이 소중히 여기는 신념 체계나 자아상에 너무 심각하게 도전하는 생각이나 기억들을 억누르는 경향이 있다. 너무 '방사성'이 강해서 깨어 있을 때의 마음으로 조용히 다루기 어려운 꿈들은 꾸자마자 금방 잊게 된다. 이런 현상을 억압이라 부르는데 '잃어버린 꿈'의 일부는 억압으로 설명할 수 있다.

예를 들어, 마이크는 꿈 강의를 듣는 학기 내내 틀림없이 꿈을 꾸었겠지만 기억하지 못했다. 그 꿈들이 장래에 목사가 되려는, 마이크가 가장 소중하게 생각한 것에 의문을 제기하는 것으로 선의식

preconscious에서* 억압된 것으로 보아도 무방하다.

'억압'된 내용은 아주 사소한 것부터 개인이 창의적이거나 생산적으로 다룰 수 있는 능력 너머의 것이어서 다행스레 '기억할 수 없는' 것까지 다양하다. 우리가 꿈꾼 내용 중에는 우리가 아무런 영향을 미치지 못하는 것이어서, 그 내용을 제대로 보면 우리를 파괴할지도 모르는 것들이 있을 수 있다. 그래서 그런 내용은 전혀 기억이 안 나는 것이다.

어떤 때는 막 잠이 깰 때 꿈꾼 내용을 기억할 것 같은 순간이 있다. 생각이 날 듯 말 듯 하다가 대개는 사라져 버린다. 이것이 우리가 희미하게나마 '센서'와 꿈 경험 사이의 선의식적인 갈등을 볼 수 있는 전부이다. 센서는 의식적인 견해를 '보호'하려고 마음을 어지럽히고 의심을 품게 하는 꿈을 억압하거나 '기억할 수 없게' 만들려고 한다. 반면 꿈을 꾸는 무의식은 살면서 암울한 상황이라서 보이지 않고 무시되어 온 아직 상상해 본 적이 없는 창의성에 대해, 그러나 '위험한' 가능성들에 대해 '우리를 깨우려' 한다.

이렇게 꿈이 '억압'될 때, 그리고 꿈을 만들어 내는 무의식의 힘과 꿈에 담긴 내용이 꿈꾼 이가 다룰 수 없는 것일 때, 꿈은 의식으로부터 아무런 저항도 없이 그냥 사라져 버린다. 그리고 우리는 이런 줄

* 프로이트에 따르면 선의식은 의식과 무의식 사이에 있는 공간으로 선의식 상태의 생각은 어느 때라도 의식으로 불러올 수 있다. 프로이트는 이 영역에 머무르는 생각은 일시적인 것으로 영구적이지 않다고 했다.

다리기를 알아차리지도 못한다. 이렇게 선의식에서 아무 갈등 없이 꿈을 잊는 경우를 억압이라고 분류할 수는 없을 것 같다.

심한 트라우마(심리적 외상)를 경험한 경우, 특히 어린 시절에 경험한 극심한 트라우마가 이런 카테고리에 해당한다. 끔직한 경험에 대한 기억과 그 경험을 보여 주는 꿈들은 억압이라기보다 '몸에 좋은 기억상실'이라고 부를 수 있다.

이런 기억상실로 어린 시절의 트라우마를 억압하고 있는 동안 개인은, 그 같은 트라우마를 감당할 수 없어 마비되는 대신, 그나마 정서적으로나 정신적으로 성숙해 갈 수 있다. 이런 경우 그 개인이 그 기억을 의식적이고 창의적으로 다룰 수 있을 만큼 충분히 성숙했다고 무의식이 결정하는 순간이 반드시 온다.

이럴 때 그 사람의 꿈에는 잊어버린 트라우마와 연관된 상징을 담은 요소들이 넌지시 등장하기 시작한다. 건강한 기억상실은 이제 일생동안의 선의식적인 버릇들의 도움을 받아 억압으로 변화한다. '센서'와 꿈 에너지 사이의 다툼이 선의식에서 일어나고, 이 다툼은 점점 더 밖으로 드러나게 된다. 이렇게 나타난 내용을 기억해 다루지 않고 계속 피하면 이제 그 꿈은, 이전에는 아니었지만, '억압' 된다.

깨어 있을 때 '해결할 수 없다'고 느끼는 삶의 이슈들을 집중적으로 보여 주는 꿈을 선명하게 기억할 때가 있다. 꿈을 기억했다는 것은 그 문제를 창의적으로 해결할 방법이 있다는 증거라고 보면 된다. 관습적인 사고나 제대로 살펴보지 않은 가정들에서 창의적인 해결의 실마리가 있다. 그걸 알아보지 못할 때 꿈은 이제껏 무시되어 온 가능성들에 의식적인 관심을 기울이라고 일깨워 주러 온다. 이런 가능성들은 사실상 이전엔 없던 것으로 새롭고 성숙해진 결과이다. (좀 더 자세한 개념 설명과 예들은 7장에 나온다.)

꿈 작업을 하다 보면 이 '억압 현상'이 드러난다. 꿈 작업을 하던 사람이 '아하' 체험을 동반한 통찰력을 얻었을 때, 갑자기 다른 꿈을 기억하게 되는 때가 있다. 이런 '2차 꿈 기억'은 처음엔 전혀 기억도 하지 못한 것이다. 그 꿈 기억이 '새로운' 것이라면 그 '아하' 체험은 특히 중요하다. 이전에 억압되어 있던 기억을 의식으로 끌어올리기 때문이다. 이 과정에 흔히 나타나는 또 다른 '증상'은 갑자기 정서적·육체적으로 활력과 행복감에 넘치는 것이다. 꿈 기억을 억압하는 데 낭비해 온 에너지가 이제 의식 속으로 자유롭게 솟아올라 창의적으로 이용되는 것이다.

꿈 작업을 하다 다른 꿈이 저절로 떠오를 때, 이렇게 떠오른 꿈이 예전에 억압된 것이든 그렇지 않든 상관없이, 이럴 때의 '아하' 체험은 아주 고차원의 것이다. 관련된 꿈 기억들은 서로 공명하면서, 함께 들여다봤을 때 '잘 맞는 짝'이다. 이들은 각각의 꿈이 처음 등장했을 당시에 이야기한 기본적인 문제들이 얼마나 깊이 있게 발전해 왔는지를 드러낸다.

잊어버린 꿈을 억압으로 어느 정도 설명할 수 있긴 하지만, 이런 경우는 사람들이 생각하는 것보다 훨씬 적은 것 같다. 한동안 꿈을 기억하지 못하면 사람들은 '억압'을 제일 먼저 떠올리고 가장 그럴싸한 설명으로 생각한다. 하지만 꿈을 잘 기억하는 편이고 오래 작업해 온 사람도 하룻밤에 두세 개 정도만 기억한다. 누구든 하룻밤에 두세 개의 꿈을 계속해서 기억한다면 그 사람은 아주 잘하고 있는 것이다. 그런 사람을 겁쟁이로 보거나 꿈을 '억압'하고 있다고 보긴 어렵다. 실험실의 연구에 따르면 누구나 하룻밤에 대여섯 번, 심지어는 일곱 번 꿈을 꾼다고 한다. 따라서 가장 적게 억압되고 꿈을 잘 기억하는 사람조차 실제로 꾼 꿈의 절반이나 그 이하로 기억하는 셈이다.

꿈을 '컬러로' 꾸는지 아니면 '흑백으로' 꾸는지의 문제는 여기에도 상관이 있다. 나는 경험상 누구나 색깔이 있는 꿈을 꾼다고 확신하지만 흑백으로 꾸는 사람도 있을 것이다.

통계에 따르면 '여자가 남자보다 컬러 꿈을 더 많이 꾼다'고 한다. 이런 연구는 손쉽게 또 상대적으로 적은 비용으로 할 수 있는 것이어서 여러 번 행해졌는데 결과는 마찬가지였다. 꿈속의 색채가 얼마나 선명한지와 꿈꾼 이의 정서적인 생활은 직접적이고 원형적으로 상호 연관되어 있다. 꿈속에 나오는 색깔들을 더 잘 인식하고 있는 사람일수록 자신의 정서적인 생활을 좀 더 의식적으로 자각하고 있다. 그래서 나는 '색깔 꿈'에 관한 연구들이 사실은 성차별이 여성과 남성의 정서적인 삶에 얼마만큼 영향을 미치고 있는지를 보여 준다고 생각한다.

아이를 키울 때 우리는 관습적으로 여자아이들에게는 자신과 주변 사람들의 감정에 주의를 기울이도록 가르치는 반면 남자아이들에게는 정서적인 면을 별로 강조하지 않는다. 이렇게 검증·검토되지 않고 억압적인 성역할에 관한 고정관념이 우리의 의식적인 행동을 결정한다. 이런 현실에서 '여성이 남성보다 컬러로 꿈을 더 많이 꾸는' 것은 당연한 일이다. 하지만 왜곡되지 않고 건강한 인간이라면 누구나 풍부한 감성으로 가득 찬 삶을 누리며 자연스럽게 색깔 꿈을 꿀 것이다.

나는 이런 분석이 이론적인 관점에서도 설득력 있지만 경험으로도 명확하다고 생각한다. 내가 가르치는 꿈 작업 과정에서 '흑백으로만 꿈을 꾼다'는 사람들을 수도 없이 많이 만났다. 남자건 여자건 '색깔 없는 꿈을 꾸는 사람들'은 왠지 정서적으로 억압된 인상을 준다는 점은 흥미롭다. 이들은 다른 사람들을 지휘·통솔하는 자리에 있으면서 자신이 이끄는 일이나 삶의 모든 방면에서 '감정적으로 변할 가능성이 없다'고 생각하는 경향을 보인다.

정서적인 면에 대해 부정적인 태도를 가진 사람이 꿈 작업에 끌리는 경우는 대개 무언가 자기 삶이 불만족스러울 때다. 이들은 자신이 직장에서나 경제적으로, 어떤 때는 인관관계에서도 '잘 나가고 있다'고 묘사한다. 그런 '성공'을 거두었는데도 삶에서 '무언가가 빠져 있는 것 같은' 느낌이 든다는 것이다. 이들의 꿈 작업은 예정된 순서를 밟는다.

꿈을 나누고 탐색하는 어느 순간 이들은 갑자기 빨간색이 꿈에 등장했다고 보고한다. 강한 열정과 '피의 따뜻함 속에 있는' 깊숙한 감정을 담은 원형적인 색깔인 붉은색이 언제나 먼저 나타난다. 이 '흑백의 꿈을 꾸는 사람들'은 '빨간색 차'나 '빨간색 꽃' 혹은 그 비슷한 것을 보았다고 하는데, 자신이 더 이상 회색조의 꿈을 꾸지 않는다는 사실을 의식하지도 못한다. 일단 붉은색이 등장하면 다른 색깔들도 금방 따라 나타나, 계획된 강의를 다 마칠 때쯤이면 이들도 다른 사람과 마찬가지로 '색깔 꿈'을 꾸기 마련이다.

이런 상황이 반복될 때마다 나는 꿈이 꿈꾼 이의 건강과 온전성에 이바지하기 위해 온다는 데 매번 감동한다. 꿈은 깨어 있을 때의 사건들에 정서적으로 반응하는 것이 얼마나 중요한지 의식하게끔 일깨워 준다. 그 결과 이들은 실제로도 점점 더 자신의 감정과 정서를 알아차리게 된다. 내가 내리는 이론적인 결론은 꿈속의 색깔은 늘 거기 있었지만 무시되다가, 꿈을 꾸는 사람이 점차 그 색깔들을 알아차린다는 것이다. 그리고 이는 깨어 있을 때 실제로 어떻게 감정을 무시해 왔는지를 직접적으로 반영한다.

우리가 성역할의 고정관념에서 자유롭게 풀려나면 전체 인구 중에서 '흑백으로만 꿈을 꾸는' 사람의 비율이 줄어들 것이다. 그리고 색깔 꿈을 꾸는 남녀 비율의 차이도 완전히 사라질 것이다. 이런 비율이 그 집단이 성역할의 고정관념에서 얼마나 자유로운지를 평가하는 '객관적'인 수단이 될지도 모른다.

지난 세월 동안 나는 우리가 꾸는 대부분의 꿈을 잊어버리는 주된 까닭이 우리의 개인적인 삶의 영역에서가 아니라, 융이 '집단적 무의식'이라고 부른 영역에 집중해 있기 때문이라고 결론을 내렸다.

이 집단적인 영역은 '특정 시간에 한정되어 있지 않다'는 점과 자아와 타자 간의 경계가 없다는 두 가지 특징이 있다. 꿈 경험이 이런 원형적인 영역에서 일어날 때 꿈을 기억하는 일은 불가능하지는 않더라도 매우 힘들어진다. 집단 무의식의 영역에서는 모든 것이 한꺼번에 일어나기 때문이다. 꿈속에서는 '꿈을 꾸는 나'와 꿈을 기억해 보고하는 나 사이에 아무런 분리가 없다. 그런 꿈에서 '나'는 꿈속의 모든 것으로 그 모든 것을 다양하고 중첩되게 또 주관적으로 동시에 경험한다. 그래서 꿈에서 깨어나서 이런 꿈을 선형적인 구조를 지니는 이야기로 정리하는 것은 불가능하다. 그런 경험을 어떤 개념이나 단어, 이미지로 총체적으로 표현하는 것도 불가능하다. 그래서 방금 전에 뭔가 흥미롭고 중요한 뭔가가 일어난 것 같은데 기억에서는 '사라져' 버린 걸로 나타나는 것이다.

우리가 깨어 있을 때 의심 없이 받아들이고 있는 기본 전제 두 가지는 첫째, (잠이 깬 건 '지금', 잠자던 때는 '그때', 아침은 '나중' 이렇게) 시간의 흐름이 선형적이란 점과 둘째, (내 몸은 '나', 다른 모든 것은 '내가 아닌 것'처럼) 나와 다른 것들 사이에 구분이 있다는 것이다. 하지만 집단 무의식을 중심적으로 다루는 꿈에서는 이런 전제가 적용되지 않는다. 그래서 잠에서 깨어날 때 선의식 상태에서 이런 기본적이고 '합리적인' 태도로 현실에 요구하다 보면 집단 무의식의 영역에 중심을 둔 꿈들을 깨어 있을 때 기억하기가 완전히 불가능해지는 것이다.

집단 무의식을 집중적으로 다루는 꿈에서 꿈이 얼마나 길게 느껴지느냐에 상관없이 시작과 중간, 끝이 모두 한꺼번에 일어난다. 시간 순서대로 사건을 되살리는 일은 거의 불가능하다. 이런 꿈에서는 '나'는 동시에 꿈속의 모든 사물이자 인물로 이들 '내'가 느끼는 감정과 생각들을 모두, 한꺼번에 경험하게 된다. 어느 시점에서 기억을 정리해야 할지 중심을 잡을 수가 없다. 사건이 일어나는 걸 보는 분리된 '나'가 없이 복잡하고 다양하고 미묘한 경험이 동시에 모든 사람과 사물에서 일어나는 경험만 존재한다.

이제 나는 꿈에서 내가 여럿의 인물로 한꺼번에 등장하는 꿈도 기억할 수 있다. 동시에 진행된 여러 개의 이야기도 자주 기억한다. 하지만 꿈속에서 내가 가진 주관적인 깨달음을 '나눠 가진' '인물들'이 서넛 이상이 되면 아직도 제대로 기억하기가 힘들다. 깨어나서 내가 세상의 모든 사람이자 사물이라면 어떤 느낌일지 상상해 보지만, 그걸 말로 표현하기는 정말 어렵다. 하지만 우리 모두 어느 정도는 이런 식으로 꿈을 꾼다고 확신한다.

전통적인 용어를 사용하자면, 나는 모든 사람이 매일 밤 '하느님께로 되돌아간다'고 믿는다. 이때 평소의 자아는 사라지고 다가오는 죽음에 대한 근심과 심층무의식에 자리 잡고 있는 우리 본연의 신성과의 분리에서 오는 불안감도 사라지는 것을 경험한다. 그러나 이런 경험은 우리가 깨어 있을 때 습관처럼 겪는 다른 경험들과 너무나 달라서 잠에서 깨어났을 때 그냥 잊어버리기 쉽다. 어쩌면 우리가 기억해내는 꿈들보다 이런 '집단무의식에서 꾸는 꿈들'이 잠이 지닌 치유의 기능을 주로 맡고 있지 않을까 하고 추측한다.

그리고 평범한 꿈들도 깨어 있을 때 관습적으로 느끼는 시간 저 너머에 있는 이런 '집단적인 수준에서 꿈꾸기' 현상과 맞닿아 있다고 생각한다. 누군가와 대화를 하거나 다른 사람이 하는 말을 듣거나 책을 읽는 꿈은 누구나 꾸는 것이다. 거기서 얻는 정보와 통찰에 상기되고 신이 났는데, 꿈에서 깨어났을 때 왠지 기분이 좋고 뭔가를 이해했다는 느낌 외에 내용은 하나도 기억나지 않는 경우 말이다. 나는 그런 꿈 경험이, 꿈속에서 바로 그 순간, 꿈의 '무게 중심'이 개인적인 것에서 집단적인 것으로 이동한 것이라고 믿는다. 이때 '잃어버린 대화'에 담긴 내용은 순차적인 사건의 진행과 자아와 타자 사이의 구분이 없는 '무한한 시간 속에 모든 것과 교감'하는 순간에 담겨 있다고 믿는다. 특히 흥미롭고 빛나는 꿈을 기억할 수 없는 까닭이 바로 여기에 있다고 본다.

꿈이 너무나 흥미진진하고 즐겁고 다채로워 곧 잠에서 깨어나리란 걸 느끼면서 "정말 멋진 꿈이다. 꿈 모임 사람들에게 얘기해야지!"라고 생각할 때가 있다. 그런데 뭔가 흥분을 했다는 것 외엔 아무 내용도 기억나지 않는 꿈들이 주로 이런 '집단적인 꿈꾸기' 때문이라고 나는 확신한다. 꿈꾼 사람이 느끼는 뭔가 심오하고 아름다운 것을 본 듯한 그 순간의 즉각적인 느낌은 아마도 사실일 것이다. 그런 꿈은 너무나 아름답고 심오해서 말이나 이미지로 떠올리는 것조차 불가능하다. 나는 우리가 그런 꿈에서 신성을, 우리 내면의 신과 눈을 맞추지만 신비가들이 역사적으로 증언해 왔듯 '말로는 결코 표현할 수 없다'고 믿는다.

나는 또 집단적인 심층을 건드리는 꿈꾸기에서 나타나는 '망각 효과'가 꿈을 잘 기억하던 사람이 처음 꿈 작업 모임에 합류하고 나서 흔히 겪는 경험의 원인이라고 생각한다. 사람들과 꿈이야기를 나누는 것에 열성이던 사람이 꿈 모임에 가입하는 순간 꿈을 전혀 기억하지 못하는 경우가 가끔 있다. 이럴 때 이들은 흔히 자신의 '비밀스러움'에 당황하며 억압과 자기기만을 들어 자기 자신을 비난한다. 꿈을 많이 기억하다가 갑자기 하나도 기억하지 못하는 이런 상황을 아주 불편해하며 자기 자신을 의심하고 믿지 못하게 된다. 그러나 실제로 깨어나서 꿈을 기억하지 못할 때의 경험에 대해 더 자세히 물어보면, 이미 기술했듯, 꿈이 흥미진진해서 얼마나 흥분했는지, 그런데도 눈을 뜨자마자 그 꿈을 깡그리 잊어버렸다는 이야기를 전형적으로 듣게 된다. 꿈 작업에 관심이 있는 많은 사람에게서 이런 이야기를 수도 없이 들어서, 나는 이들이 자기 열정의 희생자라고 결론지었다. 이들은 꿈 작업 모임에 처음 합류한 흥분으로 예전보다 꿈에 더 많은 관심을 기울인다. 그 결과 더 깊이 집단적인 수준에까지 이르게 되지만 그렇게 심오하고 초월적인 꿈 경험을 기억하지는 못하는 것이다.

여기에서 우리는 잊어버리는 꿈도 기억한 꿈과 마찬가지로, 혹은 더 많이, 우리의 건강과 온전성을 보존하는 데 연관이 있다는 것을 쉽게 이해할 수 있다. 나는 모든 꿈에 이런 심오한 집단적인 에너지와 함께 하는 '보이지 않는' 층이 있다고 믿는다. 이런 집단 무의식의 원형적인 에너지와 경험은 꿈의 (그리고 내 생각으로는 깨어 있는 삶의) '존재 근거'이다. 우리에게 그걸 꿰뚫어볼 능력은 없지만 그것이 바로 가장 심오한 우리 본연의 모습이다. 다시 한 번 전통 종교의 언어를 쓰자면 '하느님의 왕국이 우리 안에' 있고, 에머슨이 너무나 명료하고 생생하게 말했듯 '내면에 있는 것이 저 너머의 것만큼 위대하다.'

아주 일상적으로 보이는 꿈에서조차 그 '기반' 또는 '기초'가 되는 것은 이런 미묘하고 충만한 원형적인 에너지이다. 이로 인해 우리가 기억하건 기억하지 않건 꿈은 우리를 치유하고 온전함을 향해 나아가게 한다. 꿈은 바로 이런 과정을 통해 그 유기체(와 모든 종들과 우주 전체)가 궁극적으로 필요로 하는 것을 충족시킨다. 꿈을 기억하고 관심을 기울이는 것은 단지 그런 과정을 강화하고 그 과정에서 더 많은 이득을 얻을 수 있는 방법이다. 꿈을 기억하건 기억하지 못하건 꿈은 본연의 생명을 증진하고 긍정한다. 우리가 의식하든 그렇지 않든 소화기관이 음식을 소화시켜 생명 에너지로 전환하는 것과 마찬가지이다.

하지만 꿈을 기억하려 노력하고 다층의 의미를 더 깊이 들여다볼수록 자신에 대해 심리영성적으로 더 많이 깨어 있게 된다. 꿈을 기억하고 탐색하는 능력이 늘어날수록 우리는 조금씩 이런 진화의 잠재력에 가까이 가게 되는 것이다.

5장
꿈이 만들어낸 기적 같은 사회 변화

잠든 동안 우리는 우리가 같은 종의 구성원으로서
서로 연결되어 있다는 현실에 주의를 기울이게 된다.
꿈이 종의 상호연결성의 문제를 다루고 있다고 할 수도 있겠다.
아마도 의식이 꿈을 꾸는 주된 이유는 종의 생존이고, 개인의 생존은 이차적인 것일지 모른다.
이런 가정이 조금이라도 사실이라면 꿈의 중요성은 크게 바뀔 것이다.
지금의 문화에서 그런 것보다 훨씬 큰 우선권이 꿈에 부여될 것이다.

_몬터규 울만

내가 그룹 꿈 작업을 정식으로 시작한 건 1969년이다. 당시 나는 캘리포니아의 에머빌에서 인종차별을 극복하는 프로젝트를 개발하는 단체에 속해 있었다. 에머빌은 샌프란시스코 만의 동쪽 해안에 있는, 오클랜드와 버클리 사이에 자리 잡은 작은 마을이다. 당시 나는 양심적 병역거부자로 '대체 복무'를 하고 있었고, 이 프로젝트는 내가 속한 교파의 세계봉사위원회가 후원하고 있었다. 프로젝트의 책임자는 조지 존슨 목사로 봉사위원회가 소수자들, 특히 흑인들이 사회 내에서 스스로 힘을 기르고 발전할 수 있도록 도와 주기 위해 고용한 재능 있는 감리교 목사다.

'마틴 루터 킹 박사의 정의를 위한 3월 행진'이 앨라배마 주의 몽고메리에서부터 셀마까지 있었다. 흥분한 백인 인종차별주의자 폭도들이 백주대낮에 참석자들을 무자비하게 공격했고 행진에 참가한 신학생 제임스가 그들에게 맞아 죽었다. 이 비극적인 사건의 여파로 보스턴 본부에는 평소와 비교할 수도 없을 만큼 많은 현금 기부가 물밀듯 쏟아졌다. 제임스의 목숨을 빼앗아간 근본 원인인 인종차별주의와 적대적 태도에 맞서 이를 극복할 프로그램 개발을 지원하는 것이 우리 단체의 목표였다.

에머빌에 도착했을 때 나는 흑인 일색의 직원들 가운데 유일한 백인이었다. 흑인 노동자와 하층계급이 대부분인 지역 사회에 나가 사람들을 독려하기에는 피부색도 출신 성분도 맞지 않아 보였다. 그래서 나는 자연스럽게 사무실 일을 보게 되었다. 일찍 와서 사무실 문을 열고, 커피를 만들고, 회원 목록을 정리하고, 전화를 받고, 복사기를 돌리고, 필요한 일상적인 일을 처리했다. 직원회의에서 내가 가진 기술이나 에너지를 제대로 활용하지 못하고 있다고 불만을 얘기하면, 동료들은 나를 비웃거나 내 말을 농담으로 받아들일 뿐 내게 새로운 일이나 책임을 맡기지 않았다.

그러던 어느 날 존슨 목사가 나를 한쪽으로 데려가 내가 오기 전에 에머빌에서 일어난 일을 애기해 주었다. 여러 달 전 프로젝트 시작을 도우려고 여러 백인 자원봉사자가 왔다. 미국 사회에서 인종적 편견과 불평등을 없애려는 데 헌신적인 사람들이었지만 생색을 내는 듯한 인종차별적인 태도와 행동이 무의식적으로 드러났다. 분개한 지역 주민들이 '자원봉사자들을 몰아냈다.' 그 과정에서 서로 거친 언행이 오갔고 양쪽 모두 감정이 많이 상했다.

결국 자원봉사자들은 사라졌고 봉사위원회의 물리적·재정적 지원도 끊어졌다. 이런 안타까운 얘기를 마친 목사는 이 문제를 해결하는 데는 내 피부색이나, 계급이 적당해 보이긴 한다고 말했다. 내가 한 번 시도해 볼 의향이 있다면 말이다.

이 문제는 내게 너무나 익숙한 것이었다. 나는 조심스레 억압된 나 자신의 '진보적인' 인종차별과 어떻게 직면하고 창의적으로 반응할 것인지 고심하지 않을 수 없었다.

나는 그 과제를 받아들이기로 했다. 존슨 목사와 관심을 보인 다른 지역 활동가들, 특히 당시 월넛 크릭에 담임 목사인 아론 길마틴 목사와 상의한 끝에 우리는 '인종차별 극복'을 주제로 한 세미나를 열기로 했다. 오고 싶은 사람은 누구든 올 수 있도록 하고 특별히 분쟁으로 떠난 자원봉사자들을 초청했다. 이 자원봉사자들에게 발언할 기회를 주자는 취지였고 그러다 보면 상한 감정을 치유할 수 있지 않겠느냐는 생각이었다. 이런 이야기들을 안전하게 나눌 수 있는 장을 만들고 좀 더 큰 맥락에서 살펴볼 수 있기를 바랐다.

우리는 세미나의 '교육 내용'을 같이 짰고 길마틴 목사는 자기 교회에서 모임을 갖도록 허락해 주었다. 우리는 이 프로그램을 샌프란시스코 만 지역의 활동가들에게 널리 알렸다. 프로젝트를 재정적으로 돕거나 자원봉사를 한 적이 있는 사람들에게는 초대장을 따로 보냈다. 사람들의 반응은 만족스러웠다. 첫 모임에 관심 있고 헌신적인 사람들이 10여 명 참석했다. 나는 매주 모이는 이 모임에서 조심스레 중재자 역할을 찾아 나갔다.

모임이 계속되고 서로 좀 더 잘 알아가면서 고민거리가 생겨났다. 봉사위원회 초기의 경험을 나누고 재조사하면서 정서적으로는 금방 편안해했지만, 인종차별주의 자체는 비관적이고 가망이 없다는 식의 태도가 지배적이었다.

모임이 끝날 때마다 나는 이들의 태도에서 "우리는 나름대로 똑똑하고 진보적이며 비폭력적인 사회, 정치 변화에 가장 헌신적인 사람들이다. 우리는 최선을 다 했다. 우리가 실패했다는 건 이게 아예 불가능한 일이란 얘기다. 인종차별은 죽음이나 세금처럼 우리가 어떻게 해 볼 수 있는 게 아니다."라는 인상을 받았다.

냉소적이고 씁쓸한 체념의 분위기가 모임을 지배하기 시작했다. 사람들은 점점 더 상대를 적대적으로 대했다. 상대의 정치·철학적 견해에 짜증이 늘고, 상대가 다른 상반된 견해를 지닌 사람들의 '대변인'이기나 한 듯 수세로 몰기도 했다.

정말 끔찍했다. 한 주 한 주가 지날수록 나는 점점 더 당황하고 침울해졌다. 계획한 프로그램이 절반쯤 진행됐을 때 나는 마침내 창피하지만 이대로 모임을 계속하는 것보다 남은 모임을 모두 취소하는 게 낫겠다고 결정했다. 그대로 가다가는 '인종차별을 극복'하기는커녕 더 악화시킬 거라고 생각했다. 모임을 계속할수록 인종차별이 도저히 바꿀 수 없는 인간의 본성이라는 생각을 더 강화할 뿐이었다. 그렇지만 모임을 취소하면 인종차별 문제를 직면해 극복하는 게 힘들다고 자인하는 꼴이었다. 정말 진퇴양난이었다.

절박한 마음에, 특히나 절망스럽던 어느 모임 끝머리에 나는 다음 시간부터는 '무용담'은 이제 그만하자고 제안했다.

"다음 주에는 아예 깨어 있을 때의 얘기는 꿈과 관련된 것이 아니면 하지 않는 게 어떨까요. 꿈 이야기를 집중적으로 한 번 해보죠. 특히 인종차별의 혐의가 짙은 꿈들이요. 그러니까 다음 주에는 인종차별의 심리적인 뿌리에 접근하는 방법으로 추하고 꼴 보기 싫은 다른 인종이 등장하는 꿈 이야기를 서로 나눠 봤으면 해요."

내가 이런 황당한 제안을 할 수 있게 된 계기는 아내 캐서린과 꿈을 나누는 습관에서 비롯했다. 우리 부부는 처음부터 그렇게 해 왔다.

처음 같이 있게 됐을 때 우리는 정말 격렬하게 싸웠다. 대개는 별생각 없이 한 성차별적인 행동 때문이었다. 이런 차별적인 태도를 없애기 위해 우리는 언쟁하며 싸웠고, 화가 난 상태에서 각자의 꿈을 싸움에 끌어들이기도 했다.

"그러니까 어젯밤 내 꿈에서까지 당신이 계속 그런 식이더라니까!"

해가 지나면서 우리는 서로 다름을 확인하는 꿈을 나눌 때면 우리가 그렇게 감정을 소모해 가며 싸운 게 가치 있는 일이었으며 어떤 안도감과 웃음으로 기억하게 된다는 걸 알았다. 특히 우리가 여전히 무의식적으로 갖고 있던 성차별이 담긴 꿈을 나누는 것이 부부관계를 발전시키고 재정의해 나가는 데, 때로 고통스럽고 어려운 과정들을 적극적이고 창의적으로 대처하는 데 도움을 주었다. 또 꿈을 나누고 얘기하는 것은 여전히 성차별이 지배적인 사회 안에서 우리가 개인으로 또 커플로 각자의 자리를 찾아가는 과정에 도움이 되는 것 같았다.

나는 성차별과 인종차별 사이에 개인의 감정과 더 큰 사회 속에서 드러나는 차별적인 패턴들이라는 유사점이 있다고 생각했다. 세미나에서 꿈을 나누고 얘기하는 동안 이와 비슷하게 긍정적인 효과가 있을 것이라고 판단했다.

잘 모르는 사람들끼리 모여 앉아 꿈 중에서도 불쾌한 꿈을 나눈다는 건 내가 봐도 제정신으로 할 수 있는 생각은 아닌 것 같았다. 하지만 그게 내가 생각할 수 있는 유일한 대안이었다. 패배를 인정하고 완전히 포기하기 전에 뭐든, 그게 얼마나 이상해 보이든, 시도해 보고 싶었다.

한 주 후에 다시 모인 우리는 서로 꿈 이야기를 하기 시작했다. 우리는 음험하고 무서운 다른 인종 사람들에게 조롱당하고 위협받고 공격당하는 수많은 꿈을 나눴다. 꿈은 대체로 불길하고 어두웠지만, 사람들끼리의 상호작용은 눈에 띄게 가벼워지고 그 폭도 넓어졌다. 기대는 했지만 그 다음에 일어난 변화의 깊이는 정말 특별했다.

우선, 내가 힘들여 설명하지 않아도, 모임에 참석한 모든 사람이 상대가 무슨 꿈을 꾸든 그를 비난할 수 없다는 것을 이해했다. 꿈은 종종 깨어 있을 때 분명히 경험한 일을 가리킬 때가 많다. 하지만 꿈 속에서는 깨어 있을 때의 경험이 아주 심오하고 신비롭게 변화되어 나타난다. 그래서 꿈을 꾼 사람도 그런 성질과 내용에 대해 (제대로 의식한 건 아니지만) 어떤 형태로든 근본적이고 개인적인 책임을 지지 않을 수가 없었다.

내 꿈속에 배회하던 위협적인 흑인 청소년 갱단은 깨어 있을 때 외부에서 일어난 사건이 아니라 내 내면에서 벌어지고 있는 상황을 보여 주는 것이다. 참석자들이 이 점을 이해하자 첫 모임 이후 그때까지 조금씩 심화하던 냉소적인 태도나 적대적인 언쟁이 순식간에 사라졌다.

그리고 꿈들이 그 자체로 너무나 흥미로웠다. 꿈은 아주 미묘하고 놀랍게, 이념과 거리가 있으면서도 너무나 많은 것을 암시하고 드러냈다. 정말 눈앞에서 눈금이 떨어지는 게 보이는 것 같았다. 갑자기 세미나에 참석한 사람들이 저마다 새로운 눈으로, 좀 더 인격적이고 취약한 존재로 상대를 바라보기 시작했다. 꿈으로 관심이 이동되고 나니까 갑자기 각자가 훨씬 더 고유하고 흥미로운 인간으로 보였다. 이국풍의 새롭고 상징적인 것들을 나누면서 우리는 모두 조금씩 느려졌고, 상대를 별 생각 없이 규정하는 일도 하지 않았다. 꿈을 나누면서 우리가 생각하고 느끼고 행동하는 방식과 까닭을 좀 더 깊이 들여다보고 질문하게 되었다.

나는 놀랐고 더할 나위 없이 기뻤다. 그 모임 말미에 참석자 여럿이 내게 오더니 "제레미, 우리는 아는 것도 많고 경험도 많아. 어쩌다 당신한테서 새로운 정보를 좀 얻기도 하지만, 대개는 이런 역사나 정치·사회·경제 이론은 우리도 잘 아는 편이야. 근데, 이 꿈 얘기는! 진짜 새롭고 너무 달라! 우리 이런 거 좀 더 해보자!"라고 말했다.

우리는 서로 상기되어 그 다음 주부터 인종차별 이론과 '무용담'을 나누는 대신 꿈에 담긴 다른 인종에 대한 고정관념과 정서가 무엇을 상징하는지 열린 마음으로 탐색해 보기로 했다.

20여 년 전 첫 꿈 작업 모임은 이렇게 시작되었다. 모임을 이끌면서 나는 꿈에 담긴 의미를 손쉽게 탐색하는 방법을 찾기 시작했다.

누구도 자신의 자율성을 저버릴 필요 없이 모든 사람이 적극적이고 직접적으로 참여할 수 있는 방법에 대해서.

바로 이 '인종차별을 넘어'라는 세미나에서 우리는 꿈을 '객관적'으로 보고 얘기 나누는 것이 실은 우리 자신의 내면을 투사하는 것임을 이해하고 인정하게 되었다. 여기에서 '이게 내 꿈이라면' 방식이 생겨났다. 그리고 누군가 꿈에 대해 한 말들이 너무 생생하고 딱 들어맞는 경우에 느끼는 '찌릿찌릿한' 인식이 얼마나 강렬하고 믿을 만한 체험인지 금방 알게 되었다. 또 다른 사람의 꿈 얘기에서도 '아하', 하는 통찰을 얻을 수 있다는 것을 알았다. 정작 꿈꾼 사람 본인은 아무 느낌이 없을지라도 말이다.

남은 몇 주간의 세미나는 금방 지나갔다. 마지막 날 나는 참석자들에게 에머빌에 내려와 자원봉사할 생각이 있는지 물었다. 물으면서도 내심 아주 조심스러웠다. 지금껏 우리가 한 것이 '대체 활동'일지도 모른다는, 그러니까 정말 사회를 변화시키는 데 필요한 행동을 실제로 취하는 데까지 나가지는 않고 우리가 직면한 큰 집단적 도전에 대해 지적으로만 얘기해 본 것에 불과할지 모른다는 의문이 조금은 남아 있었기 때문이다.

참가자 대부분이 자원봉사를 하겠다고 나섰다. 정말 기쁘고 고마운 순간이었다. 불만에 차 있던 이들이 충분히 재충전되어, 인종차별적인 사회체제를 비폭력적으로 변화시키는 데 동참할 열정이 다시 넘치는 듯했다.

나는 이 자원봉사자들과 다시 함께 일하면서 인종과 계급의 장벽 때문에 서로 대화가 되지 않던 슬픈 역사가 되풀이되지 않을까 걱정되었다. 하지만 그건 나의 기우일 뿐이었다. 이들의 새로운 열정은 길거리 현장으로 그대로 전달되었다. 동네에 들어온 자원봉사자들은 봉사위원회 직원들의 도움과 지지 속에 주민들과 힘을 합쳐 당면 과제들을 해결해 나가기 시작했다.

세미나 참석자들이 주민들과 정기적으로 접하면서, 곧 새로 교육받은 자원봉사자들이 얼마나 일을 잘하는가에 대한 '자발적인 증언'들이 들려오기 시작했다. 실제로 "누구는 절대로 동네에 발을 들이게 해선 안 된다."고 얘기하던 에머빌 주민들은 이제 사무실에 들러, 몇 달 전만 해도 인종차별적이고 업신여기는 태도와 행동으로 자신들을 화나게 한 바로 그 사람들이 이제는 '가장 소중한 자원봉사자'라고 말했다.

이런 얘기가 하도 자주 들리자 궁금해진 존슨 목사가 어느 날 내게 그동안 무슨 일을 한 건지 물으러 왔다. 나는 원래 프로그램에서 바꾼 건 꿈 얘기를 나눈 것뿐이라고 조심스레 대답했다.

웃기는 소리 하지 말라고, 믿을 수 없다는 반응을 보이던 존슨 목사도 결국엔 웃음을 터뜨리며 농담을 했다. "참나, 여러분도 그렇겠지만 나한테도 미친 소리로 들리는데, 그래도 제레미한테 공을 돌려야겠죠. 글쎄, 결과를 한 번 봐요!"

존슨 목사의 말을 듣고 그때서야 "맞아, 결과를 봐! 뭘 하는지도 모르면서 그냥 꿈을 나누기만 한 게 이런 효과를 낼 수 있다면—그렇게 뿌리 깊고 무의식적인 인종차별의 근원에 이런 눈에 띌 만한 영향력을 발휘한다면—꿈 작업으로 어떤 일을 더 할 수 있을까?" 하는 생각이 들었다.

정확하게 바로 그 순간, 나는 꿈 작업이 지닌 정치·사회적 잠재가치를 제대로 탐색해 봐야겠다고 결심했다. 20여 년이 지난 지금 나는 여전히 꿈 작업이 지닌 흥미롭고 극적이고 창의적이며 집단적인 변화를 가능하게 하는 방법을 탐색하고 있다. 이 작업에 한계가 있어 보이진 않는다. 분명한 것은 사람들이 함께 꿈을 나누고 탐색하다 보면 억압된 내면과 차별적인 외적 행동들을 극복하게 된다는 점이다. 그것은 꿈 작업이 가져오는 아주 긍정적인 변화들 중 하나라는 점이다.

시험적인 첫 그룹 꿈 작업의 성공 이후 나는 무슨 일이 있었기에 그토록 극적이고 놀라운 변화가 나타날 수 있었는지 많은 생각을 했다.

처음에 우리는 어둡고 불길하며 적대적이고 위험한 다른 인종에게서 공격받고 위협당하는 무섭고 불쾌한 꿈들을 나누었다. 나는 바로 그 순간 무의식에서 거부하고 억압하며 다른 인종에게 투사하던 우리 인간성의 일부를 받아들이기 시작했다고 확신한다. 꿈속의 기분 나쁜 사람들은, 늘 그렇듯, 우리가 받아들일 수 없는 우리 내면의 문제를 반영하고 있다. 그런 요소를 무의식적으로 부정하고 '억압'하면서 그 요소를 투사한 대상을 마음 깊은 곳에서부터 감정적으로 거부하는 것이다. 그것을 '존중'과 '예의 바름'으로 '변장'한다고 해도 마찬가지이다.

선택적인 내면에서의 억압과 투사가 바로 인종차별이라는 뿌리 깊고 무의식적인 심리과정이다. 기분 나쁜 '인종차별'적인 꿈을 나누면서 우리는 이런 부정과 거부라는 원형적 순환을 끝내고 변화하기 시작했다.

꿈속에서 겪은 두려움과 긴장은 자기수용이 부족하여 생긴 내면의 스트레스에 대한 은유였다. 자신의 일부를 받아들이지 못하기에 우리는 이 '받아들일 수 없는' 내면의 에너지들을 외부로 투사한다. 그래서 깨어 있을 때 '객관적'으로 보이는 경험과 상호작용을 무의식적인 '인종차별'로 조직적으로 왜곡한다. 바로 이런 '억압과 투사'의 심리적인 역학이 인종차별의, 나아가 모든 형태의 집단적인 편견과 억압의 뿌리이다.

처음 꿈을 나누기 시작한 '인종차별 극복' 모임에서 우리는 서툴긴 하지만 프리츠 펄스Fritz Perls와 게슈탈트Gestalt 학파에서 얘기하는 '내 꿈속의 모든 사물과 인물이 나'라는 것을 재발견했다. 꿈속에서 다른 인종의 모습으로 가면을 쓰고 나타난 우리 내면의 억압되고 '부정적'으로 보이는 에너지들을—그냥 나누고 이야기하는 것만으로—더 의식하고 받아들일 수 있게 되었다. 그리고 깨어 있을 때 그런 에너지를 억압하고 다른 사람에게 투사하려는 경향도 줄기 시작했다.

꿈을 나누면서 우리는 상대에게 주의를 더 기울였고, 람 다스Ram Dass의 말대로 '내가 저것이기도 하다'는 것을 인정할 수 있었다. 꿈을 통해 무의식의 '고백'을 들을 때, 적어도 선의식적으로는, '저 못생기고 무섭고 어둡고 강력하고 섹시하고 폭력적이고 무책임하고 위험한 꿈속의 인물이 내 본연의 모습에 생생하게 살아 있는 부분들'이라는 것을 알아본 것이다. 금방 몸을 사리고 거부하지 않게 되면서 "근데 그 사람들 그렇게 나빠 보이지 않네 뭐." 하고 받아들이는 해방감도 느낄 수 있었다.

이렇게 자기 자신을 받아들이면 자기억압이 풀리고 투사도 거둬들이게 된다. 그리고 뿌리 깊은 습관적인 자기기만의 양식과 파괴적 행동도 변화하는 예들을 나는 수없이 보아 왔다.

처음에는 세미나에서 우리가 거부한 성격과 인물들이 꿈속 이야기로 나타나면서 다른 참석자들이 자기를 거부하거나 얕본다는 불안감이 줄어들었다. 그렇게 자신을 자각하고 포용하며 두려움이 사라지자 다른 사람들에게 투사하던 부정적인 면도 거둬들이기 시작했다. 자기수용이 늘고, 타인에 대한 흥미와 존경심도 증가하는 두 면은 겉보기엔 아무 상관없어 보인다. 실제로는 꿈을 나누면서 의식 속으로 들어오게 된 도덕적 용기와 창의적 상상력에서 비롯한 하나의 행위가 서로 다르게 표현된 것이다.

나중에 세미나 참석자들이 지역사회에 되돌아갔을 때도 그 과정은 계속되었다. 우리는 함께 일하는 사람들을 고정관념이 아닌 나름의 고유한 인간으로 인식하고 관계를 맺기 시작했다. 고정관념이란 바로 이전엔 있는 줄도 모르고 얕보던 우리 내면이 투사된 비인격적인 '스크린'이다.

이렇게 인식이 바뀌자 자신에 대해서도 더 기분 좋게 느끼게 되었다. 사람들과 대화하고 관계를 맺는 방식도 미세하지만 심오하게 바뀌었다. 우리가 기본적인 인간성을 공유하고 있음을 더 강하게 느끼게 되었다. 신경증적인 자기기만에서 벗어나자 집단으로 같이 생각하고 행동하도록 하는 공고하고 창의적이며 신나는 가능성들이 새롭게 보이기 시작했다. 예컨대 상호 존중과 자비심이 늘어날 때 생기는 창의적인 가능성 말이다. 무서운 꿈을 나눈 덕에 서로 더 가깝게 느낄 수 있었고, 우리를 내적으로 더 자유롭게 변화시켰다. 그런 변화는 다른 사람들이 보기에도 금방 표가 났다.

진심이 담긴 개인적 호불호가 점잔빼는 '예의 바름'과 깔보는 듯한 발언, 억압된 두려움을 대체하기 시작했다. 억압과 투사에 소모되던 에너지가 자유롭게 풀려나 감정과 인식을 풍성하게 했다. 이런 심리적·정서적 에너지 덕분에 생동감과 행복감이 저절로 넘쳐났다. 많은 사람이 이렇게 새로워진 창의적 가능성과 열정을 나누었다.

자신을 알고, 수용하면서부터 모임 안에서 펼쳐지던 신경증적인 '네가 먼저-내가 먼저' 드라마도 사라졌다. 더는 자신의 부적절한 면을, 자기가 생각하기에 부적절해 보이는, 모임의 다른 사람에게 투사하지도 않았다. 이런 진솔한 감정과 창의적인 에너지가 모여 '더 나은 정부를 원하는 에머빌 시민들의 모임(시민모임)'으로 이어졌다. 봉사위원회가 이 풀뿌리 단체를 만들고 성장하는 데 도움을 주었다.

시민모임에서 우리가 교육하고 지원한 사람들이 충분히 자신감을 얻게 되자 지역사회에서 지도자의 소임을 맡게 되었다. 시민모임 회원들은 이웃들을 조직하고 나중에는 지역사회 역사상 처음으로 흑인을 지도자로 선출했다. 지나가는 애기이지만 얼 워런Earl Warren이 (연방 대법원으로 옮겨 가기 전 주 법무장관으로 있을 때) '캘리포니아에서 가장 부패한 동네'라 일컬은 바로 그 지역사회에서 말이다. 20여 년이 지난 지금은, 그 지역에서 역사적으로 보여 온 인종적인 불의와 불평등의 양상이 영원히 바뀐 것 같다.

시민모임이 지역사회에 불러일으킨 변화들, 삶의 질이나 불평등 해소 등이 다 봉사위원회와 '인종차별을 넘어' 세미나 덕이라고 할 수는 없다. 하지만 나는 그 단체가 탄생할 때 우리가 거기 있었고, 꽤 뛰어난 산파 구실을 했다는 것만큼은 자신 있게 말할 수 있다. 이 경험으로 나는 꿈 작업이 정치와 사회, 문화를 비폭력적으로 변화시키는 힘에 대해 눈을 뜨게 되었다.

이제 나는 억압과 투사라는 인류 보편의 현상이 모든 인종차별의 심리적 뿌리임을 확신한다. 실제로 나는 이 심리 현상이 인종차별과 성차별, 나이와 사회 계급에 따른 차별, 오래된 종교적인 편협함과 언어적인 비관용적 태도에 이르기까지 인류가 집단적으로 저지르는 모든 종류의 차별의 핵심이라고 믿는다.

이런 비생산적인 행동들은 우리의 무의식을 구성하는 요소 중 탐색되지 않은 면이 지닌 기본적인 가치와 인간성을 선의식 수준에서 부정하고 거부하는 것에 뿌리를 두고 있다. 결과적으로 우리는 그런 '비인간적인 면'들을 다른 사람에게 투사한다. 자신이 지닌 무의식적이고 자연스러운 인간적 면모를 부인하다 보니 불가피하게 다른 사람의 인간성을 부인하는 것이다. 마찬가지로, 무의식 깊은 곳에 있는 자아가 무시해 온 면들을 받아들이고 나면 편견에 찬 감정과 인식이 변하여 부드럽고 비폭력적으로 인류가 자신에게 부과한 집단적 억압을 효과적으로 방출한다.

전 지구적으로 심각한 문제인 환경오염과 생태계 파괴에도 같은 종류의 선의식적인 자기 부정이 놓여 있다. 자연 그대로 자생적이며 '날 것'으로 '더럽고' '길들여지지 않은' 무의식에 있는 우리의 감정과 심리세계를 두려워하고 부정하는 마음을 '자생적이고' 자연 환경에 두렵고 부정적인 것으로 투사한다.

선의식 상태의 내부 불안은 이렇게 투사되어 '녹색이면 뒤덮어 버리'라는 충동으로 나타난다. 자기 내면 깊숙이 있는 '자연스럽고 동물적인 충동'을 수용하지 못하는 사람에게 자연과 대지의 모든 것은 '거칠고' 두렵고 파괴적인 것이어서 '길들여야' 할 대상이 된다.

너무나 파괴적인 이런 행동을 치유하려면 바로 자신이 거부하고 무시하던 그 무의식의 자아와 화해해야 한다. 이렇게 깨어 있을 때 파괴적인 투사가 멈추면 우리가 공통으로 물려받은 기본적인 창의성과 공감할 줄 아는 인간적인 면이 전면으로 나타난다. 이런 회복에 최상의 방법은, 내가 지금껏 발견한 것으로는, 권위적이지 않은 분위기에서 하는 꿈 작업이다.

　인간을 가장 효과적으로 억압하는 방법은 그가 지닌 타고난 상상력을 폄하하는 것이다. 자발적이고 재미있는 상상력의 산물을 '아무 값어치도 없는 것'이라거나 '사소한' 혹은 '기준에 못 미치는' 것으로 믿는다면, 그 사람은 얼마나 부자이고 성공했는지에 상관없이 노예이다. 그렇지 않다면 어떤 물리적·경제적·사회적·정치적 억압에도 결코 노예가 되지 않을 것이다. 이런 자발적이고 원형적인 창의적 상상력의 충동에 닿아 있는 사람들은 언제나 창의적인 에너지가 넘치고, 의도적으로 '반항' 하건 하지 않건 간에 일종의 '혁명' 상태가 된다. 그런 사람들은 늘 자발적으로 예상치 못한 방식으로 행동한다. 그 같은 행동은 억압적인 권위로는 상상도 할 수 없던 것이어서 특별히 금지하지도 않았을 터이다.

　이런 까닭에 상상력의 세계와 긍정적이고 역동적이며 자발적인 관계를 회복하는 것은 개인이나 집단이 진정으로 자유로워지는 데 절대적이다. 다시 말하건대, 마음 맞는 사람들과 정기적으로 꿈을 들여다보고 보살피는 것은 이런 상상력의 세계를 되살리는 믿을 수 있는 방법 중 하나이다.

　자신의 상상력이 어떻게 마비되었는지보다 다른 사람의 상상력이 어디서 막혀 있는지를 보고 지적하는 것이 훨씬 쉽다. 다시 말해 상상력이 결여된 편협한 미의 기준이 그 기준에서 벗어난 사람들에게 미치는 영향을 보고 찾아내기는 쉽다. 예를 들어, 곱슬머리를 펴는

약이나 피부 미백제, 광적인 살빼기, 비싸고 위험한 성형 수술 등은 모두 '다른 사람'의 상상력이 어떻게 무시당하면서 억압을 내면화해 노예가 되었는지를 보여 준다.

잘 교육받고 '성공적인' 중상류층 사람들은 전국적이고 세계적인 사건은 자신들이 이해하기엔 지나치게 방대하고 복잡한 요소들에 따라 결정된다고 생각한다. 그렇기 때문에 개인이나 기업이 그런 사건들에 영향을 미치고 방향을 제시하는 것은 불가능하다고 진심으로 믿고 있다. 그렇게 믿는 한 그들은 언론과 기성체제가 지닌 관습의 '노예가 되는' 것이다. 역사적인 사건에 실제로 영향을 미치고 바꿀 방법을 상상도 할 수 없다면 그런 피동성의 결과로 우리는 계속 우울하고 무기력하고 이웃에도 소외될 수밖에 없다.

우리가 뭔가를 '변화시킬 수 있다'고 상상하는 순간, 우리만의 창의적 충동이 방출된다. 실제로 개인뿐 아니라 지역사회와 나라, 인류와 지구 전체에 영향을 미칠 수 있다는 것을 증명하기 시작한다. 다시 한 번 강조하지만, 꿈에 관심을 기울이는 것은 상상력과 우리 개인과 집단의 해방, 자기 결정에 매우 필요한 집단적이고 원형적인 창의적 충동에 접근하는 가장 뛰어나고 믿을 수 있는 방법이다.

세계 모든 주요 종교의 경전도 신성과 직접 소통하는 데 꿈과 꿈을 꾸는 것이 얼마나 중요한지 명시하고 있다. (작은 종교들도 그렇기는 마찬가지이다.) 동시에 주요 종교 대부분은 현대인들이 종교적인 실천의 일환으로 실제로 꿈에 관심을 기울이는 것에는 눈살을 찌푸

리거나 금지하고 있다.

나는 이런 신기하고 모순적인 상태가 꿈이 개인뿐만 아니라 집단의 건강과 온전성에 이바지하기 위해 온다는 사실의 직접적인 결과라고 믿는다. 꿈은 언제나 더 큰 의식과 이전보다 더 큰 지식과 직관, 창의적 비전을 얻어내려 한다. 그렇기 때문에 도그마티즘이나 의미 탐색을 성급하게 중단하는 것과는 영원한 적대세력이다.

종교기관이 교리에 얽매어 유연성을 잃고 얼어붙으면 (그 도그마 자체가 신성과 깊은 영감을 나누어 나온 것이라고 해도), 종교적인 비전은 닫히고 만다. 영성적인 직관과 가능성이 발달에 방해가 되는 이런 임의적이고 도그마적인 한계를 꿈은 비판할 수밖에 없다. 꿈에 담긴 이미지들과 정서는 도그마의 닫힌 경계 너머로 영성적인 직관을 확장한다. 이런 전복적인 성질 때문에 꿈 작업은 종교·정치·학문·경제 분야를 망라해 모든 권위적인 활동에 위협이 될 수밖에 없다. (이처럼 도그마에 비판적인 꿈의 예로 사회활동가인 그레이스 수녀가 꾼 꿈을 9장에서 소개한다.)

모든 세계 종교의 경전은 "신이 꿈에서 우리에게 말씀하신다."며 꿈이 지닌 고유하고 보편적인 가치를 선언한다. 솔로몬은 꿈에서 하느님에게 '선과 악을 판단할' 지혜를 간구했고 소원을 이뤘다. 꿈에서 요셉은 헤롯 왕의 군대가 오고 있으니 어서 마리아와 아기 예수를 데리고 이집트로 도피하라는 천사의 경고를 듣는다. 신의 사자가 마호메트의 꿈에 나타나 세상을 바꿔 놓을 천상 여행을 준비하라고 명한다. 블랙 엘크Black Elk는 꿈속에서 생명나무 주변에 신성한 말들이 노니는 것을 보고 자기 종족을 새로운 길로 인도한다. 부처의 어머니인 마야 부인은 꿈에서 상아가 여섯인 흰 코끼리를 보고 태어날 아이가 '아바타', 즉 신성한 존재가 인간의 몸으로 태어나는 것임을 알게 된다. 이런 종류의 꿈을 통해 신과 교류하는 예는 세계의 모든 종교 전통에서 흔히 나타난다.

종교는 꿈꾸는 것에 담긴 고유한 가치를 신이 직접 개입하는 것으로 본다. 동시에 조직화된 종교는 '행정상의 필요'에 따라 사람들이 꿈을 진지하게 생각하는 것을 권장하지 않는다. 이런 창의적인 에너지, '신성한' 근원과 직접 접하게 되면 사람들을 지도하고 통제하기가 어려워지기 때문이다. 사람들이 모든 꿈에 신성한 요소가 녹아들어 가 있다는 것('모든 꿈이 건강과 온전성에 이바지하기 위해 온다'는 다른 표현)을 이해하게 되면 '신의 뜻'을 해석하는 배타적인 권리가 사제 계급에만 속하는 것이 아님을 인식하게 된다. 따르는 무리 가운데 가장 낮은 이들의 꿈으로도 이들의 영성적인 권위와 정치적인 힘, 사회적인 특권, 경제적인 안정성이 위협받을 수 있다.

신이 꿈을 매개로 인간 공동체의 일에 직접 개입한 사례들이 경전에 확실하게 표현되어 있다. 말 그대로 누구든, 특히 사회적인 지위는 미약하지만 강한 열정을 지닌 사람이면 누구든 일어나 자유롭게 "어젯밤 꿈에 신께서 내게 말씀하셨다."라고 말할 수 있다.

유대교와 기독교, 이슬람교의 경전에는 꿈을 통해 우리에게 말씀하신다고 분명하게 쓰여 있기 때문에 (특히 그런 꿈을 공동체에서 가장 초라하고 반항적이어서 '예언자'라고 불리는 이가 꾸었을 때) 꿈 작업을 막는 것이 더 '필요하고' 불가피해진다. 인간이 신과 대화하는 전통이 그토록 선명하게 두 단계로 나뉘지 않았다면—신이 '선택한 이들'과 꿈을 통해 직접 얘기하는 '초기' 단계와, 그런 직접적인 계시가 더 일어나지 않는 '이차적인' 혹은 '보편적인' 단계로—일개 지역의 종교 지도자가 어떤 '무리'를 통제하는 일은 불가능했을 것이다.

사실 종교의 권위는 사람들이 꿈에 관심을 갖건 갖지 않건 늘 '분열'과 '이단'의 위협을 받고 있다. 하지만 동시대인들의 꿈을 통한 폭로가 야곱과 아브라함과 요셉과 야곱, 목수 야곱 등과 같이 성서 시대의 꿈이 지닌 것과 같은 권위를 갖게 되면 문제는 천 배는 더 커진다. 유대교와 기독교, 이슬람교의 교리가 확립되고, 랍비와 주교, 이맘imam이 생기자 '질서를 유지하기 위해' 꿈 작업을 불법화하는 것은 '중요한 행정적 의무'였다.

개신교는 그들이 보기에 부패한 중세 가톨릭교회의 불법적인 행위에 반발해 생겨났다. 그들은 로마 주교의 칙령보다 '더 순수하고 정통 기독교 전통에 가까운' 종교적인 영감과 권위의 원천을 찾아 나섰다. 잠시 동안 이들은 꿈을 통해 직접적으로 계시를 받는 것을 받아들였다. 하지만 이들도 자신들의 가톨릭 선조들이 그런 것처럼, 본질적으로 똑같은 근거로, 금방 꿈 작업을 거부할 '필요'가 있었다. 이제 막 시작한 개신교 운동이 양심의 자유를 행사한다는 핑계로 끝없이 경쟁하며 비효율적인 분파로 나뉘는 것을 내버려둘 수는 없었다. 이들도 꿈 작업을 금지하게 된다.

사실 꿈 작업이 서구 사회에서 종교적·영성적 대화에 다시 등장한 것은 상담실과 심리학회에서 꿈의 가치를 재발견하면서부터다. 세속의 심리학자들이 꿈에 신경증과 다른 심리적 질병을 진단하고 치유하는 데 힘이 있음을 발견하고 나서야 서구 기독교회는 다시 한 번 꿈에 담긴 영성적 경험의 잠재적 가치를 조심스레 인정했다. 그런 뒤에도 평신도들의 꿈 작업을 불안해하면서도 받아들인 것은 불과 지난 40여 년이다. 그것도 영적인 계시를 직접 받을 수 있는 가능성으로라기보다 영적 수행에 방해가 되는 심리적인 걸림돌을 없애는 데만 사용해야 한다는 조건을 붙이고서다.

심리상담과 치료 학계에서도 꿈에 심리 상태가 직접 드러난다는 사실을 받아들이는 데 비슷한 종류의 불안함이 있다. 프로이트와 융, 다른 학자들이 무의식의 본질에 관한 이론을 공고히 한 이후에도, 꿈을 '무의식에 이르는 지름길'로서 연구하는 것과 분석과 치료에서 꿈을 이용하는 사례는 감소해 왔다. 꿈이 언뜻 보기에 개척자들이 밝혀놓은 구조와 '법칙들'을 제대로 따르지 않기 때문이다.

특히 프로이트 학파에서는 내담자들의 꿈으로 작업하는 사례가 줄고 있다. 꿈이 '너무 풍부'하고 '너무 많은 재료를 담고 있다'는 게 이유다. '효율성'과 '환자를 위해서'라는 구실로—프로이트 학파에서는 전통적인 서구 병원 모델을 따라 내담자를 '환자'라고 부른다—프로이트 학파에서는 내담자들이 무의식 속의 재료들에 보이는 반응을 분별하는 데 '주제 통각 검사TAT, thematic apperception test'와 이밖에 좀 더 통제할 수 있고 기계적인, 예측 가능한 방법들을 선호한다.

하지만 이들이 꿈 작업을 주요 치료 도구로 사용하지 않는 것은 꿈이 프로이트가 예측한 대로 나타나지 않기 때문이라고 확신한다. 많은 프로이트 학파 학자는 거장의 이론을 수정하는 대신 꿈을 다루는 것의 가치를 깎아 내린다. 그러면서 프로이트가 말한 이론이 여전히 유효한 영역을 진단하고 중재하는 기술에 집중하는 것이 더 쉽고 바람직하다고 생각하는 것 같다. 그렇게 함으로써 '전문가들'인 상담가나 분석가들은 주도권을 유지할 수 있다.

융 학파에서는 융 자신이 추상적인 이론, 특히 꿈을 다룰 때 이론이 지닌 어리석음과 횡포에 대해 분명하게 선언한 내용이 많다 보니 이런 종류의 이데올로기적인 경직성은 덜하다. 하지만 꿈 작업과 관련해서는 비슷한 종류의 '동맥 경화' 성향을 보인다. 융이 강하게 선언한 것들(특히 그림자와 아니무스·아니마 원형, 그와 관련된 성에 대해)은 지속적인 꿈 연구로 확인해 나가야 하는데 그런 모습이 보이지 않는다. 그 때문에 꿈 작업의 가치를 과소평가하면서 좀 더 기술적인 다른 치유요법을 선호하는 경향이 융 학파에서도 보이는 것 같다.

고유한 '급진성'과 겉모습 너머 문제의 핵심을 건드리는 성질 외에도 꿈에는 우리의 문화적·정치적 환경을 변화시키는 힘이 있다. 꿈은 우리가 집단적으로 고민하고 있는 문제를 푸는 데 창의적인 영감을 주는 일이 많다. 우리 내면 깊숙한 곳의 개인적인 문제들에 창의적인 아이디어와 에너지를 주는 것과 마찬가지이다.

모한다스 간디(마하트마 간디의 원래 이름)가 겪은 이야기는 이를 잘 설명해 준다.

제1차 세계대전이 끝날 무렵, 사람들은 대영제국에서 전쟁 기간에 비상 전쟁법에 따라 중단된 시민의 전통적인 정치적 권리와 책임이 복권되리라고 믿었다. 영국의 전통적인 정치적 가치 중에 중요한 것으로는 언론의 자유, 집회의 자유 그리고 지방 관리—특히 판사와 행정장관—의 임명권이 있었다. 영국과 연합군이 승리했고, 그런 전통적인 가치를 영예롭게 키워낸 제도를 보존하지 않는다면 그런 승리가 무슨 의미가 있겠는가?

영국 정부는 로울렛Rowlett이란 이름의 법률 전문가를 인도에 보내 상황을 조사하게 했다. 적대 상황이 끝났으니 질서 있고 효과적으로 법질서를 회복할 방법을 식민 의회에 보고하기 위한 조사였다. 로울렛은 보수적인 인종차별주의자다. 인도에 도착해 주변을 둘러보니, 기차가 정시에 운행하고 반대 언론은 조용하고 노동조합이 엉망인데다 기업의 이윤이 전례 없이 높았다. 그 상황이 마음에 든 그는 식민의회에 비상 전쟁령을 평상시의 법으로 만들라고 조언했다.

식민 당국자들은 로울렛의 권고사항을 받아들여 이제는 '로울렛법'

으로 알려진 악명 높은 법을 전후의 법적·정치적 틀로 채택했다. 로울렛법의 조항들이 알려지자 인도 전역에서 폭력 시위가 일어났다.

리처드 아텐보로 감독이 만든 간디의 자전 영화를 본 독자들은 화난 군중이 경찰서에 불을 지르고, 도망치는 경찰관들을 학살하는 장면을 기억할 것이다. 그 사건은 '로울렛법 폭동' 중에 일어난 많은 끔찍한 사건 중 하나를 재현한 것에 불과한데, 그런 사건이 인도 대륙 전역에서 일어났다.

시민들의 소요 사태가 있는 가운데, 간디는 폭력에 반대하며 대중집회를 제한하려고 했다. 하지만 화난 군중은 그에게 야유를 보내고 그의 연설을 가로막았다. 간디는 인도와 영국의 신문에 열정적이고 명료한 편지를 썼지만 어느 신문도 그의 글을 실어 주지 않았다. 점점 더 고립된 간디는 나라의 자결권을 찾는 데 비폭력을 장려하려는 노력이 별 효과가 없다고 느꼈다.

깊은 좌절감을 느낀 간디는 가까운 동료들만 이끌고 오랜 친구이자 지지자인 차크라바티 라자고팔라차리(Chakravarti Rajagopalachari, 나중에 자유 인도의 총독이 된다)의 여름 별장으로 물러났다. 그리고 인도가 처한 끔찍한 상황에서 벗어날 비폭력적인 해결책을 구하는 단식기도를 시작했다. 전기 작가들에 따르면 단식과 기도에 들어간 지 일주일이 지났을 무렵 간디는 아주 마음을 끄는 꿈을 꾸었다고 한다.

간디는 즉시 네루와 다른 이들에게 가서 꿈이 해야 할 일을 말해 주었다고 전했다. '인도 전역의 모든 종교 분파를 방문해 즉시 하탈 hartal을 하자고 촉구해야' 한다는 것이다. 하탈은 산스크리트어로 대중 기도와 의식을 의미한다. 간디가 꿈을 꾼 내용은 국민의회당 설립자들이 인도에서 반목하고 있는 다양한 종교 단체의 지도자들을 불러모아 기도 축제와 대중 행렬 같은 각자의 전통적인 종교 행사를 원래 날짜 대신 같은 날 동시에 하는 것이었다.

이 같은 생각에 모두 믿을 수 없다는 반응이었는데 심지어 네루와 지지자들까지 비웃었다. 하지만 간디는 완강했다. 그는 자기 방으로 들어가 모든 종파의 동시 하탈을 촉구하는 편지를 썼다.

돌이켜보면 간디의 제안이 그렇게 예상치 못한 큰 성공을 거둔 건 어쩌면 비서를 시켜 타자기로 치지 않고 직접 꼬불꼬불 손으로 흘려 쓴 편지 덕이 아닌가 싶다. 거의 모든 종교 지도자가 간디가 꿈에서 영감을 받아 제안한 동시 하탈을 받아들였다. 그 결과 비시누와 시바, 브라마와 더르가Durga, 모하메드와 부처, 구루 나낙, 마하비라, 바하울라 등 수많은 추종자가 길거리로 쏟아져 나왔다. 하지만 이들이 원한 것은 로울렛법에 대한 반대가 아니라 자신들이 믿는 신과 여신들을 경배하고 기도하며 위안과 영감을 얻기 위해서였다.

그 결과 폭력이 크게 줄었고, 사상 초유의 총파업으로 인도 전역은 완전히 마비되었다.

군대를 투입해 '질서를 회복'하고 기차와 전화 등 기본적인 서비스를 유지하려던 식민 정부의 노력은 실패했다. 며칠 만에 식민 의회는 특별 회기를 소집해 로울렛법을 폐기하고 동시에 예전에 대영제국 시민이 가진 권리를 복원했다.

이 사건을 진지하게 생각해 본 사람이라면 종교적으로 영감을 받은 이 총파업이 우리가 이제껏 고안해 낸 어떤 것보다 강력한 집단적·비폭력적 사회 변혁을 가져온 사건이라는 결론을 내릴 것이라고 믿는다. 그리고 그런 영감이 꿈을 통해 온 것이 우연은 아니다. 일라이어스 하우가 바느질 기계를 발명하는 데 진심과 전력을 다해 집중한 것처럼, 닐스 보어가 전력을 다해 원자 구조를 이해하기 위해 집중한 것처럼, 간디도 열강의 지배에서 조국을 자유롭게 하고 동시에 최선의 토착 정부를 세울 비폭력적인 전략을 발견하는 데 열정을 다해 집중했다.

꿈 작업을 하다 보면 꿈꾼 사람이 깨어 있을 때 집중한 문제가 무엇이든, 언제나 깊은 곳의 원형적·창의적 충동을 방출한다. 이런 식으로 우리는 의식하든 못 하든 늘 꿈을 '키워내는' 셈이다.

꿈을 통해 방출되는 이런 원형적·창의적 충동은 꿈꾸는 사람이 깨어 있을 때 쏟은 노력의 깊이와 진지함에 정비례한다. 바로 그 때문에 나는 의식을 개발하고 '개성화' 하는 과정이 삶에서 가장 중요한 심리영성적인 역동이라고 진심으로 믿는다. 주변 사람들과 자신의 삶에 진심과 순수한 열정으로 참여하거나 개입할 때, 진화하고 개성화하는 데 가장 큰 영향을 미친다는 것을 보아 왔다. 그런 태도가 진심을 다하는 대상이 무엇인지보다 훨씬 더 중요한 것 같다. 겉보기에 아무리 하찮은 일이라도 열정적으로 진심을 다할 때 진정 심리영성적으로 발달한다. 반면 아무리 심오하고 중요한 활동이라도 내면이 분열되고 감정과 에너지를 억누른다면 아무리 똑똑하고 기술적이더라도 그런 성장은 일어나지 않는다.

꿈 작업도 마찬가지이다. 아무리 똑똑하고 날카로운 꿈 작업도 내면에 냉소와 경멸을 품고 있으면 생산적이지 않다. 반면 아무리 순박하고 서툴더라도 진심을 다해 열린 마음으로 하면 아주 유용하다.

융이 아이들에게 얘기한 것처럼―내 생각엔 어른들에게도 그대로 적용된다―"아이들은 우리가 하는 말이 아니라 어떤 사람인지에서 배운다. 그렇지 않을 거라 생각하는 건 마음이 병든 것이다." 사실 그렇지 않다고 믿는 것은, T. S. 엘리엇을 인용하자면 '조직이 너무나 완벽해서 누구도 착할 필요가 없기를 바라는' 것과 같다. 자기 인식과 도덕적으로 진화하는 것을 면제해 주는 시스템은 어디에도 존재하지 않는다.

수백만 년 전 인간 의식이 처음 진화하기 시작한 이후, 집단 무의식과 그것에 담긴 신성한 에너지는 우리가 기억을 하건 못 하건 꿈을 통해 인류가 지닌 심리영성적 필요를 진화하는 데 이바지해 왔다. 마찬가지로 우리가 의식적으로 노력하지 않더라도 물리적인 환경―어머니 자연Mother Nature―은 개인과 집단이 진화하는 데 자발적이고 자연스레 촉진시켜 왔다. 그러나 인간 의식이 발달하면서 우리는 증가된 자기 인식을 자연의 리듬과 생명계의 균형에 간섭하는 데 사용해 왔다. 자발적인 '배양'이 복잡한 문화적 인공물과 경험의 영향을 점점 더 많이 받는 것과 같다.

'태초'부터, 혹은 적어도 인류가 시간을 의식하기 시작한 이래로, 지구는 우리가 가한 상처를 우리의 도움 없이 스스로 치유해 왔다. 개울이나 강, 바다가 '자연스레' 정화해 왔으므로 우리는 '늘' 유해한 쓰레기를 내다 버릴 수 있었다. 마찬가지로 우리는 늘 꿈을 통해 영혼이 성장하고 치유받는 데 도움을 받을 수 있었다. 우리가 어떤 심리영성적인 큰 실수를 저지르거나, 의식적인 관심을 보이건 말건 마찬가지이다.

그러나 우리는 이제 지구 생태계와 인간의 집단 의식의 발달이 연결되어 그런 것이 더 이상 불가능한 지점에 다다랐다. 〔이 책의 초안을 쓸 때 급하게 쓰느라 에코eco 시스템(생태계)을 '에코우(echo, 메아리) 시스템'으로 썼다. 지금 생각하니 심리와 우주 사이의 기본적인 의미관계를 좀 더 깊이 깨닫는 데 더 나은 표현인 것 같다.〕

이젠 우리가 의식적으로 생각하거나 책임 있게 행동하지 않아도 지구가 인간이 만들어 놓은 혼란을 그냥 해결해 줄 거라고 믿을 수 없게 됐다. 물리적인 '에코우 시스템' 자체가 우리의 실수로 뒤틀려 있기 때문이다. 이 현상은 우리에게 좀 더 의식을 가지고 책임 있게 행동할 것을 촉구한다. 우리의 진화하는 개인·집단 의식은 '에코우 시스템'과 너무나도 긴밀하게 연결돼 있다. 그래서 기술 발전이나 우리의 가장 심오한 창의적·파괴적인 잠재 능력을 자극하는 에너지의 본성이 더는 무의식 상태에 머물러 있을 여유가 없다. 꿈 작업은 (혹은 우리의 집단 무의식의 패턴과 에너지, 가능성을 더 깊이 이해하게 하는 다른 활동들은) 이제는 창의적인 사람들이 그저 재미삼아 자발적으로 하는 활동이 아니라 절대적으로 필요한, 지구가 살아남기 위해 꼭 필요한 일이다.

지구 환경의 위기는 나날이 고조되고 있다. 증기기관이 발명되고 화석 연료가 대규모로 산업에 사용된 이후 지난 두 세기 동안 대기에 있는 탄화수소의 양은 극적으로 증가했다. 전 세계적으로 이렇듯 '비자연적인' 연소가 늘면서 비도 급격하게 산성으로 변했다. 기술적인 발전과 인간들이 만족할 줄 모르고 탐욕스럽게 태워 대기에 쏟아낸 이산화탄소로 지구 대기의 온도는 몇 도나 올랐다. 우리의 약탈적인 활동과 무의식적인 '부주의'로 이미 수천 종의 생물체가 멸종했다.

핵무기의 개발 이후 무기 시험과 원자력 '사고들'로 끊임없이 대기와 물, 토양에 방사선을 쏟은 결과, 총 '자연 방사선'이 수백 퍼센트나 증가했다. 자연 방사선이 지난 수십 년 동안 증가하면서 모든 생물종의 변이도 늘어났다.

유전자가 조작된 상상할 수 없이 많은 미생물이 허가도 받지 않은 채 실험실에서 방출되고 있다. 인간 의식과 기술에 따른 서툰 발명들은 '에코우 시스템'을 극적으로 변화시켜 왔고, 미래에 더 큰 영향을 미칠 것이다. 많은 사람이 후천성면역결핍증AIDS이 종족살해 무기로 일부러 개발된 것이라 믿고 있다. 이는 모든 사람이 알고 있는 사실, 즉 갈수록 복잡해지는 기술이 우리를 죽이고 있다는 것을 상징적으로 보여 준다. 자연계에 점점 더 복잡하게 개입해 온 결과 '우리가 종species으로 살아남을 수 있을 것인가' 하는 위기에 처했다. 더는 '일이 되어 가는 대로' 그냥 내버려둘 수가 없다. 적극적으로 무의식의 본질을 이해하려고 노력해야 한다.

현대에 의식적인 자기인식과 과학, 환경의 조작에 우리가 개입하는 동안 집단 무의식과의 깊은 관계에 급진적인 변화가 일어났다. 진화하는 집단적 심리영성상의 문제점을 보여 주는 예를 들어 보자.

샌프란시스코 만에 있는 어민들은 그 수가 줄고는 있지만 아직은 활발하게 어로 활동을 하고 있다. 대부분 아버지와 할아버지 대부터 어업을 물려받은 사람들이다. 일부는 유럽 이민자들이지만, 근래에 들어서는 동남아시아 이민자가 많다. 이들이 타는 배는 첨단 시설을 갖추고 기계화되었지만, 이들의 기본적인 태도와 사고는 증조부 세대와 별반 다를 게 없다. 수세기 동안 내려온 금욕적이고 엄격한 어부들의 전통적인 가치를 간직하고 있다. 이들은 주 수렵 감시관들이 만든 새로운 규정들—언제 어디서 고기를 잡아야 하는지, 잡은 물고기는 얼마나 커야 하는지 등에 대한—에 불만이 많다. 그들 눈에 이런 규정들은 매우 편견에 차 있고 변덕스럽다. 어민들 일부는 규정을 완전히 무시한다. 옛날부터 어장은 무진장하다고, "바다엔 늘 물고기가 더 있다!"고 믿어 왔기 때문이다.

인류가 고기를 잡아먹기 시작한 이후 이런 기본적인 이해는 옳은 것이었다. 물고기와 무한한 (남성적인) 번식력은 우리의 원형적인 정신에 무척 깊이 새겨져 있다. 메소포타미아에는 9,000년 전 위대한 물고기 머리의 창조주 에아Ea가 퇴적층을 기어 올라와 인류의 첫 정착문명을 처음 발견하는 신화가 있다. 신화가 탄생한 이후 물고기는 아주 깊이 숨겨진 무한한 남성의 신성한 힘을 상징하는 이미지였다. 물고기와 신성하고 무한한 남성의 힘과 '자발적 희생'은 표현할 수 없을 만큼 오래된 것이다. 이는 그리스 단어 ichthys(이크시즈)가 초기 그리스도 교인들에게 '예수 그리스도, 하느님이며 구세주'를 의미하기 훨씬 이전부터 그래 왔다. 하지만 (무의식의 견지에서 보자면) '갑자기' 현재 살아 있는 사람의 기억 속에서는 이 고대의 지혜는 더는 진실이 아니었다. 사실 "바다에 물고기가 더 없을 수도 있다!"는 생각을 하는 것 자체가 전통적으로 사고하는 사람에게는 비상식적이고 신성모독과 맞먹는 일이다.

'전통'은 항상 집단 무의식과 원형의 관계를 보여 준다. 인류 초창기부터 우리 조상들 개인과 집단은 전통을 토대로 생존해 왔다. 현실에 대한 무의식적이고 전통적인 가정이 바뀌는 것은 오직 위대한 개인의 용기 있는 행동이거나, 엄청난 심리영성적인 위험 부담을 감수할 때만 가능하다. 샌프란시스코 만의 어부들은 (나로선 세계 다른 곳들도 마찬가지일 거라고 상상할 수밖에 없지만) 이런 전통적인 마음가짐을 가진 채 수렵 감시국의 규정을 무시하고 업신여기면서 죽어가는 생업에 매달리고 있다. (경쟁자들이 나가 떨어지는 데 달콤씁쓸한 만족을 느끼기도 한다.) '어려운 시절'은 예전에도 있었고 '뼛

속까지' '물고기들이 돌아올 것이라고' 믿기 때문이다.

늘 그래왔듯 어려운 시절에도 어업을 계속해 온 이들은 여전히 포기하지 않는다. 교육은 많이 받았을지 모르지만 바다에 대해서는 아무 경험도 없는 새파란 젊은이들이 어업에 대해 말하는데, 어민들이 수렵관리국 공무원의 말을 들을 이유가 어디 있겠는가?

완고한 어부들의 심정은 이해가 가지만, 바다의 물고기가 무진장하다는 오래된 원형적인 견해에 집착하여, 이들이 어장을 파괴하고 수없이 많은 종의 물고기를 멸종시킬 것이란 슬픈 사실은 여전히 남는다. 모든 생명의 요람인 바다가 끝없이 비옥하다는 원형적인 이미지는 우리 마음속에게 아주 깊이 새겨져 있다. 하지만 20세기 후반 그 이미지에 종말을 가져온 이가 바로 우리 자신들이다.

살아 있는 기억 속에서 바뀐 것이 바로 문제의 본질이다. 우리 자신의 깊은 무의식에 창조되고 새겨진 기술이 워낙 거대한 것이어서, 우리가 창의적으로 책임을 지면서 참여하지 않으면, 진화는 더 일어나지 않았다. 샌프란시스코 만의 어부들을 교훈삼아 새로운 현실을 반영하려면 우리가 소중히 간직해 온 습관과 세계관을 바꿔야 한다. 그렇지 않으면 오래되고 검증되지 않은 무의식적인 습관들이 우리를 파괴할 것이다. 상업적인 어업(벌목, 농업, 광업, 군사적 충돌, 인종적 편견 등등 '빈칸'을 끝도 없이 채울 수 있다)에서 쉽게 드러나 비난할 수 있는 이 현상은 실은 우리 자신의 검증되지 않은 가슴 속의 무의식적인 습관을 드러낸다.

샌프란시스코 만의 어부들이 이 비극적인 상황에서 보이는 모습은 지구상의 다양한 사회와 문화에서 벌어지고 있다. 갈수록 복잡해지는 기술을 이용해 자연환경을 착취하는 속도가 우리 개인과 집단이 자기인식을 발달하는 것보다 훨씬 앞서가고 있다.

어떻게 보면 우리가 공유한 심리영성적인 문제는 의식을 가지기 시작하면서부터 늘 있어온 것과 똑같다. 어떻게 하면 우리가 좀 더 자신을 제대로 의식할 것이냐이다. 좀 더 의식적인 수준에서는 탐욕과 어리석음, 부정, 자기기만을 어떻게 극복하느냐이다. 덜 의식적인 수준에서는 어떻게 하면 결코 거짓말을 하지 않는 거울 앞에서 움찔하지 않고 그 추한 겉모습 너머 내면의 신성한 아름다움을 볼 수 있을 만큼 오래 바라볼 수 있느냐이다.

현대 기술력이 극적으로 증가하다 보니 인간의 오랜 약점이 예전보다 더 크게 드러나게 되었다. 우리가 억압하고 투사해 온 내면의 실재가 예전엔 개개 사회와 지역 환경을 위협하는 데 그쳤다. 이제는 내면 깊은 곳의 집단적인 수준의 인간성에 대한 무지가 지구 전체를 위협하고 있다. 한때 우리는 다른 사람들과 사회로부터 우리 자신을 분리해 '우리의 이해'나 '우리만의 구원'을 얘기하는 사치를 누릴 수 있었다. 이제 더는 그런 사치를 누릴 상황이 아니다.

모든 것이 지금보다 단순하던 시절에서 물려받은 경제·정치·교육·종교제도는 우리 시대의 가능성들과 집단적인 과제를 정의하는 데 더는 적절하지 않다. 우리가 만들어 낸 문제들은 '저절로' 멈추지 않을 것이며 '에코우 시스템'이 '자연스럽게' 제 자신과 우리를 치유하리라 믿을 수도 없다. 우리가 좀 더 의식적이고 창의적으로, 도덕적으로 우리 자신을 인식하면서 참여해야 한다.

우리 인류는 의식과 기술의 불을 선택했다. 불에 데기도 했지만, 이제 우리의 일부가 된 불을 내려놓고 아무 일도 없던 것처럼 할 수는 없는 노릇이다. 유일한 선택은 우리 무의식의 본질을 종합적이고 실질적으로 물리적인 우주의 작동 원리의 이해에 필적하도록 하는 것이다.

외적인 힘과 내적인 무지 사이의 괴리는 우리를 파괴할 것이다. 원자와 별의 구조를 배운 것처럼 당장 우리 개인과 집단의 무의식적인 삶에 대해, 우리가 기본적으로 공유하고 있는 심리영성적인 본성에 대해 배우지 않는다면 말이다.

꿈을 더 잘 기억하고 이해하는 데서 오는 이런 자기이해의 '아하'를 찾는 것이 이렇게 중요한 일을 수행하는 유일한 길은 아니다. 하지만 꿈은 자기이해를 극적으로 높이는 데, 그리고 우리 개인과 집단의 환경을 바꾸는 데 필요한 창의적인 에너지를 방출하는 데 가장 널리 사용할 수 있는 것이다. 내 경험에 비춰볼 때 가장 믿을 만한 수단이기도 하다. 우리가 이를 빨리 자각하지 않으면 인류와 생태계 전부, 그 속에 담긴 수많은 종의 파괴는 불가피할 것이다. 공자는 2,500여 년 전에 이렇게 말했다. "방향을 바꾸지 않으면 가던 대로 가게 된다."

6장
그룹으로 꿈 작업하기

꿈은 모든 사람이 접근할 수 있고 또 접근할 수 있어야 한다.

꿈 작업을 효과적으로 하는 데 필요한 기술들이 있으며,

이를 통해 꿈 작업을 닫힌 상담실 문 너머에 있는 대중에게 확산할 수 있다.

꿈이 아주 사적인 것이긴 하지만 그 의미를 제대로 이해하는 데는 사회적인 맥락이 필요하다.

혼자서 꿈 작업을 하는 게 도움이 안 된다기보다 사회적 맥락이 함께 있을 때

꿈 작업을 통해 일어날 수 있는 치유가 더 힘이 있다는 의미이다.

_몬터규 울만

좀 안다는 사람들도 꿈을 다루는 일은 아주 '개인적'이고 은밀한데다 너무나 위험하다는 편견을 갖고 있다. 심리적·감정적 위험과 취약함 때문에 꿈을 탐색하는 작업은 혼자 혹은 상담가의 사무실에서 조심스레 보호된 환경에서 일대일로 진행해야 한다고 믿는 것이다. 하지만 내 경험에 따르면 꿈에 담겨 있는 의식을 고양하고 다양한 창의적 에너지를 발산하는 데는 그룹에서 꿈을 다루는 것이 훨씬 더 효과적이다.

우리는 사실 감정을 표현하고 자신을 드러내는 데 대한 두려움, 예의 바름이나 터부보다 훨씬 더 회복력이 크고 강한 존재들이다. 사회적인 규범들에 얽매어 우리는 자신을 드러내는 것을 제한하고 감정 표현을 억누르고 사람들에게 가까이 다가가는 것을 두려워한다. 이들이야 말로 성장과 창의적인 표현을 억누르는 장애물이다. 꿈 작업에 대해 흔히 갖고 있는, '유령'을 풀어놔서 받아들일 수 없거나 부끄러운 사실을 드러내면 사람들이 자신에게 등을 돌릴 것이라는 두려움은 아무 근거가 없는 것이다.

사실 그룹에서 꿈 작업을 하려면 어느 정도의 용기와 유머가 필요하다. 정서적으로 솔직해져야 하고 신뢰도 필요하다. 우리에겐 자신을 창의적으로 열고, 필요한 위험을 견딜 능력이 있다. 그룹에서 꿈 작업을 하면서 자신이나 남의 꿈이 '너무 끔찍'해서 견디지 못하는 경우는 없다. 반대로 대다수는 강해지고 자유로워진다. 생기를 되찾고 감정적으로 심리적으로 아주 깊은 지지를 받고 확신을 갖게 되는 경험을 한다. 규칙적으로 그룹에서 꿈 작업을 하다 보면 모든 참여자에게 엄청나게 도움이 되는, 정서적으로 깊은 심리적 지지를 받는다.

그룹 꿈 작업을 통해 자신이 생각한 것만큼 연약하고 위험에 처해 있는 것이 아니라는 사실도 점차 알게 된다. 그 자체만으로 엄청난 선물이다. 고통과 기쁨, 오래된 상처와 극적인 새로운 가능성들을 발견하고, 자신의 습관적인 두려움이나 희망에 찬 직관이 그룹의 다른 사람들에게 반영되어 나타난다. 그런 원형적인 감정과 생각을 알아차리는 것은 인류가 같이 나눠 가진 깊은 무의식의 기반에서 오는 것이다. 그룹에서 작업하다 보면 대개는 더 높은 차원의 정신과 창의적 에너지가 자유롭게 풀려나게 된다.

그룹 꿈 작업의 특이 상황들

드물게, 정신병이 있거나 그렇게 진전할 우려가 있는 사람이 꿈 그룹에 참여할 때가 있다. 그럴 때 그룹 멤버들은 그 사람이 지속적으로 적절한 도움을 받을 수 있게 도와 줘야 한다. 누구에게나 열려 있는 그룹이라면 모임을 주도하는 사람은 환자를 보낼 정신과 전문가들의 명단을 가지고 있어야 한다.

모든 꿈이 건강과 온전성에 이바지하기 위해 온다는 것을 기억하

라. 아주 심하게 동요된 사람에게도 마찬가지이다. 너무나 끔찍하고 혼란스러운 꿈 내용도 실제로는 꿈을 꾼 사람이 꿈 내용을 창의적으로 다룰 능력이 있음을 의미한다. 그 사람이 실제로 용기 있게 그 문제를 다룰지 말지는 그 사람의 심리상태와 선택에 달려 있다. 하지만 꿈 그룹에 있는 사람들은 그 꿈이 기억났다는 사실만으로 창의적인 해결이 가능하다는 의미임을 알 필요가 있다.

꿈 작업에서 '보통 사람들'이 가진 문제들은—어린 시절에 묻어둔, 정서적·신체적·성적으로 학대당한 기억들이 표면에 떠오르는 상황도—지속되는 꿈 그룹에서 흔히 형성되는 신뢰와 친밀감의 지지 범위 안에서 다룰 수 있다. (이 문제는 7장에서 더 자세하게 다룬다.)

꿈 작업 그룹이 제공하는 다양한 직관들

꿈 그룹들은 우리가 큰 어려움과 성장의 고통을 겪는 과정에서도 지지 공동체가 된다. 그룹 꿈 작업이 도움이 되는 까닭은 하나의 의미만 지닌 꿈은 없기 때문이다. 모든 꿈은 다양한 의미를 담고 있기 때문에, 그룹에서 다양한 제안과 투사를 받는 것이 혼자서 혹은 잘 훈련받은 꿈 작업가와 일대일로 작업할 때보다 꿈의 전체 의미에 가까이 갈 가능성이 더 많다.

혼자서 꿈 작업할 때의 단점들

자기 꿈으로 혼자 작업하는 것은 어렵고 영웅적인 노력이 필요하다. 할 수는 있지만, 타고난 약점과 자기기만의 경향을 극복하는 데 엄청난 노력이 필요하다.

프로이트가 혼자 자기 꿈으로 작업하면서 무의식에 대한 기본적인 비밀들을 풀어낼 수 있었던 것은 그의 천재성이 드러난 것이다. 그는 누구의 도움도 없이 자기이해에 이르는 인류 보편의 장애물을 극복했다. 프로이트의 법칙이 때로 지나치게 경직되고 성급하게 결론을 내린 것일지라도, 그가 이룬 성취의 놀라운 범위와 중요성이 줄어들지는 않는다. 그의 기념비적인 책《꿈의 해석The Interpretertion of Dreams》(1899년에 출판됐지만, 새로운 세기를 기념하고자 출판일이 1900년으로 되어 있다)으로 무의식으로 가는 관문과 꿈에 대한 진지한 작업을 거의 혼자서 다시 열었다. 나중에 책의 일부분이 후대의 연구 결과로 수정되거나 폐기되긴 했지만, 오늘날 누구도 꿈을 들여다보는 데 프로이트가 처음 그린 꿈의 세계 지도를 참조하지 않는 이는 없다.

꿈은 이미 알고 있는 것만 알려 주지 않는다

꿈은 항상 새로운 정보를 드러내고 건강과 온전성을 증진해 좀 더 발전할 수 있게 한다. 자신의 꿈을 가지고 작업할 때 가장 큰 유혹은 이미 알고 있는 사실을 꿈이 여러 방식으로 확인해 주는 것만 보고 집중하는 것이다. 그런 초기의 '아하'는 결코 전부가 아니다.

꿈이 항상 꿈꾼 사람의 현재 의식적 자각 상태를 보여 주는 것은 깨어 있을 때의 자신의 한계를 확장해 다음 단계로 성장하는 것을 돕기 위해서이다. 나름대로 잘 작동하는 꿈 그룹은 항상 꿈꾼 사람이 '명백하게' 알고 있는 층위들을 지나 그 사람이 성장하는 데 좀 더 문제가 되는, 도전적인 부분으로 나가도록 도와 준다. 이 점은 혼자서 작업할 때 놓치기 쉬운 부분이다.

그룹 꿈 작업에서 빠질 수 있는 함정

그룹으로 꿈 작업을 하는 데 늘 존재하는 함정이 하나 있다. '비슷한 사람들' (그러니까 '비슷한 패턴의 억압과 부인, 자기기만이 일어나는 이들'로 이해할 수 있겠다)이 함께 모이면, 서로 담합해서 상대의 꿈에서 좀 더 도전적이고 문제성이 있는 메시지를 피하고 억압할 수 있다. 상반되는 생각과 세계관을 지닌 다양한 사람들로 구성되어 있지만 그런대로 잘 이끌어 온 그룹에서도 대화가 의례적이고 어느 정도 예측할 수 있는 패턴으로 발전하기도 한다. 그룹 안에서 그런 선의식 수준의 담합이 생기면 극복하기가 쉽지 않다.

그럴 때 흔히 오랫동안 같이 작업하던 그룹 멤버 하나가 떨어져 나가고, 사고가 다른 새로운 사람이 들어오는 것으로 그룹이 새롭게 활기를 얻고 특정한 문제나 영역에 대한 무의식적인 담합이 무너지기도 한다. 하지만 선의식 수준에서 담합의 뿌리가 더 깊고 신경증적인 그룹에서는 새로운 사람을 맞아들이는 경우가 극히 드물다. 새로운 사람이 기존의 패턴에 '맞춰 가고' 그룹이 받아들일 수 있는 내용만을 애기하려는 경우를 제외하면 말이다.

이 문제를 다루는 한 가지 방법은 가끔 '객원 지도자'를 초청해 꿈 작업에 대한 새로운 테크닉을 지도받는 것이다. 객원 지도자의 새로운 직관과 에너지가 무언의 협약이 나올 수 있게 하고 집단적으로 외면하는 이슈들을 좀 더 생생하게 드러낸다.

꿈 작업의 다른 장점

'그게 내 꿈이라면'이란 형태를 취하는 그룹 꿈 작업에는 장점이 많다. 그중 하나는 다른 사람의 꿈의 의미에 대한 제안이 그 제안을 하는 사람과 그룹의 다른 사람들에게도 유용하다는 것이다. 원래 꿈을 꾼 사람이 그 내용을 확인해 주든 않든 상관없다. 실제로 다른 사람의 꿈으로 작업하고 투사하는 동안, 자기 자신의 꿈에 대해 작업할 때보다, 자신이 가지고 있는 무의식의 상징 재료를 더 선명하게 이해하기도 한다.

자신이 꾼 꿈은 깨어 있을 때의 고유한 자기인식 패턴과 정확하고 절묘하게 맞아 떨어져 자기 꿈에 담긴 의미를 분명하게 보기 힘들지 모른다. 같은 원형의 드라마에 초점이 맞춰져 있는 다른 사람의 꿈은 원래 꿈꾼 사람의 맹점에서 적당히 떨어져 있는 이미지와 은유들을 보여 주고, 그래서 별 어려움 없이 그 중요성을 볼 수 있게 된다. 칼 융이 말했듯, "꿈을 다룰 때 우리가 가진 한계는 상대의 꿈을 내 식으로 꾸어 볼 수 있는 상상력과 그렇게 얻은 영감을 얼마나 진솔하게 나눌 수 있느냐에 달려 있다." 꿈의 언어는 보편적이기 때문에, 꿈 작업에서 서로 투사하는 행위는 참여한 모든 이에게 값진 통찰을 준다.

투사를 인정하는 게 중요한 까닭

아마추어들의 자발적인 모임에서건 전문가와 함께 하는 일대일 상담실에서건 꿈을 제대로 이해하려면 투사를 거쳐야 한다. 그래서 모든 꿈 작업은 궁극적으로 자기고백일 수밖에 없다. 꿈꾼 사람이 얘기하는 꿈속 감정들과 이미지들을 나름대로 상상하고 살아보지 않으면 다른 사람의 꿈에 담긴 의미에 대해 얘기할 수 없다. 그래서 남의 꿈에 담겼을 의미에 대한 그 어떤 얘기도 꿈이 지닌 '객관적' 중요성을 반영한다기보다, 그 코멘트를 하는 사람의 내면생활과 상징 드라마를 반영하는 투사이다. 장 콕토의 유명한 영화 《오르페우스 Orpheus》에서 같은 이름의 주인공이 좌절한 미술가에게 말하듯, "당신네 예술가들은 언제쯤 돼야 자기초상을 그리는 것 외에 당신네가 할 수 있는 게 아무것도 없다는 걸 알게 될까요?"

'이게 내 꿈이라면'이란 형식에는 '고백적' 성격이 있다. 그래서 모든 제안이 잠재적으로는 꿈꾼 이뿐 아니라 자기 자신과 다른 사람들을 위한 것임을 모든 참석자에게 계속 일깨워 준다.

한 꿈 작업 그룹에 일정 기간 함께 한 사람이라면 특정 참석자가 하는 코멘트와 투사가 얼마나 그 사람에게 중요한 문제들과 진화하는 드라마를 반영하는지 점점 더 명확하게 보게 된다. 패턴은 다양하지만 어떤 이는 특별히 말에 담긴 다양한 의미를 집어내는 데 뛰어나고, 누구는 권력과 지배, 복종의 문제에 집중한다. 또 다른 이는 사회적으로 받아들여지는 데, 다른 이는 창의적으로 자신을 표현하는 데 쉽게 동조한다. 심리영성적인 진화와 발전에 관심이 있는 사람들이 있는 반면 육체적 섹슈얼리티에 감응하는 프로이트식의 의미 층과 정서적인 관계에 특별히 민감한 사람이 있다. 건강을 반영하는 은유에 특히 민감한 이도 있을 수 있다.

누가 무슨 얘기를 할지 예상할 수 있는 그런 해석 패턴들은 작업에 방해가 되기보다 '친밀하게 느껴지고', 누군가가 민감하게 여기는 문제가 나타나면 잊혀지거나 무시되지 않고 반드시 다루게 된다.

자기 자신의 상징 재료를 다른 사람들의 꿈에 투사하는 이런 경향은 대체로 꿈이나 깨어 있는 생활에서 늘 나타난다. 꿈이나 깨어 있을 때 우리가 지닌 동일한 문제를 잘 보지 못하기 때문이기도 하다. 그래서 다른 사람의 꿈을 가지고 꿈 작업을 하다 보면 우리가 가진 투사의 패턴이 드러난다.

예를 들어, 꿈 그룹에서 한동안 작업을 해 온 한 여성은 다른 사람의 꿈에서 늘 사회적으로 받아들여지는 것과 외부 권위와 싸우는 과정에 대한 은유를 본다. 하지만 누군가 지적하기 전까지 그녀 자신의 삶에서 이 부분이 중요하다는 것을 전혀 의식하지 못하고 있었다. 남편의 지배와 의문 없이 받아들인 부모님의 가치로부터 자유로워질 필요가 있으나, 그렇게 하면 자신이 '받아들여지지 않을 것'에 대한 두려움을 깨닫게 된 것은 그녀에게 매우 강렬한 경험이었다.

'부정적인 아하'에 담긴 가치

간혹 꿈 그룹에서 누군가가 자신이 생각하는 꿈에 담긴 의미는 이렇다고 얘기를 했는데, 꿈을 꾼 사람이 '부정적인 아하'로 반응할 때가 있다. "아니에요, 완전히 빗나갔어요. 그 말이 얼마나 엉터리인지 되려 뭐가 진실인지 알겠어요."라고 반응할 때 말이다. 일상의 대화에서 또는 완전히 잘못된 불합리한 코멘트에서 더 깊은 의미를 발견하는 일은 드물다. 하지만 꿈에 담긴 의미를 그룹에서 탐색하다 보면 이런 일은 흔히 일어난다.

그룹 지도자가 할 일

꿈 작업 그룹을 이끄는 사람이 없을 수도 있고, 비전문가나 전문가가 이끌 수도 있다. 어느 쪽이든 상관없다. 위에 나열한 그룹에서 작업할 때 나타나는 장점들은 이끄는 사람들이 있건 없건 나타나기 때문이다.

혼자서 꿈 작업을 하는 것이 특별히 어려운 까닭은 인간이 보편적으로 지닌 이런 자기기만과 선택적인 맹점 때문이다. 이런 경향을 극복하기 위해 전문가와 상담을 한다. 그러나 훈련받은 전문가와 일대일로 작업을 할 때도 두 가지 사고의 흐름, 꿈꾼 사람과 상담하는 사람 두 사람의 생각만 존재한다. 반면 그룹에서 작업하면 참석한 사람의 수만큼의 생각과 연상을 나누게 된다. 따라서 그룹에서 하는 꿈 작업은 혼자서 혹은 숙련된 꿈 작업가와 일대일로 하는 것보다 더 다양한 의미를 드러낸다.

안타깝게도 전문가와 작업하는 일대일 분석에서 가장 중요하면서도 적게 알려진 문제는 상담가 자신의 무의식적인 재료가 내담자의 작업에 투사되어 나타나는 '역전이逆轉移'이다. 전문가로 양성되는 과정에서 '교육 분석'을 통해 내담자가 지닌 삶의 문제와 꿈에 자신의 문제가 어떻게 반영되고 투사되는지 의식하는 훈련을 받는다. 불행히도 그런 전문적인 훈련과정이 역전이를 방지하지는 못한다. 치료자 자신의 무의식 재료들이 내담자에게 일부 투사되는 것은 피할 수가 없는 것이다. 자신의 문제를 의식하는 훈련을 아무리 많이 받고 경험을 쌓아도 막을 수가 없다. 전문적인 치유자, 분석가, 목회 상담가, 영적 지도자 등의 사람들과 일대일로 규칙적으로 꿈 작업을 하는 건 정말 가치 있는 일이다. 하지만 이 분야에서 일하는 수많은 전문가가 주장하는 '객관성'은 과장일 뿐이다. 내 경험으로는 그 주장이 견고할수록 그에 동반하는 자기기만도 더 크다.

이런 투사 경향에 대해 아무리 많은 작업을 하고 민감하게 인식하더라도 무의식에 담긴 내용물은 끝이 없다. 꿈 작업가 자신의 삶과 심리에서 떠오르는 문제들과 상징 자료들이 '객관적'이라고 보는 것은 그의 판단과 인식을 왜곡할 수밖에 없다. 융이 말했듯, "그렇지 않다고 믿는 건 마음의 병이다."

'객관성'은 꿈 작업가에게 더 많은 자기인식과 열린 태도와 분별력이 가능하다고 격려하는 빛나는 이상이다. 하지만 다른 수많은 이상과 마찬가지로 우리가 접근해야 할 완벽한 비전이지만 결코 실제로 도달할 수 있는 것은 아니다. 자신이나 타인의 꿈에 대한 '객관적인 견해'를 획득했다는 믿음은 그 자체로 자기기만으로 가는 관문이다. 이런 잠재적인 함정을 피할 수 있는 최선의 그리고 가장 쉬운 방법은 그룹에서 꿈 작업을 하는 것이다.

그래서 나는 함께 작업하는 그룹에서 내가 근래에 꾼 꿈 하나를 꼭 나눈다. 다양한 그룹에서 내 꿈을 가지고 작업하는 것이 나 자신에게 도움이 될 뿐 아니라, 매번 나도 다른 사람들처럼 자신의 상징적인 자료 중 어떤 것은 보지 못한다는 것을 보여 준다. 또 내가 양성한 그룹이 내 꿈에 담긴 다양한 의미에 대해 새로운 통찰을 주는 능력에 따라 그들을 얼마나 잘 가르쳤는지 가늠할 수 있는 최고의 그리고 가장 '객관적'인 수단이다.

대개 학기가 끝날 무렵이나, 개인적인 모임일 때는 약속된 마지막 시간에 내 꿈을 다룬다. 지도자의 꿈을 갖고 작업하기 전에 모든 그룹 회원이 한 번씩은 자기 꿈을 가지고 작업을 해 보고, 그에 수반하는 정서적인 위험과 그룹에서 소통할 때의 역학에 익숙해질 필요가 있기 때문이다.

그룹 꿈 작업의 일반적인 원칙을 요약하면 이렇다. "자기 꿈과 관련해 명백하게 의도하지 않은 어떤 것도 다른 사람에게 요구하지 마

라. 그러니까 자신을 드러내는 어떤 것을 나누거나 감정적인 위험을 감수하게 해서는 안 된다." 다시 말해, 그룹 작업은 몸을 부딪치며 하는 '참여 경기'이지 멀리서 바라보는 '관전 경기'가 되어서는 안 된다. 이것은 그룹 지도자에게도 마찬가지이다. 모임을 이끄는 사람이 좀 거리를 두고 자신의 꿈을 나누거나 작업하지 않더라도 꿈 작업이 잘 될 수는 있지만 장기적으로는 생산적이지 않다. 꿈을 가지고만 있고 나누지 않는 리더는 엘리트 의식과 회원들의 의존성을 키워내고 자신을 '구루Guru'로 보게 만드는 경향이 있다.

지도자가 그룹 작업에 완전히 참여하지 않을 때 스스로 이념적으로 경직되고 자기기만을 강화할 수도 있다. 뿐만 아니라 다른 사람들이 해 주는 투사에서 얻을 수 있는 직관과 정서적인 선물을 놓치는 건 애석한 일이다.

전적인 참여라는 일반적인 원칙에 예외를 둘 때는 교도소와 병원, 거주치료환경 같은 기관에서 작업할 때이다. 병원과 교도소, 다른 기관에 있는 사람들을 '완전히 성숙한 성인'으로 보기는 솔직히 힘들 때가 많다. 그룹 지도자가 지나치게, 혹은 미숙하게, 자신을 드러내다 보면 참여자들에게 순진하거나 오만하거나 멍청하게 보일 수 있다. 지도자가 내담자들에게 약하거나 적절하지 않다는 인상을 주게 되면 작업 진행의 톤을 누가 정하느냐는 불필요한 갈등이 생길 수 있다. 그런 갈등은, 아무리 미세한 것이라고 할지라도, 항상 비생산적이어서 꿈 작업을 시작하기 전에 잠깐 각자의 꿈 제목을 나눌 때 별

다른 언급 없이 같이 나누는 것으로 제한하는 게 좋다.

하지만 이런 매우 긴장되고 비자발적인 기관 환경에서도 어느 정도의 신뢰와 상호존중이나 이해가 있다면, 내 꿈을 나누는 게 나뿐만 아니라 그룹의 다른 모든 사람에게도 매우 가치 있어 보였다. 그래서 실제로는 전적인 참여라는 '규칙'에 대한 예외를 가볍게 실행하거나 경우에 따라선 무시해도 상관없다.

기관 수용자들과 꿈 작업하기: 샌 퀜틴의 사례

기관에 수용된 사람들과 꿈 작업을 하는 것은 모든 참여자에게 큰 보람을 줄 수 있다. 처한 환경이 비슷한데다 사회에서 소외되어 있는 수용자들은 '바깥세상'에서 온 '방문자'보다 같은 곳에 있는 수감자에게서 더 기꺼이 배우려 한다.

몇 년 전 나는 샌 퀜틴 교도소에서 '잠깐씩 들르는' 꿈 그룹을 이끈 적이 있다. 교도소 전체가 폭동과 살인, 탈출 시도 때문에 '닫혔을' 때를 제외하고 매주 수요일 밤에 일 년 넘게 만났다. 이 모임이 '잠깐씩 들르는' 형식일 수밖에 없는 건 교도소 행정이나 부족한 직원 수, 수감자들의 유동성 등 상황이 지속적인 참석을 보장할 수 없는 환경이었기 때문이다.

교정 사무소는 모든 수감자와 교도관에게 꿈 그룹을 열어두자는 내 제안을 고려할 여지도 없다는 듯 거부했다. 재미있는 건 규정에 따라 무장한 정복 교도관들이 나를 따라다녀야 해서, 그룹 작업에는 어차피 경비와 죄수들이 정기적으로 같이 모였다는 점이다.

샌 퀜틴 꿈 그룹의 출석률은 주에 따라 들쑥날쑥했다. 참석자가 가장 적을 때는 수감자 셋과 경비 하나였고, 가장 많을 때는 스무 명이었다. 보통은 8~10명 정도였는데, 대부분 가석방이나 형집행 만료로 석방을 한두 해 앞둔 이들이었다.

매주 수요일 저녁 나는 교도소로 차를 몰고 가 정문에서 신원조회를 받고 철저한 몸수색을 받았다. 그러고 나면 그날 밤 지정된 사복 교도관을 만나 삼중으로 된 보안 경계선의 첫 단계를 지나 예배당으로 이동했다. 예배당은 폭 10미터, 길이 20미터의 네모난 잿빛 방으로 천장은 낮고 형광등 빛은 눈에 부셨다. 아무것도 깔리지 않은 시멘트 바닥에 가구라고는 금속 접이 의자들뿐이었다. 하나 있는 비상구는 주운동장으로 바로 열려 있었다.

수감자들의 참석 여부는 여러 계급의 교도관들이 임의로 내리는 복잡하고 변덕스러운 결정에 따라 매주 달랐다. 그런 '자격'은 교도소 전체의 보안 상태, 수감자가 있는 특정 구역이나 건물의 상황, '수감자가 프로그램에서 도움을 받을 수 있는 정도'에 따라 변했다. 개인 간, 다른 인종 간, 갱단 내의 관계와 수감자 사이, 수감자와 교도관 사이, 교도관과 행정관 사이의 관계와 같은 다른 '비공식적인' 이유도 있었다. 참석하기를 원하고 그 주에 '자격이 있다'고 판정받은 수감자들은 교도소 안쪽에서부터 이중의 보안 경계선을 거친 다음 주운동장을 건너 예배당으로 왔다.

샌 퀜틴 교도소는 그 자체로 괴물 같다. '최고보안시설'이라는 명성에 걸맞게 건물구조로 보나 운영방식으로 보나 캘리포니아에서 가장 위험한 죄수들을 격리 수감했다. 처벌의 일부로 수감자들은 햇빛과 하늘, 사생활, 어떤 종류의 여유도 박탈당했다. 교도소는 당시에도, 지금도 여전히 끔찍하리만치 포화상태다. 두 명을 수감하도록 설계한, 창문도 없이 폐쇄공포증이 걸릴 정도로 작은 방에서 대여섯 명이 지냈다. 샌 퀜틴에 온 수감자들은 일상적인 일에도 부정적이고 습관적으로 거짓과 불신, 폭력으로 대응하는 경향이 있었다.

매주 험악한 교도소로 들어갈 때마다 나는 몹시 두려웠다. 무슨 일이 일어날까 꽤 긴장도 했다. 용기를 내려고 수감자와 경비들과 꿈 작업을 하는 게 정말 괜찮은 생각이라고 나 자신에게 자주 상기시켜야 했다.

나는 매주 '목사복'이라는 제한된 '유니폼'을 입고 교도소로 향했다. 불안한 마음을 다스리며 등 뒤에서 철문이 닫힐 때마다 펄쩍 놀라 도망가고 싶은 마음을 억누르며 숨이 막힐 것 같은 좁고 어두운 복도를 지났다. 모임이 끝나 담장 밖에서 아름다운 밤하늘을 다시 볼 때면 (처음에 공포를 느꼈으면서도) 억지로라도 그 과정을 거친 것이 기뻤다. 다음 주면 불안과 두려움을 극복하려고 애써야 했지만.

사복을 입은 교도관들은 꿈 그룹을 감시하는 것을 거의 벌칙에 가까운 귀찮은 일거리로 여겼다. 나 자신의 두려움과 거부반응을 이겨낸 후, 첫 과제는 그 주에 배정된 교도관의 편견과 적대감을 덜어내는 것이었다. 교도관이 꿈 작업을 방해하거나 망치지 않게 하기 위해서였다. 어쩌다 설득에 성공해서 교도관이 꿈 그룹 배정을 자원할라치면 그 요구는 늘 거부되었고, 꿈을 전혀 존중하지 않는 새로운 교도관이 배정되었다.

교도관 대부분은 모질고 적대적인 말로 나를 반겼다. '말도 안 되는 꿈 그룹을 지켜보는' 것보다 '더 나은 일이 얼마나 많은지' 그리고 수감자들은 다 '짐승들'이라 '궁뎅이나 두드려 줘서' 덕 볼 게 하나도 없으며 다 헛소리인 꿈에 무슨 의미가 있다는 말이냐라는 요지였다.

그래도 대개는 여러 복도와 문, 검문소, '폐쇄지역'을 거치는 동안 경비와 최소한의 친밀한 관계는 만들 수 있었다. 꿈 작업의 사회심리학적인 기초에 대해 간단히 설명하려고 했다. 걷고 기다리고 다시 걷는 동안 교도관에게 꿈 얘기를 하도록 설득할 때도 있었다. 그럴 때면 나는 별로 위협적이지 않게 '그게 내 꿈이라면' 하는 방식으로 그 사람이 어떤 '아하'를 얻을 때까지 잠깐 꿈 작업을 해 주기도 했다. 그러면 꿈에 대해 부정적이던 교도관은 예상치 못한 영감에 영향을 받아 마음을 바꾸거나, 적어도 마음이 흔들려서 이런저런 질문을 던져 왔다.

하지만 이런 노력에 실패할 때도 있어서, 경비가 말이나 몸짓으로 우리 모임이 다 '개똥 같은 짓'이라고 숨기지 않고 표현할 때도 있었다. 적어도 그날 저녁의 활동이 무르익을 때까지는.

하루는 특별히 신경질적인데다 적대적인 경비를 만나게 되었다.

그는 분명 우리 모임을 '범죄자들 버릇만 나빠지게 하는 진보주의자들의 갱생 프로그램'으로 생각하고 있었다. '내 손을 잡아주느라' 텔레비전에서 중요한 경기를 보지 못하게 되어서 그의 짜증은 극에 달했다. 불평이 얼마나 대단하던지 여러 검문소를 지나 예배당에 도착할 때까지 나는 말한마디 붙이지 못했다.

의자 여럿을 둥글게 늘어놓은 후 우리는 같이 바깥에 나와 수감자들을 기다렸다. 문 옆에 서서 어스름한 초저녁 빛에 수감자들이 운동장을 건너오는 것이 보였다. 아주 먼 거리에서도 나는 그날 밤 내가 평소보다 더 큰 곤경에 처했음을 알 수 있었다.

2미터가 넘는 키에 150킬로그램이 넘을 것 같은 거구의 사내가 운동장을 건너오고 있었다. 사람들은 흩어져 오면서도 한가운데에 있는 그를 피하고 있었다. 그 거인은 난폭하게 '웃으며' 믿기지 않을 정도로 빠르고 유연하게 앞뒤로 돌진하며 같이 작업하러 오는 열 명 가까운 사람들을 잡았다 놨다 했다.

선택한 목표물이 너무 느리면, 그 거인은 커다란 팔로 그 사람의 목을 감싸 옥죄었다. 그러고는 그 사람을 번쩍 들어 흔들며 몇 발자국 걸었다. 이어 '가지고 놀던' 수감자를 내려놓고 다른 사람을 향해 달려갔다. 먼 거리에서도 '장난'으로 그런다는 걸 알 순 있었지만 무척 위험해 보였다. (내가 교도소에서 보거나 참여한 많은 활동이 그러했듯) 표면의 장난기 아래 감춰진 살의가 느껴지기도 했다.

크고 힘이 세다 보니 정상적인 체구의 사람이라면 용납되지 않았을 그런 행위가 이 남자에겐 허용되는 것 같았다. 그리고 이 사람이 '몸만 큰 아이', '예측할 수 없는 힘 센 사람'의 역을 하고 있다는 것도 분명해 보였다. 감정 폭발이 제멋대로인데다, 변덕스럽고 잘 집중하지 못하는 것 같았다. 수감자들이 운동장을 건너오는 걸 보면서 내심 큰 기대를 하면 안 되겠구나 하는 생각이 들었다. 나는 경비에게 그 덩치 큰 사람이 누군지 물었고, 경비는 그가 프랭크라고 알려 주었다.

사람들이 예배당에 가까워지자, 프랭크는 앞으로 달려 나와 문을 가로막고 섰다. 들어가는 사람을 마음대로 붙잡으려는 것이다. 프랭크가 문에서 비켜 서거나 안으로 들어가지 않는 한 누구도 안으로 발을 들일 수 없었다. 경비는 내가 처한 상황을 재미있어 하는 것 같았다.

나는 일단 프랭크를 안으로 들여보내는 데 집중하기로 했다. 그는 자신을 '과시'하고 있었고 말할 나위 없이 사람들의 관심을 한 몸에 받고 있었다. 그에게 다가가면서 나는 큰 목소리로 꿈 작업을 할 의사가 있는지 물었다. 나는 우리가 '꿈 작업을 하기 위해 모였으며' 그게 싫으면 감방으로 돌아가야 한다고 말했다.

실제로 수감자를 돌려보내는 것은 현실적으로 어려운 일이었다. 위급 상황이 아니라고 해도 '전화를 해서 비상'을 걸어야 했고, 호송을 위해 비번인 정복 교도관을 불러들여야 했기 때문이다. 그리고 그건 내가 그룹을 다루지 못한다는 걸 인정하는 일이기도 했다. 모든 사람이—다른 수감자들, 프랭크와 나, 특히 경비—그 사실을 알고 있었다. 특히 수감자를 돌려보내는 것은 교도소에서 자원봉사와 수감자들의 특권이 끝난다는 것을 의미했다. 하지만 그런 위험을 감수할 의사가 있음을 보이는 게 필요해 보였다.

나는 프랭크에게 꿈 작업이 '얼마나 재미있는지' 우리에겐 '시간이 한정되어' 있다는 것 등을 큰 목소리로 쉬지 않고 말했다. 그리고 말하는 동안 실제로 접촉하진 않으면서 내 몸으로 그를 '바쁘게' 움직여 안으로 들어가게 만들었다. 일단 안으로 들어가자 우리는 조금 전에 늘어놓은 의자에 앉아 통성명을 했다. 누구도 프랭크 곁에 앉으려 하지 않았다. 자기소개를 하는 동안 프랭크는 누군가의 사소한 행동에 두 번이나 의자를 뒤로 밀쳐냈다. 천장도 낮은 방에서 금속 의자가 콘크리트 바닥에 부딪치는 소리는 정말 귀가 멀 것 같았다. 구석에 선 경비가 신경질적으로 일어나 권총집을 열었다. 갈수록 태산이었다.

통성명을 마친 후, 나는 모든 이의 꿈이, 모든 꿈이 '꿈꾼 이의 삶을 도와 주러' 온다는 얘기로 시작했다. 매주 누가 나타날지 모르는 그룹의 성격상 나는 매주 처음부터 시작해야 했다. 새로 온 사람들을 위해 기본적인 안내를 하면서도 여러 번 온 사람들이 관심을 갖도록 짧으면서도 생동감 있게 진행해야 했다. 프랭크는 관심이 없었고 외설적인 말이나 웃음으로 끊임없이 끼어들었다.

어쨌든 우리는 마음 모으기centering exercise를 하게 되었고 나는 사람들에게 일어서서 옆 사람의 손을 잡고 빛을 마음에 그리면서 조용히 호흡하라고 말했다. 정말 괜찮은 날에도 수감자들과 그렇게 하기가 어려운데, 이날 밤은 진행 자체가 거의 불가능했다. 누구도 프랭크의 손을 잡으려 하지 않았고, 내가 가진 모든 '행정적인 권리'를 동원해서야 간신히 다른 사람들이 손을 잡게 할 수 있었다. 내가 프랭크의 한 손을 잡고 다른 쪽 손은 열린 원으로 남겨두었다. 우리는 약속한 대로 열두 번 숨을 쉬는 동안 말없이 손을 잡고 있었다. 그동안에도 프랭크는 혼자서 낄낄대고 투덜거렸다.

꿈 작업을 시작하기 위해 자리에 앉았을 때, 프랭크는 다른 사람이 꿈을 나누도록 내버려 두지 않았다. 그가 너무 심하게 방해하는 바람에 돌아가며 꿈을 나눌 수가 없었다. 그래서 나는 프랭크의 꿈만으로 할 수 있는 게 없는지 두고 보기로 했다.

최근에 꾼 꿈을 나누기는 거부했지만 그는 어느새 어렸을 때 자기가 꿈에서 어떻게 '자기를 잡으려는' '거인들'을 피해 달아났는지 '거들먹거리며' 말하기 시작했다. 그가 그런 꿈을 서너 가지 얘기하고 나서, 나는 우리가 할 수 있는 일은 그 꿈이 내게 일어난 것처럼 상상해서 그게 무슨 의미인지 추측해 보는 방법밖에 없음을 다시 한 번 알려 주었다.

나는 "그게 내 꿈이라면." 하고 시작했다. 어느 면에서 내 어린 시절 악몽에 나타난 거인들은—아이들 꿈에서 대부분 그러하듯—내 주변의 어른들을 반영한다. 물리적으로나 심리적으로 조그만 아이에게는 어른들이 '거인처럼 크게' 보이기 때문이다. 나는 계속해서 동화에 나오는 '크고 느린 거인들'도 마찬가지라고, 신화와 꿈, 동화가 모두 같은 상징 언어로 얘기한다고 말했다.

또 꿈에서 죽음은 항상 성장과 변화를 보여 주는 것이라고 말했다. "내가 새로운 모습으로 성장해서 나타나려면 낡은 나는 죽어야 하는 것 같아요. 꿈에서 내가 나를 죽이려는 사람이나 괴물에게 공격받고 쫓길 때 요리조리 빠져 나가며 도망치는 것은 성장하고 변화하기를 거부하는 걸 의미하는 것 같아요. 그러니까 나에 대한 일부 생각이나 양식, 낡은 감정을 버릴 때라는 내부에서 오는 자극을 피해 '도망다니는' 거죠."

프랭크는 당연히 화가 난 것 같았다. 소년 시절 꿈속에서의 '승리'에 의문이 제기된데다 달갑지 않지만 뭔가 새롭고 다른, 별로 기쁜 기색은 아니었다. 어떤 '아하'가 일어난 것이 분명했다. 그건 그가 다음에 내뱉은 말에서 분명해 보였다. 그는 화가 나 얼굴이 일그러지면서 내 쪽으로 몸을 기울였다.

"뭐라고! 내가 전혀 자라지 않았단 말이야!"

나는 그의 갑작스런 행동에 겁이 나면서도 기뻤다. 그는 그 자신의 언어로, 진짜 감정을 실어, 직관을 되돌리고 있었다.

"나라면 그렇게 표현하진 않겠지만, 그래요. 이게 내 꿈이라면 그런 의미가 있을 것 같아요."

프랭크는 놀란 듯한 음성으로 정말 불쾌한 욕설을 내뱉고는 뒤로 물러 앉아 말이 없어졌다. 자신 속으로 후퇴한 것, 그것은 내 경험으로는 어떤 중요한 '아하'가 일어나 통합되었다는 분명한 표시였다. 그 순간 나는 그가 지금처럼 들을 준비나 내면화할 준비가 되어 있지 않은 위압적이고 권위적인 목소리로 얼마나 많은 사람이 같은 말을 그에게 했을지 궁금해졌다.

나는 프랭크의 공격적인 행동이 잠시 잠잠해진 틈을 타 중단된 꿈 나누기를 끝내기로 했다. 다른 사람들도 상황이 이렇게 바뀐 데 꽤 놀라는 눈치였다. 프랭크의 꿈 작업으로 다른 사람들도 어린 시절의 꿈과 악몽, 특히 '거인들'에게 공격받거나 학대받은 꿈을 나누기 시작했다.

프랭크에게 말한 꿈속의 '거인들'이 어른에 대한 은유이고, 꿈에서 죽음이 심리적·정서적 성장과 연결된다고 말한 점이 이들에게도 '아하'를 불러일으킨 것이 분명했다. 꿈 나누기가 절반 정도 진행됐을 때 제정신으로 돌아온 프랭크는 다시 끼어들기 시작했다. 이번에는 나름의 꿈 해석을 뱉어내기 시작했다. 내가 반복해서 주의를 주었지만 참가자 모두 꿈을 나눌 때까지 기다리거나 '이게 내 꿈이라면' 형식을 사용하지도 않았다.

돌아가며 계속 꿈을 나누는 동안 프랭크는 자신의 생각과 해석을 말하며 아무 때나 끼어들었다. 나는 그의 발언이 얼마나 정확하고 사례에 들어맞는지 놀라지 않을 수 없었다. 다른 사람들도 그렇게 생각하는 눈치였다. 적대적이던 경비의 몸짓도 바뀌더니 더 잘 듣고 보려고 우리가 앉은 곳으로 가까이 다가왔다.

"빌어먹을! 네 꿈의 그 개는 네가 두려워하는 어떤 감정일 뿐이야. 바보같이, 그건 네가 그걸 잘라내지 못하겠다는 꿈이라니까!"

"아, 그 새들은, 다 종교에 관한 거야. 넌 늘 하느님한테 바르게 보이려고 하잖아. 그게 다지 뭐."

프랭크는 나누는 꿈마다 어떤 직관을 꿰뚫었다. 다른 사람들도 코멘트와 해석을 나누기 시작했다. 어쩌다 누군가 "이게 내 꿈이라면." 하고 시작하기도 했지만 그들도 금방 공식적이고 '승인된' 방식으로 다른 사람들이 꿈 작업을 하고 있다는 겉치레를 버리고 그냥 달려들었다.

모임의 전체 분위기가 완전히 바뀌었다. 아주 부정적인 긴장에서 뭔가 흥미 있는, 호기심을 가지고 집중할 때의 긍정적인 긴장으로 바뀌었다. 모든 사람이 몸을 앞으로 숙이고 가까이 앉았다. 이쯤에선 경비도 의자를 당겨 같이 원을 만들고 앉았다. 꿈속의 이야기와 어릴 적에 학대받고 두드려 맞던 이야기를 나누는 동안 수감자들의 목소리는 점점 낮고 부드러워졌다. 술 취한 어른이 휘두른 '체벌'과 '규율'이란 이름의 신체적 학대가 포함된 이들의 이야기는 정말 침울하리만치 비슷했다. 학대한 어른은 대개 남자였지만, 아주 어렸을 때 여자 어른에게 얻어맞은 이야기도 적지 않았다.

처음에 이들은 꿈이 주는 충격과 기억들을 온전히 느끼기를 거부했다. 프랭크도 아버지와 외삼촌들이 얼마나 심하게 때렸는지 떠벌리는 걸로 시작했다. (자기가 커서 자신을 방어할 수 있을 때까지. 그때쯤엔 그는 벌써 소년원에 있었다.) 다른 수감자들도 어렸을 때 맞은 일이 '자신들을 얼마나 강하게 만들었는지'를 '거칠게 이야기했다.'

하지만 이들은 천천히 꿈에 담긴 정서적이고 심리적인 진실을 느끼기 시작했다. 결국 쌓여 온 비참함과 그것을 부인하며 거짓되게 살아온 자신의 삶을 서서히 느끼기 시작하면서 공격적인 허장성세의 톤이 사라졌다. 학대받은 소년기의 아픔과 슬픔이 기억나면서 내면을 드러낸 이 순간을 좀 더 의식적으로 직면할 용기를 내려다보니 꿈과 코멘트 사이의 침묵이 길어졌다.

  작업 중에 경비가 셔츠 주머니에서 담뱃갑을 꺼냈다. 담배 하나를 꺼내 문 그가 불을 붙이기 전에 주변을 둘러보는 순간 나는 큰 장애물 하나를 넘었음을 직감했다. 경비는 잠시 멈추더니 마음을 정한 듯 담뱃갑을 돌렸다. 모두 담배 하나씩을 꺼내 물었고 거의 빈 담뱃갑이 경비에게 되돌아갔다. 우리는 (꿈이 불러일으킨 감정들을 무디게 하느라) 담배 한 대를 나눠 피우는 '친교'의 시간을 가진 후 꿈 작업을 계속 진행해 나갔다.

  꿈 작업을 하면서 내가 반복해서 말한 것은 '아하'를 느낄 때 꿈에 담긴 메시지의 일부가 의식으로 '전해지기도' 하지만 심리적이고 정서적인 에너지가 재배치되고 꿈꾼 이의 내면이 변화한다는 점이다. 그날 밤 꿈과 소년 시절의 이야기를 나누는 동안 참석자들은 많은 슬픔과 고통을 다시 경험했다. 결국은 경비원도 점점 좁아지는 골목길에서 위협적인 남자 거인에게 쫓기는 반복되는 악몽을 나누었고 어릴 적 술 취한 아버지에게 맞은 얘기도 했다.

  모임이 끝났을 때는 시간이 그렇게 빨리 지나간 데 모두 놀랐다.

마지막으로 손을 잡기 위해 다시 일어났을 때 그 누구도 저항하는 사람이 없었다. 이번엔 경비만 그 순서를 힘들어했다. 규정상 수감자들과 친구처럼 신체 접촉을 하면 안 되기 때문이다. 그는 한 손엔 프랭크를 다른 손엔 다른 수감자의 손을 잡은 내 곁에 가까이 와서 내 어깨에 손을 얹었다.

문을 빠져 나가 운동장을 가로질러 가는 동안 두 시간 전 이곳에 올 때 그런 것처럼 프랭크를 피하는 이는 아무도 없었다. 10여 명에 이르는 이들이 예배당 문을 같이 빠져나가 환하게 밝은 운동장을 떼지어 걸어갔다. 이들이 나를 지나치며 한 말에서 나는 이날 밤 진짜 변화가 일어나지 않았나 생각했다.

"와, 너 그 자식 하는 말 들었어? 난 걔가 멍청이라고 생각했는데 말이야. 덩치만 컸지 머리에 든 건 없는 줄 알았거든. 제기랄. 그놈 멍청이가 전혀 아니던데. 그 자식이 내 꿈에 대해 하는 말 들었지? 제기랄!"

기관에서 꿈 작업을 할 때 어려운 점 중의 하나는 치료나 재활 활동이 얼마나 가치 있고 효과적인지 정확하게 평가할 방법이 없다는 것이다. 내 경험에서 비춰 볼 때 '방문'을 위한 '쇼'와 감정이나 행동의 진정한 변화를 구별해 내기란 불가능하다. 나는 산 퀜틴 그리고 이전에 일한 다른 기관들에서 진행한 그룹 꿈 작업이 얼마나 효과적이었는지 '다른 사람의 의견을 들어보려고' 수감자들의 행동에 관한 정기 보고서를 볼 수 있는 군목과 정신과 관계자들과 가까이 지내며 정기적으로 연락했다.

산 퀸틴에서는 꿈 작업이 있던 그날 밤 이후 프랭크의 행동이 극적으로 바뀌었음을 교도소 직원들을 통해 확인할 수 있었다. 누구도 꿈 작업 덕이라고 인정하지는 않았지만 프랭크가 훨씬 덜 사납고 자신을 더 잘 통제하게 되었다고 한다. 내게 더 극적인 일은 그날 밤 이후 다른 동료들이 프랭크를 대하는 태도가 달라졌다는 보고였다.

그 수요일 밤 이전에, 프랭크를 감옥에 수용하면서 어려웠던 점 중 하나는—저지른 범죄는 중간 정도의 보안 시설에 수용될 정도인데도 산 퀸틴이라는 최고 보안 시설로 이송된 까닭 중 하나—동료들이 원한다면 충동질을 해서 소요를 일으킬 수 있었기 때문이다. 이전에 프랭크는 누군가 자신에게 충동질을 하는 농담이나 말을 하면, 폭발해서 '덩치 크고, 힘세고, 통제가 안 되는 어린아이'로 돌아가 난동을 피웠다. 간수들의 주의가 프랭크에게 쏠린 동안 교도관들의 바로 코 아래에서 은밀한 일들이 벌어질 수 있었다. 그날 밤 이후 프랭크만 덜 사나워진 게 아니라 다른 죄수들도 그를 충동질해 이전처럼 '이용'하려 들지 않았다. 실제로 프랭크는 행동이나 다른 사람들을 대하는 태도가 크게 달라졌고 일관적이어서 나중에는 중간 정도 보안 시설로 다시 이송되었다.

정신과 의사나 군목의 보고서가 아무리 일치해도 심리적인 성장에 대한 확고한 '증거'가 되지 않는다는 것은 나도 알고 있다. '의심의 여지없이' 증명할 수는 없지만, 그룹 꿈 작업 덕분에 개인은 물론 집단의 의식에서도 참된 변환이 일어났다고 믿는다.

그날 저녁 우리가 모였을 때 '다른 사람들'은 '그저 짐승'이라는 고정관념을 가지고 모였을 거라고 믿는다. 고통스러운 감정이 많이 실린 꿈을 나누고 작업한 결과, 뜻밖에 우리는 우리가 본질적으로 같은 인간임을 인식하게 되었고 상대를 생각하고 느끼고 행동하는 방식을 바꾸게 되었다. 그런 변화는 모임이 끝난 이후에도 계속되었다. 나는 다른 사람을 대하는 자기 인식과 태도의 이런 변화가 그룹 꿈 작업의 직접적인 결과라고 믿는다. 그런 변화는 일대일 작업에서는 결코 가능하지 않았을 것이다.

그 서늘한 가을밤에 그 끔찍한 감옥에서 수감자들에게 일어난 일이 우리에게도 일어날 수 있다. 함께하는 사람들의 지지와 에너지를 받는 가운데 참되고 깊이 성장하고 변화할 수 있다. 권위주의적이지 않은 분위기에서 정기적으로 다른 사람들과 꿈에 담긴 다양한 의미를 탐색하다 보면 생각과 감정, 행동에 긍정적인 변화가 일어난다.

다른 꿈 작업 전문가들이 이 책에서 설명하는 꿈 작업 방식에 반대하는 주된 원인은 그 과정에서 나오는 통찰이 '너무 풍부'하거나 '너무 복잡'하고 '너무 모호하고 다층적'이라는 것이다. 꿈꾼 사람이 꿈에 담긴 메시지를 내면화하거나 실제적인 도움을 받기에는 너무 많이 '차고 넘친다'고 우려한다. 일부 이런 '자극 과다'가 일어나기도 하지만 내가 볼 때 그건 단점이라기보다 장점이다. 그룹 꿈 작업에서 가장 중요한 것은, 작업 당시에 꿈꾼 당사자가 갖는 개인적인 통찰이 아니라,

모든 참여자가 갖게 되는 점증적인 통찰이다.

내향적인 사람, 외향적인 사람과 꿈 작업하기

2장에서 다룬 바바라의 '지하실의 소용한 파티' 꿈에서처럼, 꿈꾼 사람이 나중에 가서야 중요한 '아하'를 느끼게 되기도 한다. 사실 꿈꾼 사람이 내향적일수록 다른 사람들이 있다는 것 때문에 모임 당시에 '아하'를 경험하지 못하는 경우도 많다.

20여 년 전 꿈 작업을 처음 시작했을 때 그날 작업이 '실패'한 것처럼 느낄 때가 간혹 있었다. 누군가의 꿈을 35~40분 작업한 후 나름 꽤 좋은 생각과 통찰이 나온 것 같은데 꿈꾼 사람이 아무런 '아하'를 보이지 않을 때다. 꿈꾼 사람은 "제 꿈에 관심과 에너지를 쏟아 주셔서 고마워요. 하지만, 글쎄요, 누구의 말도 제게 '아하'를 주진 않네요."라고 말을 하기도 했다.

그럴 때면 나는 "우리가 뭘 잘못한 거지?"라고 말하며 실망하고 혼란스런 기분이 된다. 혼자 "우리가 못 건드린 게 뭐야? 사람들이 한 말이 다 흥미로웠고, 어떤 데서 난 분명 '아하'를 느꼈는데 말이야. 우리가 뭘 놓친 거지?" 하며 궁금해하기도 했다.

그러다 다음 번 모임에서 '마음 상태 묻기'를 할 때 어떤 패턴이 있음을 알아차리게 되었다. 그 전 주에 아무 '아하'도 보이지 않던 사람이 "저……며칠 전에 목욕하다가 꿈 작업 때 사람들이 한 말을 생각하게 됐거든요. 루이스가 해 준 말이 기억났는데, '아하'가 일어나는 거예요. 그러다가 그렇다면 잭이 해 준 말도 맞겠네, 또 당시에 누가 말한 건 아닌데 다른 게 떠오르면서 그것도 맞는 말이란 걸 알게 됐어요."라고 얘기했다. 그러고는 어떻게 꿈에 담긴 다양한 의미가 점점 더 선명하게 이해됐는지 장황하게 설명했다. 분명히 꿈 작업을 통해 이해하게 된 것들인데 꿈꾼 사람의 마음에서는 나중에야, 혼자 있을 때 돌이켜 생각해 볼 때야 떠오른 것이다.

이런 양상이 반복되는 걸 지켜본 후에 나는 내향적인 사람일수록 나중에 혼자 있을 때 '아하'를 느끼게 된다는 걸 알았다. 이렇게 혼자 있을 때의 생각까지 포함해 그룹 꿈 작업의 전반적인 성과를 생각해 본다면, 모임에서 꿈꾼 사람에게 '아하'가 일어나지 않는 것으로 모임의 성공과 실패 여부를 판단할 수는 없을 것 같다.

이제 나는 내향적인 사람들은 자신들이 경험한 것의 가치와 의미, 실재를 평가하는 데 혼자 있는 시간을 필요로 한다는 것을 안다. 정말 내향적인 사람들은 다른 사람들이 있을 때 한 경험을 다 받아들여 '유예시켜' 뒀다가 혼자 있을 때 그 경험들을 '평가하게', 그러니까 완전하게 경험하게 된다. 그래서 꿈 작업이 아무리 흥미롭고 긍정적인 상호작용이라고 해도 내향적인 사람들은 잠시 사람들에게서 벗어나 혼자 시간을 보내는 것이다. 외향적인 사람들이 흔히 생각하듯, 이들이 '변덕이 심하거나' '차갑고 감정도 없기' 때문이 아니라, 아무리 긍정적이고 마음이 느껴지는 경험이라도 그걸 제대로 들여다보는 데 혼자 있는 시간이 필요하기 때문이다.

반면 외향성이 정말 강한 사람은 다른 사람들과 함께 있을 때 정말 생생하고 실감나게 느낀다. 극도로 외향적인 사람은 혼자 있을 때 자신이 '사라지고' '유령이 되는 것' 같다고 느껴서, 살아 있다는 느낌을 느끼고 싶어 같이 있을 사람들을 찾아 나선다.

주된 성향이 내향적이든 외향적이든 정서적·지적으로 성숙하려면—칼 융은 이를 '개성화'라고 불렀다—겉보기엔 '반대'이고 (실제로는 보상적인) 덜 개발된, 무의식에 잠재된 성향을 개발시켜야 한다. 꿈은 우리가 모르고 있는 사실을 알려 주러 와서, 꿈꾼 사람의 개성화 과정을 돕는다. 그래서 내향적인 사람들의 꿈은 다른 사람과 더 깊이 있고 열정적이고 지속적인 관계를 지향한다. 반면 외향적인 사람들의 꿈은 좀 더 혼자서 반추해 보고 자기분석을 하는 경향을 보인다.

그룹 꿈 작업은 다른 환경에서라면 도무지 이해가 되지 않아 심하면 거부반응을 일으킬 수 있는 서로 다른 성향의 사람들이 이상적으로 함께 만나는 장을 만드는 장점도 있다. 로맨틱한 커플들이 흔히 다른 '타입'이듯, 꿈 모임에서 같이 작업하면서 상대의 기본적인 심리를 더 많이 이해한다.

내 경험으로 보면 꿈 작업에 처음 이끌리는 사람들은 대개 내향적인 사람들이다. 하지만 꿈을 따라 온전함을 향해 자연스레 나아가다 보면 모임 내 사람들과 '외향적인' 접촉을 즐긴다. 반대로 사람들이 모여서 작업한다는 데 끌려 온 외향적인 사람들에게 이런 균형은 그룹에서 받은 통찰을 혼자 있을 때 생각해 보는 일이 늘고 혼자 있어도 실감나고 생동감 있게 살아 있다고 느끼는 형태로 나타난다.

직관을 잃어버리다-꿈 작업 내용 기록

　대개는 꿈 작업을 통해 꿈에 담긴 다양한 의미를 충실히 통찰하게 되지만 이런 느낌은 기만적일 수 있다. 왜냐하면 그런 통찰 자체도 꿈이 오는 것과 같은 곳, 즉 무의식에서 오기 때문이다. 내가 꾼 꿈으로 작업을 하고 나서 거기서 얻은 통찰에 만족스러워했지만 그 통찰이 금방 무의식으로 사라져 버린 적이 얼마나 많은지 부끄럽지만 인정하지 않을 수 없다. '절대 안 잊어버릴' 꿈이라 생각했지만 적어 두지 않아서 금방 잊어버린 꿈처럼. 이를 방지하려면 꿈 작업 때 누군가 중요한 내용을 적어 두었다가 꿈꾼 사람에게 전해 주는 '기록자'가 될 수도 있다. 이렇게 하면 꿈꾼 사람이 처음 '아하'가 일어난 일들을 기억하고 또 당장 무슨 뜻인지 드러나지 않는 얘기들도 나중에 깊이 이해하는 데 도움이 된다.

　모임을 녹음해 나중에 다시 들으면 처음에 놓친 것들을 찾아내기도 한다. 익명성과 비밀이 보장될 수 있도록 꿈 작업을 하는 사람들마다 따로 녹음을 하면 좋다. 실제 녹음을 하려면 그룹이 모임을 여러 번 갖고 서로 익숙해진 다음에 하라고 권하고 싶다. 그룹이 제대로 돌아가려면 무의식뿐만 아니라 의식 수준에서도 서로 신뢰하고 친해질 필요가 있는데 이는 시간이 걸리는 일이다. 너무 일찍부터 녹음을 하면 겉으론 '정말 괜찮은 의견'이라고 해도 처음 참석할 때의 열정과 열린 마음이 '식어 버릴' 수 있다.

그룹 운영하기

앞서 말한 바와 같이 꿈 모임을 꾸리는 제일 좋은 방법은 관심 있는 친구들을 모아 '이게 내 꿈이라면' 방식으로 시작해 보는 것이다. 친구 대여섯 명을 모으는 게 어렵다면 교회나 소속 공동체, 지역 신문 등에 광고를 내도 좋다.

한 가지 주의할 것은 직장 동료들과 꿈 작업을 할 때이다. 정직하게 꿈 작업을 하다 보면 많은 일터에서 필요하다고 생각하는 격식과 무언의 약속, 계층 구조가 약화되는 경향이 있다. 일터에 그런 변화를 가져올 중요한 도구로 꿈 작업을 활용할 수는 있다. 하지만 그것이 원하는 목표인지 처음부터 분명히 이해하고 시작해야 한다. 꿈 작업은 상대를 사회적으로 동등하게 바라보게 한다. 그래서 이전엔 상상하지 못한 창의력을 풀어내는 이로움이 있다. 하지만 정서적이고 인간적인 배려가 일터에선 흔히 존중받지 못한다는 점을 감안해 유연하게 할 필요는 있다.

꿈 모임을 시작할 때 염두에 둬야 할 한 가지 기본 원칙은 처음 약속한 기간에 모든 참석자의 꿈을 적어도 한두 개는 다뤄야 한다는 점이다. 그리고 모임의 크기는 얼마나 자주 만날 건지, 규칙적으로 참석하는 사람이 몇 명인지를 고려해 정한다. 참석자 수는 네다섯에서 열 명 정도가 좋으며, 여섯에서 여덟 정도가 이상적이다. 전원이 매번 참석하는 게 힘들면 조금 많은 수로 시작해도 좋다.

모임이 크면 한 사람당 작업할 수 있는 꿈의 수가 많지 않고 다른 사람의 꿈에 의견을 말할 기회도 적다. 반면 더 다양하고 도움이 될 만한 의견과 투사가 나올 가능성은 크다.

주말 입문 워크숍을 진행할 때 나는 모든 참석자가 모인 자리에서 꿈 두 개 정도를 다룬다. 꿈 작업 과정 전체를 보여 주고 '이게 내 꿈이라면'의 접근법을 제대로 경험할 수 있기 때문이다. 그런 다음엔 소그룹으로 갈라진다. 큰 그룹에서는 다양한 투사가 가능한 반면 참석자 수에 상관없이 두세 명의 꿈밖에 못 다루기 때문이다.

지속적으로 모이는 꿈 그룹이라면 일주일에 한 번, 그게 힘들면 적어도 2주에 한 번은 모이는 것이 좋다. 그보다 덜 만나면 모임 사이의 간격이 너무 커서 서로 어떻게 지냈는지 마음 상태를 묻는 시간이 길어져 생산적인 모임이 되기 어렵다. 1~2주에 한 번도 만나지 못할 때, 특히 입문자 그룹이 드러내는 또 다른 문제점은 매번 만날 때마다 상대에 대한 신뢰와 정들기를 '처음부터' 다시 시작해야 하는 일이다.

애초부터 몇 번이나 만날지, 공식적인 기간 또는 '주기'를 결정하고 시작하는 것이 좋다. 한 주기 동안 모임 내 모든 사람이 적어도 한 번은 자기 꿈을 다룰 기회가 있어야 하기 때문에 사람 수가 많을수록 모이는 횟수도 그만큼 늘어나야 한다. 여덟 명 정도의 꿈 작업에 익숙하지 않은 사람들이 일주일에 한 번, 세 시간씩 모이기로 했다면 첫 주기에선 여섯에서 여덟 번 정도 만나는 것이 좋다.

모임을 이끄는 사람이 있건 없건, 첫 모임에선 대개 이론적인 설명과 토론이 필요하다. 어떻게 꿈 작업을 하는지 보여 주기 위해 꿈 하나 정도를 다루기도 한다. 6~8명이 모이는 그룹이라면 그 다음 모임부터 마음 상태 묻기와 이런 저런 이론적인 얘기, 집중과 꿈 나누기 등을 하고 나면 1~2명의 꿈을 나눌 수 있을 것이다.

꿈 그룹 모임에서 지켜야 할 기본 요소들

시간이 지나면서 그룹마다 나름의 리듬과 패턴이 생기기 마련이다. 나는 (1) 시작하기 (2) 마음 모으기 (3) 꿈 제목 나누기 (4) 특정 꿈을 집중해서 작업하기 (5) 집중과 함께 마무리하기의 순서로 진행하는 방식을 추천하고 싶다. 각 요소들에 대해서는 곧 자세히 설명하겠다.

이런 식으로 시작하면 나중에 그룹 내에서 서로 신뢰가 쌓이고 친밀하고 편안해진 다음 좀 더 색다르고 극적인 방법으로 뻗어 나가는 것이 쉽다. 경험에 비춰 볼 때 다른 꿈 작업 방식으로 확장해 가는 가장 생산적인 방법은 그룹 사람들이 관심 있는 특정한 방식에 경험이 많은 '객원 지도자'를 모임에 몇 번 초청하는 것이다. 예를 들어, 그룹이 '앉아서 얘기하는' 방식에 충분히 편안하고 익숙해진 다음 게슈탈트 방법이나, 꿈 연극, 가면 만들기 등의 방식에 경험이 있는 지도자를 초청할 수도 있다.

모든 참여자의 꿈을 한 번 이상 깊이 있게 다루고 난 후라면 그 모임의 한 주기를 공식적으로 마무리하는 것이 좋다. 이때가 새 회원을 받아들이거나 오래 한 사람들이 좌절감이나 거부당한 느낌 없이 퇴장하거나 '휴식할' 기회이기도 하다. 사람들이 여전히 관심이 있고 계속하고 싶어하면 더 모일 가능성은 언제나 열려 있다. 대개는 다음 주기에서 같은 사람들과 함께 가는 것이 모임을 해체하고 새 회원을 모집하는 것에 비해, 더 쉽고 정서적으로 덜 소진된다고 느낀다. 이런 식으로 한 모임이 수년간 계속되기도 한다.

대개는 모임을 미리 약속한 시간에 정확하게 시작하는 게 최선이다. 시간을 정하고 지키는 데 느슨해지다 보면 각자의 미묘한 필요를 존중하지 않는 분위기가 될 수 있다. 유연성 없이 딱딱한 것도 분명 바람직하지 않지만, 시간 지키기가 중요하다는 것을 의식하는 것이 좋은 꿈 작업에 도움이 된다.

마음 상태 묻기

모임의 시작은 마음 상태 묻기로 하는 것이 좋다. 간단하게 각자 자신의 기분이 어떤지, 왜 그렇게 느끼는지를 나누는 것이다. 때로 마음 상태 묻기가 길어져 예정한 시간을 다 보내 버릴 때도 있다. 정서 생활을 나눌 기회가 거의 없는 문화 속에 살다 보니 정서적인 공동체에서 이해받고 지지받을 수 있게 되자 삶의 다른 분야에서 쌓여 있던 감정이 터져 나오는 것이다. 그렇다 하더라도, 처음부터 각자에게 마음 상태 묻기할 시간을 정해서 시작하는 것이 좋다.

다시 한 번 강조하지만, 이것을 지나치게 엄격하게 하는 것은 좋지 않다. 각자가 그 순간에, 그리고 지난 모임 이후의 정서적인 생활에 대해 뭔가 얘기하는 것은 중요하다. 종종 마음 상태 묻기 시간에 나눈 정보가 꿈 작업을 할 때 유용할 때가 있다. 누군가 "당신 꿈이 당신 '마음 상태 묻기'랑 똑같은 것 같아요."라고 얘기하는 경우도 흔하다. 이런 '명백한' 경우가 꿈꾼 당사자에게는 전혀 인지되지 않는 경우도 있다. 코리어Corrier와 하트Hart는 "꿈은 감정의 스냅사진이다."라고 말한다. 어떤 면에서 이 말은 진실이다. 정기적이고 지속적으로 모인 사람들이 각자의 정서 생활에 익숙하다는 것은 꿈 작업이 성공하는 데 아주 중요한 요소 중 하나이다. 모임을 시작할 때 마음 상태 묻기를 해야 하는 까닭이기도 하다.

 그룹의 필요와 취향에 따라 대개 한 사람당 1~4분 정도의 시간이면 충분하다. '계속 늘어지는 마음 상태 묻기'를 하는 동안 발언자가 실제로 시간을 재서 조절하는 그룹도 많다. 나는 이 방법이 좋다고 생각하는데, 실제로 마음 상태 묻기를 제대로 통제할 수 있는 유일한 방법이기도 하다. 시간 재는 사람을 따로 두면 불필요한 긴장이 생기고 나아가 시간 재는 사람의 무의식에서 불만이 생기기도 한다. 제일 좋은 방법은 기계적인 장치를 사용하는 것이다. 부엌에서 쓰는 간단한 조리용 시계를 누군가 말을 시작할 때마다 4분으로 맞춰두면 된다. (나는 소요 시간을 재서 소리를 내는 기능이 있는 디지털 손목시계를 사용하고 있다. 이 시계는 내가 꿈 작업을 이끄는 데 필요한 전문적인 도구이다.)

때때로 누군가 마음 상태 묻기를 하는 동안 아주 감정이 북받치거나 기분이 상해서 이해받았다고 느끼는 데 시간이 더 필요한 경우가 생긴다. 꿈 모임에서 생길 수 있는 아주 어려운 정서적인 문제는 한 사람이 늘 다른 사람들보다 시간을 더 필요로 할 때이다. 그룹 사람들은 그 사람이 자신의 취약함과 필요를 내세워 그룹을 자기 마음대로 조종하고 장악하려 한다고 느낄 수 있다. 아무도 "그만 하시죠."라고 먼저 말하고 싶어 하지 않는다. 하지만 누군가 그 말을 하지 않으면, 모임 구성원들의 원망과 불만이 쌓여서 같이 작업하는 재미까지 위협받게 된다.

모임을 이끄는 사람이 없을 때는, 한두 사람이 발언하여 온화하고 강압적이지 않게 자신들이 느끼는 바를 표현하면서 해결하기도 한다. 때로는 모임 사람들의 꿈에 그 문제가 드러나 그 꿈을 탐색하다 화제가 자연스럽게 그쪽으로 흐르기도 한다.

그룹에서 꿈 작업을 지도하는 사람들이 해야 할 일 중 하나는 그런 상황에 부드럽게 개입해서 그런 무의식적으로 조종하는 행동을 의식하게끔 하는 것이다. 모임을 이끄는 사람은 다른 회원들이 자신을 표현할 수 있도록 도와야 할 책임이 있다. 동시에 그 '딱한' 사람이 모임에서 부정적인 투사나, 정서적 강요의 희생양이 되지 않도록 보호할 책임도 있다. 이런 일은 말로 하긴 쉽지만 실제로 하기는 어렵다. 하지만 그런 행동을 발견했을 때, 의식적으로 이 문제를 직면하고 다루는 게 중요하다.

분위기 형성에 결정적인 요소들

일반적으로 무뚝뚝한 말과 실례가 되는 행동으로 그룹이 위기에 처하는 것보다 지나친 '공손함'으로 시인하지 않거나 말하지 않은 감정들이 쌓여 분위기가 나빠지고 무너지는 사례가 더 많다.

이 문제를 해결하려면 강하면서도 부드럽고 모호하지 않은 분위기를 만드는 것이다. 진지한 관심과 호기심, 상호 존중, 정서적인 솔직함, 함부로 판단하지 않는 지지의 분위기를 만드는 것이 중요하다. 리더십은 결국 얼마나 긍정적이고 생산적인 톤을 형성하고 유지하는지에 달려 있다.

그런 톤을 정하고 유지하는 지도자의 능력은 그 사람의 지적인 능력과 커뮤니케이션 능력, 지식과 삶의 경험, 정서적인 성숙도에 달려 있다. 그런 기술을 개발하는 데 공식적이고 전문적 훈련이 도움이 되기도 한다. 하지만 모든 사람이 어느 정도는 그런 기술을 가지고 있다. 그리고 직업적인 훈련이 꿈 그룹을 효율적으로 꾸려 나가는 데 꼭 필요한 것은 아니다. 소위 말해 '이끄는 사람이 없는' 그룹에서 생산적인 톤을 정하고 유지하는 일은 참석자 모두 동등하게 나눠 맡을 수 있다. 그렇다 하더라고 그런 톤을 정해야 하는 기본적인 문제는 여전히 남는다.

누가 뭐라 하든 그런 톤을 정하는 사람이 지도자이다. 자신이 원하는 톤으로 다른 사람들이 운용하도록 설득할 수 있는 사람이 지도자이다. 좋은 지도자는 좋은 톤을 정하고, 서툰 지도자는 서툰 톤을 정한다. '지도자 없는 그룹'은 참석자들이 적극적이고 열린 태도로 토의하고 나눔으로써 긍정적이고 확신을 주는 톤이 강화된다.

마음 모으기

모든 사람이 마음 상태를 나눴으면 꿈을 나누기 전에 마음 모으기 연습을 하는 것이 중요하다. 거기엔 몇 가지 까닭이 있다.

심리적으로 '일상적인 이야기'에서 좀 더 정서적으로 강렬하고 지적으로 모호한 꿈을 나누는 이야기로 전환하는 것을 분명하고 공식적으로 구별하는 일이 중요하다. 그룹 사람들이 '마음을 비우고' 평소 우리가 가진 좁은 인식의 습관적인 패턴들을 완화하는 데 어느 정도 도움을 주기 때문이다. 마음 모으기는 우리의 몸과 마음과 영혼에 '다음에 오는 건 다르다'는 것을 분명하게 얘기한다.

마음 모으기가 잘되면 대부분 사람들이 깨어 있을 때 살고 있는, 불교도들이 '원숭이 마음'이라고 부르는 선의식 수준에서 울리던 내면의 독백이 조용해진다. 그룹 마음 모으기를 통해 직관이 더 자유롭게 의식으로 흘러들어 올 수 있는 이완된 인식을 나누게 된다. 직관은 깨어 있을 때 우리의 인식과 무의식에 있는 더 깊은 층위를 연결하는 기능을 하며, 꿈을 다룰 때 우리가 가진 가장 유용한 능력이다. 마음 모으기를 하지 않으면 직관의 미약한 목소리는 의식이 습관적으로 떠들어대는 수다에 '잠식'될 우려가 많다.

내가 제일 좋아해서 자주 사용하는 마음 모으기는 다음과 같다.

원을 이루고 손을 잡는다. 손을 앞으로 내밀어 왼손은 손바닥이 위를 보게, 오른손은 손바닥이 아래를 보게 해서 양쪽 엄지를 왼쪽을 향하게 한다. 이렇게 해서 손을 마주 잡으면 모든 사람이 왼손으로는 '받고' 오른손으로는 '주게' 된다. 앉아서 하건 서서 하건 손을 잡으면 된다. 특별히 몸이 불편한 사람이 있으면 모임 장소나 절차에서 늘 그 사람을 염두에 두고 진행한다.

침묵 속에서 열두 번 숨을 깊고 편안하게 들이쉬고 내쉰다. 머릿속에서 무슨 생각을 하건 그건 개인의 자유이지만 내가 권유하는 바는 다음과 같다.

숨을 들이마실 때 빛이 몸 안으로 들어가는 것을 그려본다. 손을 맞잡고 호흡을 계속하면서 마음의 눈으로 자기 몸이 점점 더 빛으로 가득 차는 것을 바라본다. 발끝에서 머리꼭대기, 머리카락 끝까지. 그 빛이 손을 타고 옆 사람들에게서 흘러들어오고 나가는 것을 바라본다.

마음 모으기를 하는 동안 마음이 떠다니면 원을 이루고 있는 그룹 사람들을 모두 포함해 가능한 한 선명하고 생생하게 시각화해 보라. 그것이 힘들면 그날 모임에 참석하지 않은 사람이나, 그 자리에 없는 친구나 사랑하는 사람, 치유를 필요로 하는 누구든 떠올려 보라. 특히 자신이 '원수'라고 여기는 누군가의 몸이 같은 치유와 변형의 빛으로 가득 차는 연습을 하면 특별히 가치 있고 영성적으로 도움이 된다.

간단하게 꿈 나누기

마음 모으기가 끝나 각자 별다른 코멘트 없이 꿈을 하나나 둘 정도 나눈다. 이렇게 꿈을 나누는 걸 놔두면 시간이 없어 그냥 넘어갈 때가 많다. 의식에서는 '안 됐지만 어쩔 수 없는' 일이라고 받아들일지 모르지만 무의식에서는 자기를 알아주지 않은 데 '기분이 상해서' 그 후 얼마 동안 꿈 기억이 말라 버릴 수 있다. 이런 상황이 되지 않도록 모임을 시작할 때 모든 사람이 꿈을 나눌 기회를 주는 게 좋다. 시간이 많이 걸리지도 않는다.

처음에 돌아가면서 꿈을 나누면 (1) 모든 참석자가 자신을 드러내면서 신뢰와 결속감이 강화된다. (2) 다른 사람들의 내면 깊이에서 벌어지는 상징 드라마와 삶에 대한 비축물을 무의식에 쌓는 효과가 있다.

오랜 시간에 걸쳐 그룹이 모이다 보면 꿈을 다루는 일에 점점 더 유용하고 깊은 통찰력을 제공한다. 이는 사람들이 상징을 분석하는 데 직감이나 지적인 능력을 동원하는 능력이 늘어나서이기도 하지만, 꿈을 규칙적으로 나누면서 각자 무의식의 구조에 대해 말로 할 필요가 없는, 상대에 대한 지식과 통찰력이 쌓였기 때문이다.

그룹 꿈 작업을 시작하고 마무리하는 법

꿈을 하나씩 간단하게 나누고 나면 이제 누구 꿈을 깊이 있게 다룰지를 정해야 한다. 간단하게 꿈을 나누는 동안 '누구 차례'인지 또 누구 꿈을 다룰지가 결정되기도 한다. 그룹의 관심과 직관, 지지를 가장 필요로 하는 사람이 자기 꿈을 다루자고 먼저 내놓지 않을 수도 있다. 마음 상태 묻기와 꿈 나누기를 하고 나면 그날 누구의 꿈을 다룰지 결정하기가 쉽다. 여러 그룹을 지도한 경험으로 보건대, 마음 상태 묻기에 담긴 정서적인 정보는 누구의 꿈을 다루는 것이 최선인지를 결정하는 데 매우 소중하다. 이끄는 사람이 없는 그룹이라면, 누구의 꿈을 다룰지의 문제는 정서적으로 도움이 필요한 이가 누구냐에 따라 공정하게 결정한다.

누구의 꿈을 깊이 있게 다룰지를 결정하고 나면, 사람들 마음에 꿈에 담긴 내용이 생생하고 새롭도록 꿈꾼 사람은 자신의 꿈을 다시 이야기한다.

여기서부터 꿈 작업을 제한하는 것은 두 가지다. 하나는 그룹 사람들의 상상력(집단의 상상력과 회원들 각자가 정서적으로 얼마나 대담할 수 있는지)이고, 다른 하나는 그룹의 집단적인 예의범절 감각이다. 상상력과 예의범절의 두 자연스런 범위 안에서 무슨 일이든 일어날 수 있다.

꿈 내용을 명확히 이해할 수 있도록 꿈을 듣는 동안 일깨워진 원형적·신화적 연상에서 오는 '그게 내 꿈이라면'의 투사와 코멘트를 바로 시작하기보다 질의와 응답으로 시작하는 게 좋다. 질의응답 과정을 통해 멤버들은 자기 식으로 그 꿈을 투사하고 직관적으로 느끼고 상상하면서 꿈꾼 사람이 경험한 현실과 꿈에 담긴 특정한 이미지들에 천착할 수 있다.

'그게 내 꿈이라면'이라는 투사가 시작되면 '아하'라는 직관도 뒤따라온다. 여기 저기 들쑤시며 탐색하고 투사하는 과정이 생산적으로 진행되는 동안은 그냥 흐르게 놔두다가, 마무리해야 한다. 중요한 건 모든 꿈 작업의 마무리가 임의적임을 이해하는 것이다.

수년에 걸쳐 나는 꿈 작업을 임의적으로 끝내고 다음으로 넘어가는 데 도움이 되는 네 가지 질문을 생각해 냈다. 그 첫째는 이 토론을 통해 나 자신의 꿈에 대한 이해가 깊어졌느냐이다. 다시 말해, 이 꿈을 내 식으로 꾸었을 때 어떤 '아하'가 있었느냐는 것이다. 내가 그 꿈에 대해 말할 게 무엇이라도 있었다면 그 답은 '그렇다'이다.

내가 투사한 꿈에 대한 답이 만족스럽다면 다음 질문은, 다른 사람들도 이 꿈에 대해 나름의 '아하'가 있었느냐이다. 어느 정도로 투사가 있었고 내용이 어땠는지는 그룹 사람들이 가진 '아하'의 횟수와 질을 꽤 정확하게 보여 준다. 어떤 직관적이고 정서적인 지적 자극을 느끼지 않고 뭔가 의미 있는 얘기를 한다는 것이 불가능하기 때문이다.

아무 말도 없이 앉아 있는 사람일지라도 그들의 얼굴 표정이나 몸짓에서 꽤 정확하게 반응을 읽을 수 있다. 그룹에서 꿈 작업을 한 것이 성공했는지는 원래 꿈꾼 사람의 '아하'가 있었는지보다 꿈에 담긴 의미의 일부를 그룹의 일부 혹은 전부가 발견하느냐에 달려 있다.

셋째, 꿈꾼 사람이 꿈 작업을 하는 동안 어떤 '아하'를 느꼈느냐이다. 작업을 하면서 '아하'가 일어나면 자연스럽게 표현된다. 말로 표현하지 않더라도 얼굴 표정이나 몸동작에서 꽤 정확하게 알 수 있다. 내향적인 사람일수록 '아하'를 그 자리에서 표현하지 않을 가능성이 크다는 것을 기억할 필요가 있다. 꿈꾼 사람이 아무런 '아하'를 얻지 못한 것 같은 경우에라도 꿈에 담긴 의미를 건드리지 못했다는 뜻은 아니다.

작업을 마무리하는 마지막 기준은 단순히 시간을 보고 하는 것이다. 모임을 언제 시작하고 끝날지 동의했다면 (나는 그렇게 약속하고 지킬 것을 강력히 권고한다), 마칠 시간이 다가오면 꿈 작업을 끝내는 것이 좋다. 조금만 더 작업하면 더 의미 있는 내용이 나올 것 같은 때라도 그쯤에서 멈추는 것이 좋다. 만날 때마다 두세 사람의 꿈을 다루기로 정했다면, 공평하게 시간을 분배하는 것이 중요하고 한 꿈에서 다른 꿈으로 넘어가야 할 시간을 정하는 편이 좋다.

마음 상태 묻기에서와 마찬가지로, 조리용 부엌 시계 같은 도구를 이용해 시간을 확인하기를 추천한다. 이런 식으로 하면 누군가 시계를 보느라 정신을 빼앗길 필요 없이 그룹 내 모든 사람이 꿈 작업에 몰입할 수 있다.

일단 이 네 가지를 자문하고 답한 후에는, 꿈 작업 마무리를 조금이라도 덜 임의적으로 만들려고, 나는 두 가지 '의례적인 질문'을 더 던진다. 첫째는 그룹 전체에 던지는 질문이다. 누구든 꿈에 대해 혹은 작업한 내용에 대해 다른 생각이나 느낌, 아이디어, 투사 등이 있는지, 특히 '다른 경우'나 목적에서라면 다르게 봤을지 모르는 생각이 있는지 묻는다.

예를 들어, 작업이 정서적인 문제에 집중됐다면 그때까지 건드린 내용 외에 꿈이 건강이나 영성적인 삶, 자신에게 맞는 삶이나 특정한 기술적 문제를 창의적으로 해결할 수 있는 방법 등의 관점에서 생각해 볼 수도 있다.

이런 시기에 나는 늘 사람들이 너무 '당연'하다고 여겨 말하지 않은 것들을 얘기해 보라고 권한다. (아서 코난 도일이 말했듯 "당연한 것을 분석하는 데는 뛰어난 재능이 필요하다") 꿈 작업이 이런 '마지막' 질문을 할 정도로 진행되고 이런 '당연한' 점들을 아무도 얘기하지 않았다면, 내게 '당연해' 보이는 것들이 다른 사람들에게는 그렇지 않다는 것을 의미한다. 그래서 언급할 필요가 있다. 이 단계에서 나는 그때까지 조용히 있던 사람들에게 꿈이나 작업과정에 대해 할 얘기가 없는지 물어보기도 한다. 종종 이렇게 마지막 질문으로 터져 나온 생각이나 투사의 단편들이 이전에 한 작업 전체보다 더 생산적인 직관을 보여 줄 때가 있다.

다음으로 '의례적 질문'은 꿈을 꾼 사람을 향한다. 꿈 작업을 마치기 전에 좀 더 다루고 싶은 꿈속의 장소나 요소들이 있는지를 묻는다. 대개 대답은 '아니오'이지만 때로 꿈꾼 사람이 그룹이 간과한 중요한 점들을 끄집어 내기도 한다.

그룹 활동의 습관이나 패턴에 따라 특정한 꿈을 마무리하는 과정은 마지막 두 질문으로 떠오른 점들을 탐색할 시간을 충분히 남겨두는 게 필요하다. 유연할 필요가 있어서다. 시간을 효율적이고 책임감 있게 사용하는 것과 '아하'와 사고, 연상, 암시의 흐름을 그게 어디로 가든지 간에 자유롭게 움직이고 즉흥적으로 따라가는 것 사이의 균형을 잘 잡아야 한다.

꿈을 나누고 작업하는 것이 과거, 현재, 미래의 모든 것과 일체가 되는 '눈이 머는 것 같은' 신비로운 경험이라야 그 꿈을 마무리할 수 있는 것이 아닌지, 그래야만 그 꿈을 완전하게 이해하는 것이고 작업이 더 필요 없는 것 아닌지 하는 생각이 들었다. 하지만 참석한 모든 사람의 생각과 느낌, 직관, 신체적인 감각이 완전하게 우주적으로 조화를 이루지 못하는 한 어떤 꿈도 부분적이고 불완전하게 이해할 수밖에 없다. 신비한 발견을 공유하는 그런 판타지는 모든 꿈이 추구하는 보편적인 '건강과 온전성'을 은유적으로 드러내기 때문이다.

그룹 꿈 작업을 통해 그런 심오하고 우주적인 수준까지 결코 도달하지 못할지 모른다. 하지만 내면 깊숙이에 있는 자기 자신과 바깥의 우주 양쪽에서 '집에 있는 것' 같은 편안한 느낌으로 나아간다. '객관성'과 '사랑', '비판 없는 수용'처럼—사실 이 모든 게 같은 걸 다르게 표현한 것일지도 모른다—꿈에 담긴 다양한 층위의 의미에 대한 이런 종류의 우주적인 직관과 이해의 '아하'는 그룹 환경에서 꿈을 다른 사람과 작업할 때 우리는, 결코 도달할 수 없지만, 그 이상에 조금씩 다가가는 것이다.

7장
반복되는 꿈은 닫혀 있던 기억의 문을 연다

어린아이에게는 미래가 잠재되어 있다.
그래서 개인의 심리에 나타나는 어린 시절에 관한 모티프는 처음에는
퇴행적으로 보일지 모르지만 앞으로 발달할 가능성을 의미한다.

_칼 융

한 여자가 반복해서 꾸는 짧고 정적인 이미지의 꿈이다.

흰색 페인트칠이 된 나무 조각이 부각된다. 표면의 페인트가 막 물집처럼 일어나기 시작한다.

이 꿈을 꿀 때마다, 나무 표면의 흰색 페인트가 조금씩 부풀어 오르는 걸 보는 순간 절망감과 불안, 공포에 휩싸인다. 깨어 있을 때 그렇게 강한 감정을 느낀 적이 없는 것 같다.

그때마다 그녀는 놀라서 벌떡 일어난다. 괴롭고 무서운 느낌이 깨어난 후에도 남아 있다. 그런 감정이 가라앉고 나면 분노와 혼란, 좌절감을 느낀다. "별것도 아닌 꿈이 왜 이렇게 끔찍하게 느껴지는 거지! 이 꿈을 왜 자꾸 꾸는 거야?"

이 꿈을 꾼 메리를 만난 건 몇 년 전에 내가 이끈 그룹의 첫 모임에서였다. 메리는 모든 꿈이 꿈꾼 이의 건강과 온전함에 이바지하기 위해 온다는 내 주장을 반박하려고 이 꿈을 내놓았다. 그녀는 "꿈을 잘 기억하고 다른 꿈으로 꿈 작업도 해 봐서 꿈에 값진 창의적인 선물이 있다는 걸 알고 있어요. 하지만 이 꿈은 제 삶의 독소일 뿐 '정말 무의미'해 보여요."라고 했다.

나는 그 자리에서 바로 꿈 작업을 해 보면 어떻겠냐고 제안했다. 모임을 계속할 다른 방법이 보이지 않기도 했고 내가 그녀의 꿈이나 그녀가 제기한 질문에 답할 수 있는 유일한 방법인 것 같아서였다. 메리는 자신이 보기에 그 꿈에서 '건강이나 온전함'에 대한 어떤 희망도 보이지 않지만 그렇게 해도 좋다고 동의했다.

나는 꿈 입문 과정에서 소개하는 다른 내용들을 생략하고 바로 꿈을 탐색하기 시작했다. 사람들이 이 꿈을 얼마나 자주 꾸냐고 묻자 메리는 일 년에 예닐곱 번씩 자기가 기억하는 한 반복해서 꾼다고 대답했다. 바로 며칠 전에도 꾸었다고 했다. 그리고 깨어 있는 삶에서 꿈과 연관된 어떤 일도 알아차리지 못했다고 했다.

일반적인 꿈을 다룰 때도 마찬가지이지만 이렇게 반복되는 꿈을 다룰 때 몇 가지 염두에 두어야 할 점이 있다.

우선 꿈은 정말 자연스러운 현상으로, 모든 자연 현상이 그렇듯 어떤 기본 원칙을 따른다. 하지만 어떤 문제에 대한 표현은 어지러울 정도로 다양하다. 어떻게 보면 꿈은 물처럼 주어진 환경에서 찾을 수 있는 가장 쉬운 경로를 찾는다. 칼 융이 말하듯 "[꿈은] 꽃이나 돌이 그러하듯 아무것도 왜곡하거나 숨기지 않는다." 이런 의미에서 우리가 기억하는 꿈은 '최상의 맞춤', 즉 그 순간에 그 사람이 꿀 수 있는 최고의 것이다.

자연주의자들은 꽃이나 돌을 들여다보고 그 구조와 모양을 만들어 낸 '숨겨진' 환경적·생태적 환경을 유추한다. 그처럼 꿈도 훈련된 직관으로, 심리적인 눈으로 들여다보고 그 특정한 모양과 구조에 반영된 '숨겨진' 다양한 층위의 의미를 이해할 수 있다.

꿈이 진실만을 말하지만 그 진실을 어떤 식으로 암시하고 드러낼지, 어떤 이미지나 경험을 통해 나타낼지는 아무 제한이 없는 듯하다. '원하는 건 뭐든' 할 수 있고 어떤 합리성이나 논리, 물리 법칙의 제한을 받는 것 같지도 않다. 그래서 꿈에 나온 것은 뭐든 꿈이 다양한 층위의 의미를 전달하기 위해 '최선의' 방식으로 표현한 것이라고 볼 수 있다. 꿈이 전달할 의미에 충실하면서 뭔가 '더 잘 하거나' '더 잘 말할' 수 있다면 그렇게 했을 것이다.

그래서 이미지가 복잡하고 '이상한' 꿈일수록 깨어 있을 때 기대하고 가정할 수 있는 자연스러운 것에서 벗어난다고 보면 된다. 물이 거꾸로 흐르거나 사람이 아무런 기계의 도움 없이 날아다니고, 사람이나 사물이 바로 눈앞에서 모양을 바꾸는 등의 이미지가 나타나는 것이다. 이미지들이 '꿈 같은' 형태를 띨수록 전달하려는 의미는 다양하다.

같은 꿈을 계속 반복해 꾼다면 그게 처음에나 지금이나 그 꿈이 전하려는 내용을 최고로 표현한 것이라고 봐도 무방하다. 더 나은 표현이 있었다면 꿈이 그렇게 했을 테니 말이다.

이론적으로는 반복되는 꿈이나 꿈 이미지는 그 순간 진화하고 있는 꿈꾼 이의 건강과 온전함에 더 나은 표현이 없기 때문이다.

꿈에서 느낀 '얼어붙는 것 같은' 느낌은 꿈꾼 이의 삶에서 최우선의 문제가 이전에 그 꿈을 꾸었을 때와 본질적으로 같다는 것을 강하게 암시한다. 그동안 꿈꾼 이가 어떤 변화를 취했건 상관없다. 꿈꾼 사람이 깨닫고 있는 문제 중에서 변하지 않고 남아 있는 성격이나 삶의 어떤 부분에 관심을 끌려는 것이다.

다르게 표현하면 되풀이되는 꿈은 꿈꾼 이 개인의 '신화'에 관한 것이다. 개인의 신화란 우리가 사는 동안 반복해서 이러저러하게 행동으로 옮기는, 삶에서 가장 본질적이고 원형적이며 상징적인 이야기이다. 되풀이되는 꿈은 흔히 꿈꾼 이가 아직 충족하지 못한 '일생의 과업'이나 '가치관이 상충하는 것'을 간명하게 은유적으로 보여 준다. 메리의 '물집처럼 일어나는 페인트' 꿈처럼 강한 영향을 미치는 꿈은 특히 그러하다.

메리의 꿈에 대해 나는 이런 투사를 했다. "이게 내 꿈이라면, 내가 특히나 감정과 정서를 표현하는 게 억압된 중산층 가정에서 자란 것과 관련이 있을 것 같다. 느낀 것을 즉흥적이고 진솔하게 표현하는 것이 터부시되고 그래서 은유적으로 사회적으로 받아들여질 만한 '흰색 페인트'로 '덮어 씌워야' 했던 환경 말이다. 이렇게 자란 탓에 깨어 있는 삶에서 이런 습관적인 외관 또는 '예의 바르게' 허식으로 억눌러 오던 것에 어떤 이유에서건 '물집이 생기고' 껍질이 벗겨져 나갈 것 같은 위험을 감지하면 이 꿈을 꾸는 것 같다."

"내가 이 꿈을 꾸었다고 상상해 보면, '물집이 생긴 페인트'에서 내가 자랄 때나 지금 살고 있는 집에서 남에게 보이기 위해 억눌러 온 정서적인 '열'과 '화장한 표면 아래 갇혀 있던' '수분'이 '거품처럼 끓어' 오르는 이미지가 떠오른다. 이 꿈을 꿀 때마다 나는 잠깐이나마 그동안, 아주 어린 시절부터 바로 며칠 전까지, 억눌러 놓은 두려움과 불행, 좌절감을 건드리는 것 같다. 이게 내 꿈이라면, 내가 어린 시절부터 습관적으로 억눌러 온, 표현되지 못한 정서들의 앙갚음 같다."

메리는 이 말에 눈에 띌 만한 '아하!'를 보였다. 당시 그룹 사람들은 눈치 채지 못했지만, 억압되어 있던 어린 시절의 육체적인 학대와 정서적인 트라우마에 대한 기억이 갑자기 몰려왔다고 한다. 바로 그 순간까지는 완전히 잊고 있던 기억이다.

이전에 말했듯 억압되고 잊어버린 내용이 이런 식으로 저절로 떠오르는 것이 꿈 작업의 정확성과 성공 여부를 알아볼 수 있는 가장 확실하고 '객관적인' 척도이다. 그게 잊어버린 꿈이건, 깨어 있을 때 일어난 사건에 대한 기억이건 상관없다.

그룹에 있던 다른 사람들도 '아하'를 경험했다. '물집처럼 일어나는 흰색 페인트'와 억압된 정서에 대한 이야기가 (메리와 비슷한 가정환경과 경험이 있는) 이들의 심금을 울렸다.

메리는 갑자기 기억난 사건으로 괴로워했다. '흰색 페인트'가 가리키듯, 어린 시절의 트라우마로 인해 메리는 사회적으로 존경받는 것을 정말 중요하게 생각해 왔다. 사회적으로 오점을 남기거나 거부당하는 것을 몹시 두려워했다. 그녀가 '받아들일 수 없는' 그 사건을 억압하게 된 선의식적인 이유도 바로 사회적으로 받아들여지는 것이 정말로 중요했기 때문이다.

메리가 어릴 때 개발한 대처법은 사적이고 수치스러운 '비밀'을 누가 알게 되면 가족의 사회적인 지위가 깨질 거라는 어른들의 두려움을 받아들이고 내면화하는 것이었다. 그녀는 누구든 비밀을 발설하는 실제 가해자보다 더 '창피당하고' '비난받을' 것이라는 의식도 내면화했다.

이런 식으로 부끄러움과 노출에 아주 민감한 것은 학대 희생자들이 흔히 보이는 현상이다. 기억 상실이 개인을 고통스러운 기억으로부터 보호하는 경우라면 더 그러하다. 어떤 의미에선 가족의 드라마가 발생한 당시 가해자가 보이지 않은 적절한 수치심과 감수성을 보상하는 것처럼 보이기도 한다. 피해자가 보이는 이런 보상적인 감수성에는 어떤 비개인적이고 공유된, 원형적인 특질이 있는 것 같다. 피해자가 지나치게 민감한 것은 자신을 보호하려는 의도와 함께 가족 전체의 균형과 온전한 정신을 유지하는 수단으로 보인다.

메리는 내면에서 올라오는 끔찍한 기억을 사람들과 나누지 않았다. 하지만 평생 잊고 있던 기억이 떠오른 순간 다른 사람들이 그 자리에 있다는 사실이 메리에겐 아주 위협적이고 견디기 힘들었다.

언뜻 보기엔 기분만 상한 이 꿈 작업 결과가 메리의 '건강과 온전함'에 이바지하는 것 같아 보이진 않는다. 하지만 조금만 깊이 들여다보면 어린 시절 트라우마에 대한 기억들이 저절로 의식수준에 올라온 것을 볼 수 있다. 그건 바로 메리가 이전에 억압해 둔 것을 직면해 성공적으로 다루고 통합할 수 있을 만큼 성장하고 성숙했기 때문이다. 흰색 페인트가 물집처럼 일어나는 나무 조각이 꿈에 나타난 건 그녀를 좀 더 큰 의식 상태로 데려가기 위해서다. 그렇게 해서 억압을 유지하느라 낭비한 정신적·정서적 에너지를 풀어 놓는다.

그런 의미에서 일생 동안 되풀이된 꿈은 메리의 마음과 성격이 강인함을 분명하게 보여 준다. 사실 그 꿈을 꿀 때마다 메리에게는 끔찍한 가족사와 어린 시절의 경험을 직면할 능력이 있었다는 의미이다.

메리가 어린 시절의 기억에서 특별히 고통스러운 학대 사건을 지워 버린 것은, 내 생각에, 그 당시에는 절대적으로 필요하고 건강한 행위였다. 그렇지 않았다면 메리는 극심한 고통과 비참함을 피하려다 정신질환이나 자살 같은 대가를 치러야 했을지 모른다. 심한 트라우마를 겪고 잔인한 일을 겪은 기억을 지워 버리지 못한 아이들이 아프거나 '사고'를 당하는 일이 흔하다. 슬픈 일이지만 나는 어린 시절 심각하고 치명적인 질병과 사고가 실은, 그렇게 인식되지 않더라도, 자살이나 자살 시도란 걸 경험을 통해 확신하게 되었다.

기억 상실이 트라우마를 겪은 아이들을 그런 극단적인 방책으로부터 보호해 어느 정도 건강하고 정상적으로 성격과 인성이 개발될 수 있도록 돕는다. 물론 기억을 잃어버려 '얼어붙고' '터부가 된' 영역은 인성 발달에 종기처럼 남는다.

하지만 이런 기억 상실이 성인기에는 문제가 될 수 있다. 어린 시절에 영웅적이고 효과적인 생존 전략이던 것이 성인이 되어 기억상실을 다룰 수 있는 힘과 능력을 개발하고 난 뒤에는 신경증적인 억압이 되기 때문이다. 그게 문제가 된다는 사실 자체가 기억 상실이 그 보호기능을 제대로 발휘했음을 보여 준다.

이 성장을 위한 기억 상실과 억압은 무의식 상태로 남아 습관이 된다. 학대당한 아이가 성인이 되어 '사실을 직면할' 수 있는 시점에 이르면 꿈은, 건강과 온전함에 이바지하기 위해, 억압된 내용에 대해 극적이고 정서적으로 외면할 수 없는 은유로 표현된다. 이전에 억압된 내용을 담은 꿈들이 바로 이런 중대한 때에 기억나고 선명해지며 되풀이된다.

일반적으로 되풀이되는 꿈이, 특히 악몽이, 실은 꿈꾼 이가 건강하고 힘이 생겨 안정되었다는 것을 확인해 주는 것임을 나는 확신했다. 왜냐하면 그런 꿈들이 이들의 심리영성적인 문제와 성장에 관한 특정 문제점들을 가리키고 있기 때문이다.

슬픈 일이지만 성인이 되어 잊고 있던 어린 시절 학대의 기억을 되살리는 드라마는 소위 '정상인' 사람들의 꿈에서도 아주 흔하다. 내가 이 주제에 관해 길게 다루는 것도 어느 개인이나 그룹이 이런 원형적인 드라마를 접할 확률이 아주 높기 때문이다.

어린아이를 대상으로 한 정서적·심리적·육체적·성적 학대가 만연해 있고, 역사적으로도 그래 왔다. 성희롱과 학대가 드러날 때 학대한 사람이 흔히 알코올이나 다른 향정신성 물질을 섭취한 경우가 많다. 대개는 학대한 사람 자신이 어려서 학대를 받았다. 이 끔찍한 악순환은 희생자가 입은 정서적인 상처 때문에 계속된다. 또 아이를 키울 때 체벌이 필요하고 적절한 것이라는 일반적인 믿음과 아이들이 '소유물'이고 어른이 어떻게 행동하든 '어른을 공경해야 한다'는 맹신이 이를 부추긴다.

육체적으로 고통을 가해 폭력적이고 강압적으로 또 애정을 주지 않는 인간관계를 맺는 방식은 늘 역효과를 가져온다. 크고 힘이 센 사람이 이런 강압적인 태도로 어리고 정서적으로 덜 발달한 약한 사람을 대하는 방식은 정말 끔찍하다. 그런 사람들은 대개 그 순간 자기가 화를 내는 건 정당하다고 믿거나 성적으로 방종한 사람이다. 이들은 희생자들에게 큰 상처를 남겨 희생자 자신이 나중엔 남을 학대하는 사람이 되거나 자기 파괴적인 억압과 자살로 내몬다.

꿈 자체는 믿을 수 있고 자동 조절되는 자기 방어 현상이다. 따라서 꿈이 의식으로 가져오는 내용이나 기억은 '그게 내 꿈이라면'이라는 방식으로 들여다보는 것이 더욱 중요하다. 꿈을 내 것이라고 하는 순간 예전에 있었을지 모르는 아동 학대가 드러날 수도 있고 꿈꾼 사람이 방어적인 모습을 보이지 않고 '아하'를 느낄 수 있게 된다.

예상치 않게 어린 시절에 당한 학대의 기억이 표면으로 떠오르자 메리는 전문 상담가와 만나는 일에 더 집중했다. 꿈 그룹에서 이 주제를 더 다룰 까닭은 없었다. 나중에 메리는 형제자매들과도 좀 더 솔직하게 이야기하게 되었다.

그 과정에서 그들 모두 따로따로 학대를 당했고 혼자서 말도 못 하고 고통받아 왔다는 사실이 드러났다. 다들 끔찍한 꿈이나 가끔 스치는 끔찍한 기억이 '만들어진' 것이거나 '자기만 당했다'고 생각해 온 것이다. 메리가 (꿈 작업에서 받은 에너지 덕분에) 형제자매들과 어린 시절 기억을 나눌 용기를 냈을 때, 그들 모두 충격과 비탄, 슬픔, 분노와 함께 엄청난 안도감을 느꼈다. 자신들이 지닌 어둡고 혼란스런 기억을 다른 식구들이 인정하고 확인해 주었기 때문이다.

이런 고백을 나누고 나자 메리나 다른 식구들이 누군가와 친밀한 관계를 맺는 것을 병적으로 피하던 패턴을 이해할 수 있었다. 진솔한 대화를 통해 기억 상실과 부인이 사라지자 가족 전체가 보여 온 신경증적인 행동 패턴도 변하기 시작했다.

되풀이되는 꿈에 이런 심각한 문제들이—우리가 어린 시절부터 나이가 들어서까지 살아내는 경향이 있는 무의식적이고 원형적인 상징드라마 또는 '신화'들이—나타나는 이런 경향은 아래의 꿈에서도 잘 나타난다.

나는 완전히 겁에 질려 도망치고 있다. 황량한 풍경 속을 달리고 있는데 너무 끔찍해서 뭐가 날 쫓고 있는지 뒤돌아 확인할 수도 없다. 끔찍한 추적자가 바로 뒤에 따라오고 난 정신없이 모래와 바위 위를 달린다. 크고 깊은 수렁이 나타나 내 길을 가로막는다. 아주 약해 보이는 밧줄로 된 다리가 수렁을 가로질러 놓여 있다. 흔들리는 다리로 몸을 던지면서 건너편에 닿을 수만 있다면 누가 날 쫓고 있는지 볼 수 있을 거라고 생각한다. 하지만 건너편에 닿기도 전에 다리가 끊어져 나는 추락하고 만다. 이렇게 떨어지는 데 놀란 나는 공포에 질려 깨어난다. 가슴이 벌렁거린다.

이 꿈을 꾼 사람은 중년이 되어가는 해럴드라는 남자이다. 어려서부터 자주 꾼 꿈인데, 해럴드가 보기에 어떤 주기가 있어 보이진 않는다고 했다. 다섯 살 때쯤 처음 꾼 것 같고, 한 달쯤 전에도 꾸었다고 한다.

이 꿈 그룹의 사람들은 영성적인 깨달음과 개발에 관심이 많았다. 이 꿈 작업의 초기 단계에서 해럴드는 자신이 가톨릭 가정에서 자랐으며 어렸을 땐 특히나 독실해서 크면 신부가 될 생각이었다고 했다. 왜 그렇게 하지 않았냐는 질문에 그는 교회의 일부 교의와 관습에 '환멸을 느껴서'라고 대답했다. 질문이 뒤따랐고 그는 처음 그런 환멸을 느낀 게 '다섯 살 무렵'이라고 말했다. 그는 이 꿈이 처음 나타난 때와 시기가 일치하는 것에 놀랐다.

우리는 꿈과 해럴드의 영적인 구도 사이의 연관성을 탐색했다. 그 과정에서 해럴드는 자신이 평생 진정한 종교적 체험을 갈구해 왔다는 것을 언급했다. 어린 시절에 그랬던 것과 같은 열정으로 전심전력할 수 있는 교회나 다른 종교 기관을 찾아다녔다고 했다. 다른 종교와 영성 전통들도 기웃거려 봤지만 교의나 전례에 익숙해지고 지도자들의 개인적인 단점이나 위선을 알수록 환멸을 느꼈다고 한다.

이런 설명을 듣고 그룹의 여럿이 같은 투사를 하게 됐다. '그게 되풀이되는 꿈이라면' 종교적인 갈구를 보여 주는 것 같다. '끊어진 밧줄 다리'는 환멸을 느낄 때마다 느낀 절망감과 절박감을 보여 주는 듯하다. 해럴드가 보인 '아하'는 극적이었다. 그는 눈에 띄게 흥분하고 감동받았다. 어린 시절부터 그를 괴롭혀 온 '끔찍'하고 '의미 없어' 보이던 악몽이 실은 자신이 느낀 깊은 종교적인 충동에 대한 감동적인 은유였다는 걸 알게 된 것이다.

해럴드와 그룹 사람들은 많은 '아하'를 느끼기 시작했다.

갑자기 꿈속의 끔찍한 '추적자'는 프랜시스 톰슨이 쓴 《천국의 사냥개Hounds of Heavens》의 분위기를 띠기 시작했다. 약한 밧줄 다리는 해럴드가 새로운 종교 단체를 만날 때마다 '의혹을 붙잡아 매어두는' 것을 의미했다. 다리가 '툭 끊어지는' 것은 의혹을 더 이상 붙잡아 둘 수 없게 되는 순간을 나타냈다. 그렇게 꿈은 해럴드가 얼마나 종교적인 체험을 갈구하는지와 그 욕구가 채워지지 않은 데서 오는 아픔을 보여 주었다.

꿈속에서 느낀 감정들은 해럴드가 종교 '기업'들이 성급하게 결론 내린 교의로 자신의 호기심을 '지탱해' 주지 못할 때마다 느낀 실망을 반영했다. 그러면서 해럴드는 '공포'로만 느끼던 감정을 내적 경험을 통해 구분하기 시작했다. 그렇게 꿈을 되살리면서 다양한 감정들을 알게 되었다. 날 것처럼 생생한 두려움과 공포에 덧붙여 이제 갈망과 실망, 불행, 체념, 분노, 쓸쓸함, 심지어는 일말의 자부심까지도 느꼈다. 이런 감정은 늘 거기 있어 왔지만 '악몽'이라는 좀 더 극적인 감정에 가려 알지 못한 것이다.

연이은 투사와 '아하'를 통해 해럴드는 자기가 느낀 불행감과 공포, 복잡한 감정의 원인이 어릴 적 '영원한 저주'라는 개념을 처음 접했을 때임을 이해했다. 그때 그는 충격으로 혼란스러웠다. 하느님이 사랑으로 모든 것을 감싸 안는다고 알고 있던 어릴 적의 가슴 떨리는 확신을 부인하는 것이었기 때문이다.

작업을 해 나가면서 해럴드는 (꿈에 담긴 내용뿐 아니라 이 꿈이 되풀이되어 왔다는 사실에서) 꿈에 나타난 것처럼 겁에 질려 고통받더라도 자신에게 정말 소중한 영성적인 직관과 원칙들을 포기할 수 없다는 것을 깨달았다. 그것이 확실한 '구원'을 약속하는 종교 공동체에 속해 그토록 그리던 위안을 포기하는 일이 될지라도.

꿈을 새롭게 이해하면서 해럴드는 안도했고 얼굴 표정이나 자세도 눈에 띄게 바뀌었다.

해럴드의 '아하'로 이 층위에서의 의미가 확인되고 나서 우리는 꿈을 다른 각도에서 들여다봤다. 몇몇 사람이 꿈속에서 추격이 벌어지고 있는 '사막' 같은 황량한 풍경에 주목했다. 초기 교회 교부들의 '사막 영성'에 대해 이런저런 제안이 쏟아졌다.

'사막 영성'이 가부장적인 그리스도교 교회에 남긴 유산은 여성에게 영성적 사회적 평등을 거부하는 것이었다. 또 물리적인 세상을 '죄악'이며 '타락한' 것으로 거부하고, 성을 자발적이고 즐거운 것으로 표현하는 것을 금지했다. 반대로 고대의 '다산 종교들'은 늘 신성한 직관을 여성적 형태로 나타냈고 예배와 경배에서 여성의 역할을 찬양했다. 성적 표현은 신성의 존재를 의식적으로 느끼는 통로로 여겼다.

그룹 사람들 중 일부는 '여신 전통'에 관심이 있다. 어떻게 하면 여성 신학과 현대의 여신과 신성의 여성적인 면을 '재발견'하여 '황량하고 돌투성이의 사막'이라는 배경이 상징하는 배타적이고 남성우위적인 종교의 실제적인 대안이 될 수 있을지 얘기했다.

여러 사람이 '황량하고 돌투성이'인 꿈 배경이 가부장적인 '영·육 이분법'이라는 선의식적인 가정을 그리는 것 같다는 데 '아하'를 느꼈다. 일부는 '이게 내 꿈이라면' 꿈의 배경이 '사막에서 물을 찾는', 즉 여성적·정서적인 면에 좀 더 마음을 열고 포용하면 해럴드의 영적인 딜레마를 심오하게 바꿔 놓을 것이라고 했다.

이런 여성 신학적 관점을 지닌 사람들은 꿈이 전반적으로 '여성성'과 몸으로 느끼는 감각적인 경험을 지적인 면에서 영성을 추구하는 것과 동등하게 받아들이라고 넌지시 일러 주고 있다고 보았다. 이런 일련의 생각을 따라 일부는 '모르는 추적자'가 여자일지도 모른다고, 그녀가 '보이지 않는' 건 가부장적인 교회와 그런 교회의 태도를 어려서부터 내면화한 해럴드 자신으로부터 거부당하고 멸시당해 왔기 때문이라고 제안했다. 해럴드는 이런 투사를 흥미롭게 받아들이긴 했지만 '아하'를 느낀다고 얘기하진 않았다.

작업이 계속되면서, 몇 명이 해럴드가 '건너편'이라는 표현을 반복했다는 데 주목했다. 처음에 제일 기분을 상하게 한 다리가 끊어져 해럴드가 '심연으로 떨어지는 것'이 실은 '건너편'에 도달하지 못하는', 그러니까 안 죽고 살아 있는 것에 대한 은유일지도 모른다고 생각했다. 여기서 해럴드는 다시 한 번 강한 '아하'를 느꼈다.

여기서 '심연으로 떨어지는 것'은 해럴드가 가진 실존적인 불확실함에 대한 은유임이 드러났다. 우리 문화권의 많은 사람이 그러하듯 해럴드에게도 삶이 예측할 수 없는 것이라는 점에 심연으로 떨어지는 것과 같은 불안을 느꼈다. 그렇게 보면 '건너편으로 가' '추적자를 보는' 것은 해럴드가 가진 비밀스런 (선의식적인) 믿음에 대한 은유였다. 죽으면 살아 있을 때 영성을 갈고 닦은 정도에 따라 '신을 보는' 기회를 갖는다는 믿음이었다.

꿈 작업을 하던 바로 그 자리에서 해럴드는 이런 믿음 때문에 자신이 '죽고 싶은' 욕구를 느끼곤 했다는 것을 깨달았다. 이는 삶의 고통이나 불확실함에서 벗어나고 싶어서라기보다 마음 깊숙이 갈망하는 영적인 확실성 때문이었다. 해럴드의 말에 그룹 사람들은 다시 한 번 '아하'를 나눴다.

여기에 죽음에 대한 열망이라는 좀 더 심오하고 원형적인 본성을 알 수 있는 실마리가 있다고 믿는다. 프로이트가 '타나토스'라고 부른 이 열망이 집단의 심리에 실재한다고 믿는다. 그리고 이것은 진정한 영적인 직관과 갈망에 불가피하게 따르는 '그림자적인 면'이라는 중요한 의미가 있다.

이 꿈은 원형적인 진리를 보여 주는 또 다른 예이기도 하다. 꿈에서, 그게 어떻게 일어나든, 죽음은 늘 개성과 성격의 성장 발달과 연관되어 있다는 점이다. 이 꿈의 예에서 '보이지 않는 추적자'에게 잡혀야 '죽는다'는 사실은 종교와 영성적인 가능성에 대한 낡은 태도와 선의식 수준의 가정들의 종말을 반영한다. 그런 꿈에서 본 '죽음'은 '새 생명', 이 경우엔 더 풍부하고 깊이 있고 만족스러운 영적인 삶으로 재탄생하는 데 필요한 과정이다. 여기선 여성적이고 육체적인 것이, 적이나 걸림돌이 아닌, 영적인 지도와 지지로 환영받는다.

이렇게 서로 맞물린 통찰 전부에서 해럴드는 '아하'를 느꼈다. 그러나 이 꿈은 해럴드가 꿈 작업을 하는 동안에는 경험하지 못한 또 다른 의미를 담고 있다.

나는 해럴드에게 말했다. 이게 내 꿈(이자 삶)이라면 꿈이 내가 어렸을 때 심하게 학대받았다는 걸 보여 주는 것 같다. 성적 학대도 포함된 것 같은데 아마 신부나 수녀 같은 성직자에게, 그게 다섯 살 무렵 시작된 것 같다. 해럴드의 꿈을 내 식으로 꾸어볼 때, 끝없이 도망가고 너무 두려워서 '누가 날 쫓아오는지 돌아보지 못하는' 것 둘 다 어린 시절 성희롱과 학대의 기억을 억누르고 잊어버린 성인에 대한 은유이다.

해럴드가 끊임없이 이런저런 종교 단체를 찾아다니며 느낀 '배신감'은 어린 시절 그 가해자 손에서 느낀 '배신'을 상징적으로 반복하는 것 같았다. 같은 드라마를 헛되이 반복한 것은 '그걸 똑바로' 해 보려는 나의 선의식적인 노력이다. 하지만 내가 왜 그토록 그걸 원하는지 그 근원이 되는 트라우마를 제대로 인식하지는 못했다.

학대당한 사실을 잊어버리고 있는 동안 깊은 곳의 감정이 의식 저편에 숨어 있더라도 자신에게 가장 중요한 내면의 원형적인 '신화'에서는 활발하게 살아 있다. 아마도 그랬기 때문에 내가 제도권 종교의 '배신'에 (지나치게?) 민감했을 것이다. 학대와 '배신'의 근원이 무엇인지 의식하지 못했기 때문에 성인이 되어 내가 느낀 '종교에 대한 배신'이라는 강하고 부정적인 감정들이 해소되지 못했다. 이 '신화'에 상징을 부여하는 어린 시절 경험을 좀 더 의식적으로 깨닫지 않는 한 나는 계속 그렇게 행동하면서 같은 패턴을 반복할 것이다.

건강과 온전함의 이름으로, 내 삶에 변하지 않고 남아 있는 정말 중요한 주제가 있음을 이해하도록 도와 주기 위해서 꿈이 똑같은 형태로 반복되었다고 나는 말했다.

내가 해석한 바로는, 이 되풀이되는 꿈에는 기억 상실과 큰 상처를 준 사건에 담긴 정서적 본질 둘 다에 대한 신랄한 그림이 담겨 있다. '누가 혹은 무엇이 나를 쫓고 있나'라는 질문은 내 추적자(학대자)에게 괴물 같고 비인간적인 (뿐만 아니라 신성한) 성질을 더한다. 모르는 추적자가 지닌 '종교적인' 성질에서—해럴드가 강한 '아하'로 확인해 주었다—추적자가 성직자(신부나 수녀, 혹은 둘 다)인 것을 암시한다. 하지만 어머니나 아버지가, 혹은 두 분 모두, 특별히 독실하고 성실한 신자여서 이 분들이 내가 아이 때 가진 유별난 종교심의 원천이라면 이들이 '모르는 추적자'일 수도 있다.

하지만 이런 층위의 의미들이 벗겨질수록 궁극적으로 '모르는 추적자'는 내면 깊숙이에 내가 모르는 나 자신, 내가 '잊어버린' 나의 원형적인 존재의 일부를 암시하고 있다. 유명한 선문답 "네가 태어나기 전의 네 얼굴은 무엇이었냐?"에 대한 답이다. 이런 의미에서 '모르는 추적자'는 내가 의식에서 기억하지 못하는 어떤 특정한 사람이나 트라우마와 관계될 뿐 아니라 결정적인 질문, 내 삶의 가장 중요한 목적과 의미가 무엇인지와도 연결되어 있다.

궁극적인 온전함이라는 이 두 측면이 이 꿈을 반복해서 꾸고 또 끊임없이 절실하게 종교적인 탐구를 하는 까닭이다. 어쩌면 온전해질 수도 있는 내 안의 한 면이 기억상실에 '희생'되었고, 다른 면은 알려지지 않고 남는다. 내면 가장 깊숙이 아직 무의식 상태로 실현되지 않은 자아가 있기 때문이다. 진정으로 온전해지려면 이 두 측면을 더 인식해야 한다. 무의식으로 남아 있는 측면은 (억압되고 '아래로 향하는' 잊어버린 독특하고 개인적인 면 그리고 집단적이고 초월적이며 '위로 향하는' 신성한 면—내 삶의 신성한 온전함이라는 진정한 영적 체험을 하는 데 필요하다. 나비가 되기 전 고치에 싸인 유충처럼, 자신을 보호하려는 의도에서 시작한 것이지만 내가 적절한 때에 벗어나지 못하면 끔찍한 올가미가 되고 만다. 어린 시절의 학대가 심할수록, 오랜 기간에 걸쳐 여기저기 퍼져 있을수록 더 강한 기억 상실이 필요하다. 그럴수록 성인이 되어 '날아가려' 할 때 그러지 못하면 더 충격적이고 비극적이 된다.

앞에서 언급한 마이크의 '파스텔 색' 꿈에서처럼, 해럴드가 되풀이해 꾸는 꿈에 이런 '숨은' 의미를 투사하는 것이 아직 해결되지 않은 내 생의 문제를 반영하는 것에 불과할지 모른다. 그렇다 할지라도 자신이 지닌 상징적인 요소를 다른 사람의 꿈으로 작업할 때 투사하는 것이 얼마나 불가능한지를 보여 주는 구체적이고 고백적인 예이다. 해럴드는 마지막 부분의 몇몇 투사에 대해서는 어떤 '아하'도 보이지 않았고, 그래서 이 부분은 추측으로 남았다. 어린 시절 성직자에게 성추행을 당한 것이 해럴드의 내면 깊은 곳에 숨은 무의식의 '신화'의 일부가 아닐 수도 있다. 하지만 그런 일이 있었다면 이런 식으로 꿈과 일상에서 상징적으로 반복되어 나타날 것이란 점은 언급할 필요가 있다.

어린 시절에 겪은 심각한 트라우마는 당연히 아이의 '신화', 아이의 기본적인 세계관과 전반적인 정서적 태도를 형성하는 데 깊고 지속적으로 영향을 미친다. 몸과 마음이 얽혀 있으므로, 어린 시절의 트라우마는 정신과 정서적인 긴장, 몸의 건강과 발달에 반영된다. 기본적인 세계관과 정서적인 태도가 성장하지 못하고 몸에 남은 외상 때문에 '왜곡'이 반영되어 나타난다. 건강과 온전함의 이름으로, 어린 시절의 정신적 외상을 표면으로 드러내는 꿈은 꿈꾼 이의 몸 상태와 자기 몸에 대해 가지고 있는 이미지를 가리킨다. 개인의 몸과 정신이 발달함에 따라 꿈도 치유를 향해 나아가며 몸과 세계관을 재구성한다.

다음 꿈은 40대 중반의 여성이 나눠 준 것인데 이런 극적인 사례를 잘 보여 준다.

나는 버스 뒤쪽에 앉아 있다. 내 앞에 덩치가 크고 피부색이 짙고 털이 많은 남자가 앉았다. 그가 뒤돌아 앉더니 손을 뻗어 거칠게 내 몸을 만지기 시작한다. 겁도 나고 화가 난 나는 버스 운전사에게 불평도 하고 도움도 구할 겸 일어나 버스 앞쪽으로 간다. 운전사는 '내 편'인 것 같지만 날 보호하기 위해 뭘 하진 않는다. 나는 운전사 뒤편 오른쪽에 있는 이상하게 생긴 작은 자리에 앉는다. 그 자리는 다른 좌석들처럼 정면을 향하는 게 아니라 오른쪽을 향하고 있다.

자리에 앉고 나서 나는 운전사 바로 뒷자리에 앉은 노인 부부를 보게 된다. 남자는 머리를 뒷좌석에 기대고 입을 벌린 채 깊이 잠들어 있다. 옆에 앉은 여자도 고개를 꾸벅거리며 졸며 '제정신이 아니'었다.

이제 나는 철사 옷걸이에 걸린 낡은 드레스 더미 위에 앉아 있다. 1940, 1950년대 스타일의 그 옷들은 졸고 있는 여자의 것이다. 앉아 있기가 불편해서 옷을 무릎 위에 올려 안으려 하지만 옷이 자꾸 철사 옷걸이에서 떨어진다. 결국엔 너무 짜증이 나서 옷을 이상하게 생긴 '엔진 덮개' 같은 곳 위로 던져 버린다. 그건 옛날 놀이공원의 '무한궤도' 차 위를 덮던 두꺼운 천으로 된 통 모양인데, 이제 막 버스 한가운데 뒷자리까지 길게 나타났다. 드레스가 덮개 뒤로 미끄러져 내려 내 눈에 보이지 않게 되고, 나는 다시 자리에 앉는다.

이 꿈을 꾼 사람은 샐리라는 여성이다. 꿈 작업을 시작하자 샐리는 '덩치 크고 짙은 피부색에 털이 많은' 남자가 실제로 자기를 여러 번 성희롱한 양아버지란 걸 대번에 알아차린다. 그러자 '노인 부부'가 자기 어머니와 친아버지인 것도 분명해진다. 나이든 남자의 '곤드레만드레 취한 상태'가 알코올 중독이던 친아버지가 취했을 때의 독특한 '스타일'을 생각나게 한다. 또 '멍하고 제정신이 아닌' 여자는 전 남편이 알코올 중독이고 재혼한 남편이 딸을 성폭행하고 있는 것을 알아차리거나 인정하기를 거부한 어머니 같다.

이들 '아하'에는 분명 이 꿈에 담긴 중요한 의미 하나가 어린 시절의 학대와 회복에 관한 것임을 분명히 확인해 주었다. 실제로 샐리는 몇 년째 어린 시절에 받은 학대와 자신의 알코올 중독을 의식적으로 다루는 중이었다. 그런 면에서 꿈과 그녀가 보인 '아하'가 아무리 강하다 하더라도 새로운 정보나 이해라는 점에서 보면 별로 새로울 게 없었다. 샐리와 그룹의 사람들은 학대하던 양아버지와 술에 절어 있던 아버지, 무의식적이고 부인으로 가득 찬 어머니에 대해 잘 알고 있었다.

겉으로 드러나는 새로운 정보가 없어서 우리는 더 깊이 들여다봐야 했다. 우리가 이미 알고 있는 사실만 알려 주러 오는 꿈은 없으니 말이다. 특히 샐리가 그 사실에 대해 이미 어떤 행동을 하고 있었기 때문에 더 그랬다. 그 꿈이 이미 알고 있는 사실을 반복할 때도 있지만 그건 꿈꾼 사람이 그 사실을 잊어버렸거나 그런 인식을 구체적인 행동으로 옮기는 데 필요한 조치를 하지 않았을 때이다.

처음에 그룹은 이상한 작은 자리에 놓여 있는 유행이 지난 드레스에 주목했다. 그 옷들이 '제정신이 아닌', 샐리의 유약하고 의존적인 어머니의 이미지를 나타낸 것이고, '1940년대나 1950년대 스타일의 옷'은 어머니가 배웠고 그래서 딸에게 '넘겨 주려'는 인습적이고 수동적인 성역할에 대한 은유일 수 있다.

꿈에서 '드레스 위에 앉는' 게 얼마나 '불편했는지' 샐리는 확인해 주었다. 여자들의 성역할에 대한 고정관념이 불편해서 그 위에 '앉아 있기'를 거부했다. 샐리는 의식적으로 수동적이고 '여성적인' 행동을 오래전에 거부했다. 그건 상당 부분 어머니와 자신이 '좋은 여자라면 남자를 어떻게 받들어야 하는지'에 대한 관습적인 사고에 어떻게 희생되었는지 샐리가 보았기 때문이다.

우리는 '옷걸이'가 혹시 낙태와 연관이 있는지 잠시 살펴보았다. 그리고 1940, 1950년대의 여성에 대한 인습적이고 억압적인 성역할의 모순과 낙태 사이의 연관성도 다루었다. 그러고 나서 꿈 작업은 버스 한가운데에 놓인 이상한 '덮개'로 옮겨갔다. 기분 나쁜 드레스들을 덮개 저 편으로 던져 버리는 순간, '눈에서 멀어지면 마음도 멀어진다.'

샐리는 '덮개'가 어쩌면 척추에 대한 은유일지 모르겠다며 눈에 띨 만한 '아하!'를 보였다. 갑자기 꿈에 나온 몇 가지 것들이 말이 되기 시작했다. 샐리에겐 만성적으로 재발되는 허리 통증이 있었다. 꿈 작업이 계속되면서 이 몸의 통증과 어려서 성추행당하고 학대당한 데서 오는 심리적·정서적 상처 사이에 존재하는 깊고 선의식적인 관계에 대해 일련의 '아하'가 일어났다.

양아버지의 성추행에 대한, 어머니와 친아버지가 도와 주지 않은 데 대한 대응으로 샐리는 '머릿속으로 도망갔다.' 꿈에서 이것은 은유적으로 샐리가 '운전수 뒤'에 있으려고 '복도로 도망'가는 것으로 암시되었다. 엇갈리게 놓인 그 좁은 자리에서 샐리는 경계하고 겁에 질린 자세를 했다. 샐리는 그것을 상대적으로 침울하고 의심이 많으며 냉담하고 냉소적인 자신의 삶의 태도 그리고 습관적으로 하는 몸의 자세와 연관지었다.

샐리는 꿈 작업을 하면서 경계심을 늦추지 않고 조금 뻐딱하고 경직된 몸의 자세가 만성적인 허리 통증의 주원인임을 깨닫는다. 약간 거리를 두고 정서적으로 의심에 찬 듯한 자세—꿈속에서 '운전수 바로 뒤에 옆으로 앉는' 것으로 그려진—는 그녀가 습관적으로 하는 목과 어깨를 긴장해서 약간 뻐딱한 자세로 방어적이고 공격적이었다. 그런 자세를 보상하려다 보니 허리 통증이 생긴 것이다.

갑자기 '철사 옷걸이에서 떨어지는 드레스'에서 다른 의미가 드러났다. 긴장 때문에 '비뚤어진' 목과 어깨 ('철사 옷걸이'의 또 다른 의미) 때문에 옷들이 '떨어졌다.' '1940, 1950년대 스타일'의 억압적인 성역할을 '던져 버림'으로써 샐리는 몸의 중심을 (척추의) '한 쪽으로'

옮겼다. 의식적이고 깨어 있는 오른쪽을 '더 약하고' '더 여성적인' 왼쪽보다 선호한 것이다. 이렇게 보면 옷들이 '계속 옷걸이에서 떨어진' 것은 당연해 보인다. 샐리가 그 '스타일'이 자신에게 '붙어 있지' 못하도록 거부하며 자세를 바꾸었기 때문이다.

이 모든 해석은 샐리가 습관적으로 머리와 어깨를 기울이는 것에서 분명하게 나타난다. 꿈 작업을 하고 나서 샐리는 자신의 몸의 자세를 의식하고 통제할 수 있게 되었다. 바바라의 '조용한 지하실의 파티' 꿈에서처럼(2장 참조) 샐리의 꿈도 육체적인 건강 문제와 잠재된 심층의 심리적인 원인을 동시에 가리키고 있다.

이 꿈과 꿈 작업은 몸과 마음이 얼마나 긴밀하게 연관되어 있는지 생생하게 보여 준다. 몸과 꿈이 하나이고, 둘은 같이 모든 기억을 저장하고 있다. 우리가 의식적으로 기억을 하건 하지 않건 간에.

샐리에게는 자신이 목과 어깨를 습관적으로 어떻게 하고 있는지 계속 의식하는 것이 중요하다. 그래야 몸에 밴 습관이 무의식적으로 다시 되돌아오지 않을 것이다. 일단 그런 통찰을 얻으면 허리 통증을 느낄 때마다 짜증은 나겠지만 자신이 정서적으로 억압하는 부분이 있다는 점을 인식하는 데는 도움이 될 것이다. 실제로 정서적인 통증이 '육체화' 되어서 (정서적인 억압과 부인을 거두어) 건강과 온전함을 회복하는 길을 잃어버리거나 잊지 않게 한다. 허리 통증이 자신감과 자존감을 건드리고, 새롭게 자존감이 성숙하면서 통증을 감소시킨다. 또 통증이 줄어들면서 생기는 새로운 신체감각이 자존감을 높이기도 한다.

또 다른 예로, 한 주말 워크숍에서 셀레스트라는 여자가 나눈 꿈을 들여다보자. 겉보기에 어린 시절에 심각한 문제가 있어 보이지는 않았다.

들판에 사람들이 한 무리 있다. 나는 사람들이 우스꽝스럽게 생긴 큰 동물 모양의 풍선에 올라타려는 걸 지켜보고 있다. 축제 같은 데서 길고 가는 풍선을 꼬아서 동물 모양으로 만드는 것 말이다. 그런 게 사람들이 탈 수 있을 만큼 크다. 조랑말 크기쯤 되는 것 같다. 풍선에 물 같은 게 차 있어서 올라타려면 출렁거린다. 그래서 사람들이 올라타지 못하고 나뒹군다. 그 모습이 무척 우스꽝스럽다. 바로 옆엔 울타리가 있다. 울타리에 가시 같은 게 많아서 풍선이 부딪치면 터질까 봐 걱정이 된다.

그날 우리는 '둘러 앉아' 여러 사람의 꿈으로 작업했다. 정서적으로나 지적으로 활발한 하루였다. 셀레스트는 내가 도입부에 소개한 '꿈 극장' 방법을 이용해 작업해 보고 싶다고 했다.

꿈에 나오는 등장인물이나 물체와 동작 전체를 어떤 '역할들'로 나눠서 꿈꾼 사람의 지시에 따라 그룹 사람들이 연기해 보는 방식이다. 꿈꾼 사람은 꿈속 인물로 직접 참여하거나 그냥 옆에서 지시만 내릴 수 있다. 직접 참여할 땐 꿈에서처럼 '꿈 자아'가 되거나 꿈속의 다른 인물이 될 수 있다.

셀레스트는 꿈속에서 좀 수동적인 관찰자였기 때문에 '자기 자신을 연기'하는 동시에 사람들의 행동을 지시하는 임무도 맡았다. 일부는 '무대' 왼쪽에 쪼그리고 앉아 손을 모아 '가시가 난 울타리 가로대'가 되어 경계를 만들었다. 나머지 절반은 떠들썩한 '타는 사람'이 되고 나머지는 우스꽝스럽게 흐느적거리는 '큰 동물 모양의 풍선'이 되었다.

이런 연습에서는 사람들이 꿈꾼 이의 각본대로 움직이면서 느끼는 감정이나 직감도 꿈꾼 사람의 생각이나 감정 못지않게 중요하다. 꿈에 숨어 있는 깊은 의미가 종종 다른 사람이 느낀 감정과 생각에서 풀려 나올 때가 있기 때문이다.

우리는 경쾌하고 장난스레 장면을 연출하기 시작했다. 하지만 분위기는 서서히 암울하고 침울하게 가라앉았다. 낄낄거리던 사람들이 모두 놀라서 침묵에 잠겼다. 우리가 연기한 게 강간 장면이라는 것이 분명했다. 힘없는 '동물 풍선'은 떠들썩한 (술 취한?) 사람이 올라타고 희롱하는 것에 수동적으로 저항하는 희생자였다. 셀레스트는 울기 시작했다.

그녀는 꿈이 장난스럽고 밝아서 '안전하다'고, '그것에 관한 게' 아닐 거라 생각했다고 고백했다. 의도하진 않았지만 어린 시절 목장에서 남자 친척들에게 반복해서 성추행당한 '부끄러운' 비밀을 우리에게 털어놓게 된 것이다.

우리는 다시 원으로 둘러앉아 '이게 내 꿈이라면' 하는 좀 더 조심스럽고 몸이 덜 개입된 투사 방식으로 꿈을 탐색하기 시작했다. 풍선 안에서 출렁거리던 '물'에는 적어도 두 가지 의미가 있음이 분명했다. 흘리지 못한 눈물과 분노와 슬픔, 절망감이 표현되지 못하고 셀레스트 안에서 '이리저리 출렁거리는' 것에 대한 통렬한 은유였다. 그래서 삶도 관계도 '아무데도 가지' 못하고 제자리였다. 다르게는 근친 강간이 있을 때 몸 안으로 들어간 정액을 나타냈다. 꿈에 등장한 '동물 풍선'의 수도 그녀가 추행당한 횟수와 정확하게 일치했다.

'가시가 많은 울타리'는 강간자들이 그녀에게 입을 다물라고 경고한 것을 은유적으로 드러냈다. 발설하면 죽거나 더 심한 일을 당할 거라고 협박당했다고 한다. 어려서부터 그녀는 그 일이 밝혀지면 자신이 '완전히 망가질' 것이란 두려움을 내면화했다. 그런 두려움은 꿈에서 '동물 풍선'이 터져서 '젖은 자국'과 형체도 알아보지 못할 정도의 작은 조각만 남기고 사라질 것이라는 형태로 표현되었다. 셀레스트는 오래전에 겪은 일인데도 여전히 누군가를 신뢰하고 가까워지는 것을 습관적으로 선의식적으로 금지하고 있었다. '가시 있는 울타리'로 만들어진 '위험한 경계'는 셀레스트가 내면화한 그런 태도에 대한 은유였다.

사람들은 갑작스럽고 예상치 못한 상황 변화에 놀라고 당황했다. 나는 셀레스트가 안전하고 존중받는다는 느낌을 받은 그 '안전하고 신성한 공간'을 우리가 만들었다는 점을 부드럽지만 단호하게 일깨웠다. 그렇지 않았더라면 그녀의 무의식이 그렇게 '우발적으로' 자신을 드러내지는 않았을 것이다. 셀레스트가 나눈 내용 때문에 기분이 많이 상했다 하더라도 우리가 그 신뢰에 부응하는 것이 중요하다는 점을, 그리고 우리에게 그럴 충분한 힘과 지능과 감수성이 있다는 점도 넌지시 얘기했다. 셀레스트의 요청으로 우리는 꿈 작업을 계속했다.

이어진 꿈 작업의 분위기는 정말 중요했다. 다들 침통하고 참담한 기분이었지만 상대에 대한 연민을 나누면서 사람들은 더 가까워졌다. 그런 감정은, 내 경험으로 보면, 필요할 때 늘 불러올 수 있는 것이다. 모임을 이끄는 사람이 있을 때라면 참석자들이 가진 힘과 연민을 일깨우는 것은 리더의 몫이다. 리더가 없을 때라도 참석자들이 보이는 공감과 지지에서 오는 치유의 에너지는 긍정적인 효과를 낸다. 처음에는 놀라움과 충격으로 말문이 막힐지 모르지만, 그날 오후 우리는 상징적으로 깊은 숨을 들이쉬고 셀레스트를 지원하기 위해 모였다. 꿈 작업은 천천히 계속되었다.

꿈을 더 들여다볼수록 성추행의 피해자를 '비인간화된' '동물 풍선'으로 본 꿈 이미지가 특히나 신랄하게 다가왔다. 아이였을 때 셀레스트는 자신이 무기력하고 연약하다고 느꼈다. 자신이 취약하고 아무 가치도 없고 '쓰고 버릴 수 있는' 존재라는 느낌을 내면화했다. 이런 억압이 꿈에서 크고 우스꽝스럽게 생긴 쉽게 터져 버리는 '동물 풍선'으로 은유적으로 표현된 것이다. '동물 풍선'은 풍선을 손으로 잡고 원하는 모양으로 비틀어 만들고, 터질 때까지 그 모양인 채로 변하지 않는다. 그건 그녀가 당한 강간이 얼마나 잔인했으며 이후 그녀의 몸과 정서가 얼마만큼 '얼어붙어' 있는지를 아프게 보여 주고 있다. 또 그녀가 어떻게 그렇게 얼어붙고 희망도 없는 태도를 취하게끔 '조종당했는'지도 보여 준다.

꿈 작업을 계속하면서 감정이 넘쳐났고, 모임에 있던 다른 두 사람도 자신들이 어려서 받은 학대와 추행을 기억해 냈다.

그날 밤 모텔 방으로 돌아와 나는 프로이트가 옳았을지도 모른다는 생각에 잠시 압도당하는 기분이었다. 어린아이를 대상으로 한 끔찍한 성추행이 소름끼치도록 흔하다니! 그룹 꿈 작업을 할수록 그런 일이 빈번하게 일어난다. 성추행 또는 폭행의 기억은 억압된 경우가 너무 흔해서 프로이트는 그걸 어린 시절의 환상이며 나중에 성인이 되어 실제로 일어난 일로 착각하는 것이라고 결론 지었다. 그런 기억이 단순한 상징적 증상과 '오이디푸스 드라마'일 뿐 실제로 육체적인 학대나 정신적 외상이 일어난 건 아니라는 것을 정신분석의 초석으로 삼았다.

그날 저녁 지쳐서 침대에 누워 있으면서 나는 정서적으로는 프로이트가 왜 이런 결론을 내렸는지 이해할 것 같았다. 그런 파괴적이고 끔찍한 행위가 그토록 흔하다면 그게 개인과 집단에게 미치는 결과를 받아들이는 건 정말 암담한 일이었다. 하지만 어쩌겠는가, 상황이 그런 것을. 그런 일이 일으키는 감정을 직면하고 드러내 변화가 일어날 때까지 작업해 나가야 한다고 나는 믿는다.

어릴 때 학대받고 성추행당했다고 상상해서 난리를 부리는 히스테리에 걸린 소수의 사람들이 있는지 모르겠다. 하지만 이들의 보고가 대부분이 진짜라는 사실은 정말 당황스럽다. 어린아이에 대한 이런 학대가 예외가 아니라 흔하다는 사실은 정말 슬픈 일이다.

그런 얘기가 정말 히스테리의 산물이라 해도 '망상'이 가리키는 어떤 정서적인 위급함은 그 사람이 정신적으로 학대당했다는 걸 가리킨다. 그래서 '터무니없는 환상'으로 보이는 요소가 있더라도 꿈 작업가나 다른 도움을 주는 사람들은 실제로 육체적인 학대를 받은 경우처럼 심각하게 받아들여야 한다.

프로이트 자료 보관소의 최근 발표에 따르면 프로이트 자신도 사람들의 얘기가 단순히 어린 시절에 가진 오이디푸스 환상을 사실로 '잘못 기억'하고 있는 게 아닐까 의심했다고 한다. 하지만 좀 더 '광범위한' (경제적인 것은 말할 것도 없고) 정치적·문화적인 원인에서 '그렇다'고 주장하게 되었다고 한다. 프로이트는 중상류층에서 어린이에 대한 성적 학대가 빈번하다고 주장했다가 아직 유아기에 있는 정신분석이 거부당하고 조롱당하고 꺾이는 것을 염려한 것 같다.

꿈은 거짓말을 하지 않는 마술 거울과 같다. 억눌러 둔 어린 시절에 받은 학대와 성추행의 기억이 꿈을 통해 수도 없이 표면화되는 것을 보면서 나는 슬프지만 그것을 '집단생활의 한 사실'로 받아들일 수밖에 없다는 결론을 내렸다. 우리 사회와 심리영성이 서서히 진화하면서 이런 문제를 언급하고 있다고 믿는다. 갈수록 이런 기억이 꿈을 통해 표면화하는 것 자체가 실은 우리 문화가 점차 건강해지고 있다는 증거이다.

지난 세기 동안 우리는 좀 더 평등한 법제와 관행으로 여성과 어린이를 대상으로 한 경제적 착취를 줄일 수 있었다. 마찬가지로 가정 폭력과 어린아이 학대에 대한 인식이 높아지면서 가정 내 여성과 어린이의 육체적·정서적·성적 착취를 줄여나가기 시작했다.

가정 폭력과 아동 학대, 성차별, 나이차별이 서로 연관되어 있다는 것은 자명하다. 나는 꿈 작업이 학대받은 개인의 상처와 외상을 치유하는 것만이 아니라 사회를 변화시키는 데 중요한 구실을 할 잠재력이 있다고 믿는다. 꿈을 통해 예전에 의식하지 못한 편견들이 어떤 해로운 결과를 가져오는지 인식할 때가 많다. 그건 개인적인 경험에서나 사회 전반에 대해서나 마찬가지이다. 이런 집단적인 억압이 우리 삶의 더 큰 가능성과 창의력을 얼마나 가로막고 있는지 인식하기 시작하면서 우리의 태도와 행동도 바뀌게 된다.

주말 꿈 워크숍에서 줄리아가 꾼 꿈이 그 한 예이다. 수도원에서 열린 워크숍에는 성직자들과 평신도들이 참가했다. 줄리아는 수도원 기숙사에서 잔 첫날 밤 이 꿈을 꾸었다.

나는 옷장 앞에 서 있다. 까만 벌레 한 마리가 예쁜 색동 스웨터에 앉아 옷을 갉아 먹고 있다. 옷을 털자 벌레가 바닥에 떨어진다. 그 순간 어떤 여자가 내 바로 옆에 서 있다.

여자가 말한다. '너 아니, 그건 벌레가 아니라 뱀이야. 잘 지켜보면 뱀으로 변하는 걸 볼 수 있을 거야.'

그래서 벌레를 지켜보고 서 있는데 그게 진짜로 점점 커져 비늘이 빛나는 커다란 뱀으로 변한다. 벌레가 뱀으로 변하는 동안 내 옆에 서 있던 여자는 점점 작아져서 작고 귀여운 소녀로 변한다.

뱀이 우리를 잡으려는 걸 알고 나는 아이를 잡고 욕실로 뛰어들어 간다. 가는 길에 문을 닫지만 뱀이 문틈으로 기어들어올 수 있으니 욕실도 안전하진 않다.

그런 생각을 하기가 무섭게 뱀이 문 아래로 기어들어온다. 난 뱀한 테서 멀어지려고 조그만 의자 위로 뛰어올라간다. 그런데 아이가 도망갈 자리가 없다. 뱀이 아이를 감고 올라 문다.

그걸 보고 난 뛰어내려 아이에게서 뱀을 떼어 내려고 마구 때린다. 뱀이 바닥으로 떨어진다.

다음 날 오후 줄리아는 자신이 속한 소그룹에서 이 꿈을 나누었다. 누가 질문하기도 전에 줄리아는 이 꿈이 자신이 어려서 성추행을 당한 것—그녀 자신에게도 새로운 정보였다—을 가리키는 꿈이라고 말했다. 꿈에서 깨었을 때 그 의미가 분명했고, 아침을 먹고 오전을 보내는 동안 이제껏 억눌려 있던 기억들이 하나둘 떠올랐다고 했다. 수도원에서 밤을 보낸 것이 꿈과 기억을 불러낸 것 같다고도 했다. 자신을 추행한 사람이 가톨릭계 기숙학교에 다닐 때 신부였다. 여자

반복되는 꿈은 닫혀 있던 기억의 문을 연다

기숙학교가 딸린, 환경과 분위기가 비슷한 수도원에서 잠을 잔 게 이 모든 기억을 되살린 것 같았다.

꿈 작업을 시작하자 그녀는 성인이 되어서 자신을 강하게 '괴롭힌' 문제가 몇 가지 있는데, 그게 성추행과 관련돼 억압된 감정을 상징적으로 보여 주기 때문이라고 했다. 그녀는 '색동 스웨터'가 성서에 나오는 요셉의 '색동 코트'에 대한 울림이 있다는 데 '아하'를 보였다. 지금 꿈 작업을 하는 것이, 요셉이 성서 이야기에서 그랬듯, '벌레'가 본색을 드러내 (에덴동산에서) '뱀'으로 변하는 것을 '바라보는' 것이라고도 했다.

나는 줄리아가 꿈에서 이런 종류의 변태 metamorphosis를 '눈도 깜짝 않고' 처음부터 끝까지 지켜보는 데 강한 인상을 받았다. 형태가 변하는 것을 실제로 지켜보는 것은 심리영성적인 성장과 변환 중에 특히나 용기 있고 의식적인 자기탐색의 태도와 연관된 은유인 것 같다.

꿈에서는 '잠깐 딴 데를 보다' 돌아왔을 때 변환이 일어난 경우가 흔하다. 이것 역시 성장과 변화가 일어났음을 보여 준다. 하지만 대부분 의식하지 못하는 '보이지 않는 곳'에서 변환이 일어난 후에야 꿈에 나타나고 자각한다. 꿈에서 이런 변환이 나타나면 꿈꾼 이가 깨어 있을 때 진지하게 자기 내면을 들여다보았음을 반영한다.

줄리아의 꿈을 탐색해 가면서 성추행이 실제로 욕실에서 일어났다는 것도 분명해졌다. 꿈은 사적이고 안전해야 할 공간에서 일어난 어린 시절에 겪은 곤경을 다시 보여 주었다. 새로 떠오른 기억들로

문이 늘 달혀 있고 '위생상' 외딴 곳에 고립된 욕실이 특히나 위험한 장소였다는 걸 알았다. 작업이 진행되면서 줄리아는 마음이 상했지만 멈추고 싶어 하진 않았다.

줄리아가 보여 준, 억압되어 온 기억과 감정을 기꺼이 직면해 다루려는 강인함과 결의는 정말 인상적이었다. 워크숍이라는 기회를 통해 새로운 단계의 자기인식으로 도약하려고 꿈이 기다리고 있기나 한 것 같았다.

그녀가 억눌러 온 기억이 '옷장에서 나온' 계기인 이 워크숍을 가톨릭 기관이 후원한 것이라는 '시적 정의'를 우리는 놓치지 않았다. '옷장'의 이미지를 조금 더 탐색해 보자 옷장에 성추행이라는 잃어버린 기억이 담겨 있음이 드러났다. 또 그런 기억 상실 때문에 '다양한 색깔'의 정서들과 창의적으로 자신을 표현할 가능성도 '옷장 속에 갇혀 버린' 것이 분명했다. 줄리아는 활력과 행복감이 밀려오는 것을 느꼈다. 그런 느낌은 억압되어 온 내용이 풀려날 때 흔히 느끼는 것이다.

꿈 시작 부분에 '옷장을 열기'로 한 결정은 분명히 꿈 워크숍에 오기로 한 줄리아의 영웅적인 결정을 보여 주는 것이다. 다른 의미에서는 잠자고 있던 창의적인 충동을 탐색해 보려는 결정을 나타내기도 한다. 또 '색동 스웨터'는 그녀가 지닌 창의적인 에너지와 능력이 '옷장에 걸려 사용되지 않고 있는 것'을 보여 주는 그림이다. 줄리아가 워크숍에 등록한 것도 자기 삶에 창의적으로 참여하고 있지 않다는 느낌이 자신을 '괴롭혔기' 때문이다.

'색동 스웨터'에서 '벌레'를 털어내는 행동은 '어린 소녀에게서 뱀을 때려 떼어내는' 행동을 반영하는 것으로 이해되었다. 어린 소녀는 물론 내면의 상처 입은 원형적인 아이를 나타낸다. 바로 이 상처 입은 아이에게 아직 실현되지 않은 창의적 에너지와 가능성이 담겨 있다. 그리고 아이-자아를 구하려는 결정은 반드시 꿈꾼 이의 깨어 있는 삶의 다른 영역에서 생기 넘치는 정서와 창의적인 에너지의 방출로 연결된다. 자기 안에 사용되지 않고 있는 창의적인 가능성들에 욕구 불만을 느껴 온 줄리아는 자신을 '괴롭히는' 것을 다루려고 워크숍에 왔다. 전날 저녁 입문 과정에 참가하고 오싹할 정도로 비슷한 환경에서 잠을 잤기에 그 꿈을 꾸게 되었다. 그녀는 꿈 작업을 통해 잃어버린 상처 입은 내면의 아이를 만났다. 그리고 꿈에서 두려움을 넘어서 자기 안에 상처 입은 아이 부분을 도우려 한 행동은 엄청난 창의적인 에너지를 풀어내는 결과를 낳았다.

 어린 소녀를 물기 위해 '기어오르는' 뱀의 이미지는 성추행당하던 때를 생생하게 보여 주는 그림이다. 꿈에서 그녀가 욕실의 작은 의자에서 내려와 아이에게서 뱀을 떼어내기로 한 결정은 정말 영웅적인 것으로, 성추행을 의식화하려는 것에 대한 은유이다. 그리고 강간의 충격으로 느낀 분노와 두려움을 상처 입은 개인적·원형적인 아이의 이미지를 통해 볼모로 '잡혀 있는' 창의적인 표현의 가능성으로부터 분리해 내고자 하는 것에 대한 은유이기도 하다. 새로운 창의적인 에너지와 감정들이 등장하기 위해서는 오래되고 억압된 기억들과 정서들을 의식화해야 하고 경험해야 한다.

'욕실' 이미지에도 또 다른 의미가 있다. 성추행이 일어난 물리적인 환경이기도 하지만 배설하고 없애는 곳으로 원형적이고 창의적이며 정서적인 표현을 가리키기도 한다. 창의적인 표현과 몸을 청소하는 기능은 상징적으로 깊은 연관성이 있다. 언제 어디서 누구와 함께 있을 때 '용변을 보고' '속에 있는 것을 밖으로 내놓을 것'인지 선택할 자유는 있지만, 용변을 볼지 말지에 대한 선택권은 우리에게 없다.

건강하고 온전한 삶을 살려면 우리 안에 있는 것을, 우리를 성장시키고 지탱해 주는 '소화된' 정서와 육체적인 질료를 의식으로 '가져와' 경험해야 한다. 그것이 얼마나 '불쾌하거나' '욕지기나는' 일일지라도 정기적으로 그렇게 해야 한다. 여기서 완전히 사적으로 남겨둘지 또는 누구와 공유할지는 문제가 되지 않는다. 따라서 줄리아의 꿈에서 '욕실'은 꿈에서 일이 벌어지는 장소이기도 하지만, 욕실에서 하는 활동이 '뒷정리를 하는 것'과 자유롭게 표현하고 창의적으로 살고자 하는 우리의 원형적인 욕구와 깊이 연관되어 있다.

중년에 흔히 느끼는 '뭔가 빠진 듯한' 혹은 '이거 말고 뭐가 더 있을 텐데' 하는 느낌을 통해 성급하게 그 가능성을 차단해 버린 창의적인 생각이나 감정과 만나게 된다. 그런 느낌이 우리 자신을 보호하기 위해 오랫동안 잊어버린 어린 시절의 트라우마에 관한 것일 때도 있다. 그런 '실체 없는' 동경과 불만족스러움이 떳떳하지 못한 '비밀들'을 가리키는 꿈과 동반해 나타날 때, 어린 시절에 경험한 학대를 억누르고 기억하지 못하는 것일 가능성이 아주 크다. 다시 한 번 그런 감정들이 표면으로 떠오를 때, 그런 꿈들이 기억나기 시작할 때 꿈꾼이는 억눌러 둔 트라우마가 무엇이건 간에 자신이 실제로 그것을 다룰 '준비가 되어' 있다.

궁극적으로 기억 상실에서 벗어나 억압해 온 기억과 정서들을 제대로 의식하면 몸에 새로운 활력이 넘치고 새로운 열정과 가능성들이 펼쳐질 것임을 확신해도 좋다. 무의식에서 기억을 억누르는 데 소모한 에너지를 이제 창의적이고 의식적으로 사용할 수 있다.

성인의 꿈은 항상 억압된 것들을 조명하고자 한다. 그건 바로 이들 각자가 부인과 억압을 지속하는 것보다 에너지를 더 잘 활용할 능력이 있기 때문이다. 무의식에는 내재된 힘들이 있다. 꿈에서 규칙적으로 표현되는 이 힘들은 항상 깨어 있는 의식이 진화하는 방향으로, 개인의 잠재력과 원형적인 창의적 충동이 제대로 표현되도록 한다.

8장
자각몽과 샤머니즘

지난 밤, 자려고 누웠을 때
꿈을 꾸었네. 기묘한 실수여!
봄이 내 가슴에서
비어져 나오고 있었지.
나는 말했다 : 비밀의 수로를 따라,
오! 물이여,
내가 마셔 본 적 없는
새 생명의 물이여,
네가 내게 오는가?
지난 밤, 자려고 누웠을 때,
꿈을 꾸었네. 기묘한 실수여!
내 가슴 속에
벌집이 있었지.
황금빛 벌들이
하얀 벌집과
달콤한 꿀을 만들고 있었어.
과거의 내 어리석은 실패들로부터……
지난 밤, 자려고 누웠을 때,
꿈을 꾸었네. 기묘한 실수여!
내 가슴 속에
신이 있었네.
_안토니오 마차도

꿈을 꾸다가 "어, 알겠어, 이건 꿈이야!" 하고 분명하게 느끼게 될 때가 있다. 이런 꿈을 '자각몽lucid'이라고 부른다. 깨어나서야 "아, 그게 꿈이었구나." 하게 되는 보통의 꿈과 달리 자각몽을 꿀 때는 꿈꾸는 동안 펼쳐지는 내용이 꿈이라는 것을 제대로 인식하게 된다.

자각몽 상태에서 '깨어난' 사람들은 놀라운 통찰을 발휘하고 비상한 창의적인 에너지를 풀어낼 수 있다. 이런 에너지를 불러내 낡은 습관을 고치고 원하는 대로 사용하고 문제를 해결하고 초월하기도 하며, 부인하고 억압해 오던 것들을 의식화하고, 혼란스럽던 감정과 정서가 명확해지면서 조화를 이루기도 한다. 이런 일은 자각몽이 아니더라도 우리가 기억한 꿈으로 작업을 하면서도 일어나는 일들이다. 하지만 자각몽에서는 그런 치유 작업이 꿈에 극적으로 엮여 들어가 있어 꿈 체험의 폭과 가능성을 극적이고 '마술적으로' 넓혀 준다.

예를 들어 알렉스라는 남자가 나눈 꿈이다.

불에 타고 그을린 곳이다. 아직도 연기가 나고 있고 나는 무섭고 사나운 용에게 쫓기는 중이다. 달리고 달리던 어느 순간 마법처럼 이게 다 꿈인 걸 알게 된다. 내가 느끼는 공포도 뒤쫓아 오는 괴물도 모두 내 꿈속에서 일어나는 일인 걸 그냥 '알게' 된다. 나는 뒤돌아서 용을 똑바로 쳐다보며 뭐 하는 거냐고, 왜 이렇게 날 쫓아다니며 위협하냐고 다그쳐 묻는다. 불을 내뿜던 용이 멈춰 서서 "나는 네 흡연 중독이야!"라고 말한다. 그 괴물이 '말하는' 동안 흡연 중독이 '불을 내뿜는 용'으로 나타난 게 얼마나 적절하고 재미있는 아이러니인지 이해가 된다.

그렇게 깨닫는 순간 갑자기 용이 변하기 시작한다. 정말 달라진 건 아닌데 왠지 '표정'이 변하는 것 같다. "짜잔, 마법의 용입니다~." 뭔가 애교 넘치고 매력적이기까지 하다. 위협적으로 삼킬 듯 불을 내뿜는 용이라기보다는 집에서 오래 키워 친구 같은 덩치 큰 개처럼 보인다.

꿈인 걸 알기에 이 '바뀐' 괴물을 보다 가까이 볼 수 있다. 괴물의 몸은 더럽고 끈적끈적하고 거무스름한 점액들로 뒤덮여 있다. 몸에 난 구멍이란 구멍에서, 눈과 비늘 사이에서도, 역겨운 연기가 스며나와 사방으로 튀고 있다. 몸에서 나는 더럽고 역겹고 혐오스런 냄새도 맡을 수 있다. 혐오감이 되살아나 나는 괴물을 쳐다보며 온 마음을 다해 "저리 꺼져! 널 더 이상 원하지 않아."라고 소리친다.

잠이 깼을 때 알렉스는 자신이 더 이상 폐에 연기가 가득한 느낌을 원하지 않음을 알게 했다. 아마 보다 중요한 것은 담배를 피울 때마다 누군가 '함께 있는 듯'하고 금방 만족을 주곤 하던 그 느낌도 사라지고 없었다. 이 꿈을 꾼 다음부터 알렉스는 담배에 손도 대지 않았다.

알렉스가 담배에 중독된 큰 이유는 외로움에 대한 두려움 때문이기도 하고, 외로울 때마다 '불을 붙이면' 늘 어떤 만족을 얻으면서 두려움을 통제할 수 있다고 느꼈기 때문이었다. 그런 점을 깨닫지 못했기에 '담배를 끊을 수' 없었다. 꿈 이미지 덕분에 알렉스는 중독이 지닌 긍정적인 면과 부정적인 면 모두를 보게 됐고 덕분에 이전엔 몰랐던 이런 역학을 제대로 인식하게 되었다. 그러자 '불을 내뿜는 용'이 갑자기 '오래 집에서 키워 친구 같은 덩치 큰 개'로 보이게 된 것이다. 그래서 "넌 더 이상 원하지 않아!"라는 알렉스의 결심이 '들러붙게' 되었다. '오랜 친구'를 앞에 두고 자신이 포기하는 것이 '편안한 관계'라는 것을 정서적으로 제대로 인식하면서 이뤄졌기 때문이다.

자각몽에서 중독이 '애완견'으로 보인 건 알렉스의 흡연이 어려서부터 가족 안에서 부모님의 중독과 정서적인 문제를 부인하는 태도를 보면서 무의식적으로 길러진 것임을 은연중에 보여 준다. 어쨌든 담배를 피우며 얻던 심리적으로 안정된다는 느낌이 망상에 불과한 것임을 의식적으로 인식했기에 그 버릇을 의식적으로 버릴 수 있었다.

내 경험에서 보면 저절로 자각몽이 일어나는 건 깨어있을 때 그에 상응하는 '자각 상태'와 연관이 있다. 누군가 자신의 환경이 스스로가 늘 생각해 온 것과 실제로는 많이 다르다는 것을 깨달을 때 저절로 자각몽을 꾸게 될 가능성이 크다. 그럴 때 꿈꾼 사람은 자신이 경험하는 것의 진정한 본질, 즉 이것이 꿈이라는 것을 제대로 인식하게 된다. 깨어있을 때 정말 무슨 일이 일어나고 있는지 깨달은 데 대한 은유인 셈이다. 이런 일은 대개 깨어있을 때 습관적으로 해 오던 일련의 투사를 거둬들일 때 일어난다.

투사를 거둬들이면, 그때까지 그렇게 믿어 왔더라도, 다른 사람들이 생각하고 느끼는 바에 의해 내가 처한 상황이나 느낌이 좌우되지 않게 된다. 반대로 내가 인정하지 않은 정서들과 의문을 갖지 않았던 가설들, 나를 제한하던 다른 사람에 대한 투사로 인해 그런 상황이 반복되고 내가 늘 느끼는 감정들도 그에 대한 '대응으로' 만들어지는 것을 이해하게 된다.

예를 들어 내가 끊임없이 화가 나고 상처받은 걸 억누르며 부인하면 이 에너지는 다른 사람들에게 투사된다. 그러면 내 눈에 주변 사람들은 늘 화가 나 있고 적대적인데다 내겐 무심하면서 자신들에겐 지나치게 민감해 보인다. 이렇게 왜곡된 투사의 결과로 사람들이 날 얼마나 불공평하게 대하는지, 나는 늘 뭔가 불만스럽고 침울한 상태로 살게 된다. 이런 감정이 들고 사람들과 문제가 생기는 게 내가 가진 분노 때문임을 깨달으면 깨어있을 때 기분이 나아진다. 그리고 꿈에서는, 특히 상징적으로 분노와 상처에 연관된 이미지에서, '자각 상태'를 경험할 수 있게 된다.

깨어있을 때 내가 처한 '실제 상황'에 대해 정서적으로 이해하게 되면 꿈에서도 '실제 상황', 즉 내가 실은 꿈을 꾸고 있다는 것을 의식하게 되는 것이다.

흔히 되풀이 되는 꿈, 특히 악몽을 꿀 때 자각몽이 일어난다. 같은 꿈이 계속 반복될 때 어느 순간 "이 꿈을 꾼 적이 있는데……잠깐, 이 꿈을 전에도 꾼 적이 있어! 그럼 지금도 꿈이란 말이잖아!" 같은 꿈을 자꾸 꾸게 되는 건 억눌러 둔 에너지를 풀어내 더 큰 의식 수준으로 이끌기 위함이다. 거부해 온 감정이 오래된 것이고, 반복해 꾸게 되는 꿈과 악몽이 그런 감정들을 보다 높은 의식 수준으로 이끌기 위한 것이라면 자각몽을 꾸게 될 가능성은 더 커진다. 왜냐하면 꿈에 담긴 기본적인 치유의 목적을 자각몽보다 더 잘 상징적으로 일깨워 주는 것은 없기 때문이다.

알렉스가 꾼 '불을 내뿜는 용' 꿈이 이런 종류의 반복되는 꿈이었을지 모른다. 그게 꿈이란 걸 깨닫는 '마법의 순간'이 실은 "잠깐, 이 꿈 전에 꾼 적이 있어!"라고 선의식에서 깨달았기 때문에 가능했을 것이다. 금연을 하려는 사람이라면, 당시에 그런 꿈을 기억하느냐와 상관없이, 뭔가 발버둥치는 꿈을 꿀 가능성이 높다. 내 경험으로는 기억하지 못한 꿈도 자각 상태를 불러올 수 있다. 잊고 있던 꿈이 떠오르는 것도 꿈의 중심 주제를 깨어있을 때도 점점 더 의식하게 됨을 알려 주는 좋은 잣대이다.

꿈을 꾸는 동안 의식이 강화된 '자각' 상태가 있다는 걸 서구에서 집단적으로 알게 된 것은 상대적으로 최근의 일이다. 1895년 헤르베이 드 생-데니스Hervey de Saint-Denys는 "꿈을 꾸는 줄 알면서도 계속 꿈을 꿀 수 있다."라고 썼다. 그 경험을 묘사하기 위해 '자각몽'이라는 단어를 만들어 냈지만 그의 연구는 1백여 년 동안 세상에 알려지지 않았다.

서구 산업화 사회에서 자각몽에 대한 일반의 관심은 지난 30여 년 간 커져 왔다. 킬튼 스튜어트Kilton Stewart가 쓴《말레이 반도 사람들의 꿈 이론Dream Theory in Malaya》이란 책이 그 계기였다. 이 책으로 한 세대 전체가 개인의 성장과 공동체를 위해 자각몽에 관심을 가지게 되었다. 그 후 스테판 라 버지Stephan La Berge의 선구적인 연구로 이런 관심은 더 커졌다. 스텐포드 대학의 수면 연구실에서 실험을 통해 자각몽이 개발할 수 있는 기술이며 훈련을 통해 자각몽 상태를 바깥에서 관찰할 수도 있는 걸 알게 된 것이다.

반면 극동에서 자각몽이 관심을 받은 건 900년이 넘는다. 수세기 동안 힌두교와 불교, 특히 티베트 불교에서는 자각몽을 영적수련에서 중요하다고 보았다. 죽은 뒤 육체가 없는 영혼이 경험하게 되는 것이 우리가 살아 있을 때 꿈꾸는 것과 똑같다고 믿었기 때문이다.

잠이 '작은 죽음'과 같고 꿈을 꾸는 것이 사후에 영혼이 경험하는 것과 같다는 생각은 원형적인 것으로, 거의 모든 민족의 종교적·시적 전통에서 찾아볼 수 있다. 예를 들어 북미 평원 인디언에겐 "죽는 건 돌아오지 않고 꿈길을 걷는 것과 같다."라는 속담이 있다. 이런 원형적인 관점에서 보면 꿈에 대한 관계를 근본적으로 바꾸면 죽음에 대한 관계가 바뀔 가능성이 크다.

불교 전통에서 중심 이야기는 무사계급 석가족의 왕자 고타마 싯다르타가 자신의 지위를 포기하고 금욕과 명상을 하며 도를 찾아 헤

맨 후 생의 비밀을 꿰뚫어 보고자 깊은 명상에 든다는 것이다. 불경들은 고타마가 보리수나무 아래서 완전히 깨닫기 전까지 집중을 깨지 않으리라 맹세를 하고 명상에 들었다고 전한다.

그가 명상에 들자 그 영적인 기운이 얼마나 큰지 욕망과 망상의 마왕이 금방 알아차린다. 자신의 광대한 제국이 전복될 위기에 처해 있음을 깨달은 것이다. 마왕 마라(마야의 남성형으로 '환영'을 뜻한다)는 무서운 마귀들과 무시무시한 폭풍우, 천둥과 번개, 해일, 끔찍한 지진과 화산 폭발 등을 보내 고타마의 마음과 몸을 공격했다. 전쟁, 배고픔, 페스트, 전염병, 갈증, 기근, 가뭄, 불행, 분노, 두려움, 아픔, 불확실, 폭력, 상실이란 이름의 마귀들이 그를 공격했다.

하지만 명상에 빠진 고타마는 꼼짝도 하지 않았다. 그 끔찍한 마귀들과 재앙들이 환영이며 자신의 훈련되지 않은 생각의 소산임을 깨달았기 때문이다. 부처는 마귀들의 출현에 미동도 하지 않고 그들의 공격에도 평온하게 있었다. 다른 버전에서는 고타마가 명상 중에 공격하는 마귀들의 무기를 꽃으로 바꿨다고도 전한다. 무수한 무기-꽃은 그의 발로 부드럽게 떨어져서 부처가 이룬 우주 구원에 자연과 대지가 바치는 제물이 되었다고 한다.

실패한 마라는 전략을 바꾼다. 이제 가장 아름답고 유혹적인 딸들—욕정, 지성, 열정, 욕망, 거짓됨, 탐욕, 권력, 집착, 복수, 노련함, 불만족—을 불러 부처의 명상을 깨뜨리러 보낸다. 하지만 다시 한 번 고타마는 이들 또한 자신의 정신 에너지가 투사된 것으로, 궁극과의 합일에서 오는 진정한 환희가 아닌 단지 쾌락의 그림자, '꿈속의 이미지들'임을 꿰뚫어 본다. 그는 다시 한 번 이들을 응시하면서 고요히 앉아 미동조차 않는다.

이렇게 왕자는 실재의 본성을 꿰뚫어 보았다. 그리고 그는 '완전히 깨달은 자', '부처'가 되었다. 석가모니, '석가족의 현명한 이'와 타타가타tathagata,* "'그러한 것'의 스승(하나의 실상)"이라고도 알려졌다.

부처가 어떻게 깨달음을 얻었는가 하는 이 이야기는 수많은 불교 가르침의 핵심이다. 예수의 십자가형과 부활이 그리스도교 신앙의 핵심인 것과 마찬가지이다. 예수라는 이가 십자가 위에서 고통과 죽음을 초월해 '그리스도(메시아)', '주의 기름 부음을 받은 자'가 된 것처럼 고타마는 보리수나무 아래에서 고통과 죽음의 공포를 초월해 '부처', '깨달은 자'가 된다.

두 종교 사이엔 유사점이 많다. 아시아에 예전부터 있었던 자각몽에 대한 전통을 탐색하는 입장에서 볼 때 불교와 그리스도교가 동서라는 문화적 차이에도 같은 원형적인 에너지로 공명하고 같은 심리영성적인 질문들을 던지며 근본적으로는 비슷한 은유를 채택하고 있음을 볼 수 있다.

수세기 동안 아시아의 불교도들은 부처가 명상에 들어 깨달은 원형적인 이야기와 드물긴 하지만 꿈속에서 정말 실감나게 일어나는

---

* 여래如來, 이렇게 온 분이란 뜻의 산스크리트어 - 옮긴이 주.

일들이 실은 '자기 생각이 발현된 것임'을 깨닫는 자각몽이 유사하다는 것을 이해했다. 그래서 이들에게 자각몽을 꾸는 것은, 즉 꿈을 꾸는 동안 꿈을 꾸고 있다는 걸 인식하는 것은 실제로 '부처를 따라하는' 심리영성적인 훈련이었다. 이는 서구 전통에서 '그리스도를 따라 사는' 것에 비견할 만하다.

꿈을 꾸는 중에 '깨어있는' 것이 깨달음으로 가는 주요한 수단이라는 이런 영성적인 이해는 많은 불교 종파에서 찾아볼 수 있다. 이런 이해에서 모든 살아 있는 것, 삶 자체가 '그저 꿈일 뿐' '아무런 실체도 없는 것'이라는 믿음이 나온다. 많은 불교도들이 이것을 단순한 시적 은유가 아니라 인간 조건에 대한 정확한 진단으로 여긴다. 그래서 '꿈 상태'를 좀 더 의식적으로 자각하는 것이 아주 중요한 영적 수련이 되는 것이다.

탄트라와 티베트의 힌두교와 불교 전통에서 꿈과 깨어있을 때가 (양쪽 모두에서 긴박감 넘치는 드라마와 현실이 실은 개인의 생각과 감정을 무의식적으로 투사한 것이라 본다는 점에서) 핵심적으로는 같다는 이런 일반적인 믿음은 (그리스도교에서는 '불멸의 영혼'이라 부르는) '실체entity'가 사후에 하는 경험으로까지 확대된다.

북미 평원 인디언들과 다른 이들처럼 티베트 불교에서도 누군가 죽으면 꿈으로 들어가 깨지 않는다고 믿는다. 육체를 떠난 영혼이 사후에 꾸는 꿈의 모양이나 구조는 원형적으로 결정된다. '어두운 터널을 지나 빛으로 나아가면' '먼저 간' 사람들—주로 사랑하는 이와 가족들—의 환영을 받는다. 꿈을 꾸는 영혼이 빛으로 변하고 나면 그 사람은 막 끝난 삶에서 기대했던 '천국'을 경험하게 된다. 임사 체험을 한 많은 서구인들이 묘사한 이미지도 이와 비슷하다.

로마 가톨릭 신자라면 '성인들과 만나게' 될 것이고, 개신교 신자라면 구름으로 가득한 땅에 도착해 긴 옷과 후광, 하프를 받게 될 것이다. 독실한 이슬람이라면 멋진 음식과 음악, 만족스런 섹스가 가득한 흥겨운 야외 파티로 황홀경에 빠질 것이다. (독실한 이슬람 여성에게 '천국'이 어떤 모습일지는 분명치 않다.) 불교도라면 극락정토에서 아미타불의 신성한 기운을 받을 것이다. 사후 육체를 떠난 영혼들이 꾸는 '꿈들'을 티베트인들은 '바르도' 혹은 '바르도 계'라 부르는데 그 구체적인 내용은 막 끝이 난 생에서 자란 문화에 의해 결정된다.

사후 바르도 천국에서의 경험은 아무리 유쾌한 것이라도 영원하지 않다. 티베트인들은 그 기간이 지구상의 시간으로 약 40일간 지속된다고 믿는다. 약속된 40일이 끝날 무렵 (이 자체도 원형적으로, 전 세계 여러 민족들이 가진 종교적인 신념이나 애도 기간에 반영되어 있다) 바르도 계는 낡고 해어져 허물어지기 시작한다. 음식은 썩기 시작하고 분수에는 물이 마른다. 날씨는 험악해지고 악사들은 집으로 돌아간다. 해가 지고 붉은 살기가 넘친다. 불길한 바람에 나뭇잎이 떨어지고 어스름 녘 고약한 냄새 속에 마귀들이 나타난다.

이들 '바르도 마귀들'은 마라 왕의 마귀 부대에 비견되고 신심 깊은 불교도들은 "부처를 본받으라."고 배운다. 보리수나무 아래에서 부처가 그랬듯 끔찍한 마귀들의 공격에도 명상에 잠겨 고요히 내적으로 흔들림 없이 있는 것이 육체를 떠난 영혼들이 해야 할 영적인 과제이다.

사실 이것은 《티베트 사자의 서 The Tibetan book of the dead》라는 책의 요지이다. 이 책은 육체를 떠난 영혼에게 바르도 계에서 경험하는 진짜 같고 압도적인 경험들이 실은 '단지 꿈'일 뿐임을 상기시켜 주는 긴 기도문으로 사후 세계에서 경험하는 모든 기쁨과 두려움이 꿈에서 보는 이미지들과 꼭 같다는 것을 일깨워 준다. 《티베트 사자의 서》에는 "오, 고귀하게 태어나신 이여, 〔일부 전통에서는 망자의 이름이나 별명을 여기에 넣기도 한다.〕 그대가 듣고 느끼는 것 모두가 그대 자신의 생각이 발현된 것일 뿐임을 기억하소서."라는 말이 반복되어 있다. 몸을 벗어난 영혼이 여전히 몸에 희미하게 연결되어 있어서 시신 앞에서 말하는 것의 일부를 들을 수 있다고 믿는다. 그래서 죽은 이가 바르도에서의 경험이 궁극적으로는 실체가 없는 것임을 깨닫도록 죽은 자의 시신에게 바르도 퇴돌 Bardo Thodol을 들려주는 것이다. (많은 불교도들은 육체를 갖고 깨어있을 때의 삶도 마찬가지라고 얘기한다.) 망자 가족이 능력이 되면 사후 40일 동안 주문을 욀 사람을 고용하고 시신을 보존한다. 깨어있을 때와 마찬가지로 사후의 바르도 세계에서 신성과 하나임을 깨달으려면, 그러니까 고대 산스크리트어로 '니르바나'에 이르려면 실체가 없는 꿈속의 마귀에 대한 두려움뿐 아니라 실체가 없는 꿈속의 즐거움과 호화로움까지도 극복해야 한다.

문제는, 티베트 불교도들에 따르면, 절대 다수의 사람들이 '바르도 천국'이 주는 쾌락이나 '꿈 마귀들'의 공격에 고요함과 초연함을 잃어버리는 것이다. 아니면 악몽을 꿀 때나 괴물이나 마귀에 쫓길 때처럼 겁에 질려 도망친다.

여기가 바로 소위 말하는 '인과응보의 법칙'이 더할 나위 없이 정교하고 정확해지는 지점이다. 바르도 마귀들은 육체를 떠난 영혼 자신의 두려움과 후회, 죄로 인해 만들어진 '꿈의 형상들'이다. 꿈에 나타나는 형상들처럼 이들은 꿈꾸는 이 자신의 정신psyche에서 살아지지 않고 충족되지 않았거나 무시되고, 억눌린 측면들을 나타낸다. '마귀들'은 죽은 영혼의 '죄'를 있는 그대로 표현한다. 악몽이 꿈꾼 이 자신이 살아 내지 못한 삶과 무시한 기억과 감정들을 구체적으로 보여 주는 것과 마찬가지이다.

이렇게 죽은 사람은 자신의 '죄'를 심판받고 다시 태어나게 된다. 하지만 '인과응보 판결'은 (바르도/꿈에서 그렇게 보이기는 하지만) 어떤 외부 권위에 의해 내려오는 것이 아니다. 살아 있을 때 꿈에 나타난 이미지들과 마찬가지로 '꿈꾼 이' 자신의 무의식에서 만들어진 것이다.

'죄'가 나쁠수록 더 끔찍하고 무서운 바르도 마귀들을 만나게 된다. 마귀들이 공격할 때 영혼은 공포에 질려 피난처나 안식처를 찾아 도망가기 시작한다. 교리에 따르면 도망치던 영혼은 어느 순간 끔찍한 마귀들의 추적에서 구제받을 유일한 '피난처'가 짝짓기 중인 두 생명체 사이로 미끄러져 들어가는 것임을 깨닫게 된다. 도주하던 영혼이 짝짓기하던 생명체 사이로 들어가면, 철커덕! 카르마의 덫이 닫히면서 영혼은 다시 몸을 받고 환생한다. 도망치던 영혼이 한 무리의 마귀를 피해 다른 마귀의 손에 떨어져 다른 몸을 받아 다시 한 생의 수레바퀴를 돌게 된다. (몸을 타고 난다는 뜻의 'incarnation'의 'carn'은 고기/육체를 의미한다.)

방금 지나온 삶에서의 '죄'가 정말 나빴으면 그 죄들을 표현하는 바르도 마귀들도 정말 나쁘다. 너무 끔찍할 땐 도망치던 영혼이 인간이 아닌 부모를 찾을 수도 있다. 공포에 질려 그저 끔찍한 추격자에게서 벗어나고픈 절박한 마음에 바퀴벌레든 뭐든 눈에 띈 짝짓기 중인 첫 번째 생명체에게 끼어들 수도 있다. 특히나 극악한 죄를 지은 사람들이 '더 낮은', 인간이 아닌 생명체로 환생하게 되는 이유가 바로 이 때문이라고 티베트 사람들은 말한다. 고대 힌두에서 얘기하듯 '카르마의 신들'이 판결하고 명령을 내린 결과라기보다, 몸을 떠난 영혼이 무의식중에 그리고 불가피하게 자신이 만들어 낸 꿈으로 스스로를 벌한 것이다.

하지만 대부분 사람들의 죄는 저급한 동물로 환생하게 될 만큼 그렇게 끔찍하지는 않다고 한다. 몸을 떠난 영혼이 바르도에서 도망치다 갈수록 더 절박하게, 성애 중인 인간을 찾게 되고 그렇게 해서 인류의 대다수가 지구상에 태어나게 된 것이라고 티베트 사람들은 말한다. 열반에 도달할 가능성은 사라지고, 영혼은 공포에 질려 어쩌다 실수로 다시 몸을 타고 태어나게 된다. 바르도에서 경험한 꿈의 진정한 본질이 무엇인지 이해하지 못했기 때문이다.

다시 몸을 타고 태어난 영혼은 새 삶에서 다시 영적으로 자라고 성장할 기회를 갖는다. 살아서나 사후에 마음이 끌리거나 혐오감에 밀쳐 내고 싶은 것들이 그림자이고 꿈이란 걸 깨달을 기회도 갖게 된다. 영혼이 깨달음을 얻을 때까지 고통과 죽음과 재탄생이라는 삶의 순환은 끊임없이 계속된다. 부처가 보리수나무 아래에서 벗어난 것도 이 순환이다.

정통 힌두교도들에게 개별 의식이 '모든 존재의 궁극적인 기반'과 완전히 합쳐지는 열반은 영적으로 최고의 염원이자 성취 대상이다. 바르도 꿈에 나타나는 마귀들에 대한 두려움을 극복함으로써 육체가 없는 영혼이 (서구의 용어로) '신과 재회'하여 끝없는 끌림과 두려움, 환생의 수레바퀴를 벗어나는 것이다.

그리스도교인들이 보다 오래된 유대교의 교리를 개혁했던 것처럼 불교도들은 이 오래된 힌두 교리를 개선했다. 이런 '수정주의' 개혁의 하나로 불교도들은, 특히 티베트 불교에서, 열반에 드는 것보다 더 높은 영적인 소명이 있다고 한다. 그리스도교에서처럼 이 '더 높은 소명'에는 기꺼이 희생하는 원형을 의식에서 받아들여 구현하는 것이 포함된다.

육체를 떠난 영혼이 부처가 그랬던 것처럼 아무런 동요 없이 바르도의 마귀들을 직면하게 되면 열반, 즉 '신성과 완전한 만남'의 문이 열린다. 이때 모든 초월적인 환희와 더 없는 기쁨이 함께한다. 이 순간 육체를 떠난 영혼은 완전히 자유롭게 선택할 수 있는데 불교에서는 열반의 법열을 스스로 포기하고 아직 깨닫지 못한 이들의 고통을 덜어 주려고 다시 태어나기를 선택하는 것을 신성과의 합일보다 더 높은 차원의 소명이라 한다. '삼사라(윤회)'에 빠져 자신들이 처한 고통스럽고 끔찍한 (사실은 꿈인) 현실을 벗어나지 못하는 중생들을 구하려는 것이다.

이런 선택을 하는 존재들을 보살이라 하는데, 고통 속에 있는 다른 이들을 구제하고자 자신을 희생하는 이들로 부처가 되는 경로에 있다. 보살들은 열반의 법열을 포기하고 두려움에 차 무턱대고 환생하는 대신 사랑으로, 의식적으로 선택한다. 깨달음을 퍼뜨리고 "모든 지각 있는 존재들의 고통을 덜어 주는" 데 특별히 이바지할 수 있는 삶을 선택하는 것이다.

보살의 맹세를 하고 지키는 것은 티베트 불교 전통에서 가장 높은 영적인 행위이다. 이렇게 헌신하는 이는 기회가 오더라도 열반을 포기하고 "모든 지각 있는 존재가 깨달을 때까지" 되풀이해서 환생할 것을 맹세한다. 이런 맹세를 유지하는 데 가장 중요한 명상훈련을 지금 서구에서는 자각몽이라 부르는 것이다.

달라이 라마와 카르마파, 툴쿠, 린포체와 같은 티베트 불교의 지도자들 모두는 지난 전생들과 바르도에서 한 체험을 기억한다고 한다. 티베트 불교의 각 '교단'은 예전 지도자들이 전한 전생과 바르도 이야기를 보존하고 있다. 그리고 현 지도자들이 그들의 경전과 독경에 언급된 특정 보살이 환생한 것이라 믿는다. 예를 들어 현 달라이 라마는 관세음보살, '완전한 자비의 보살'의 환생이라고 한다.

실제로 수도승들은 이 '혈통 계승'을 위해 위대한 보살이 죽은 지 9개월 하고도 40여 일 후에 태어난 남자 아이를 찾아 나선다. 임무를 맡은 수도승들은 어디로 가야 할지 징표를 얻기 위해 꿈을 들여다보고, 전통적으로 환생한 보살이 몸에 지니는 것으로 알려진 표식을 가진 아이를 찾아다닌다. 그런 표식 중 하나는 코 위에 눈썹이 만나는 곳에 소용돌이 모양으로 난 털이라고 한다.

그런 조건을 가진 아이가 둘 이상 발견되면 종파가 분리될 정도로 큰 분쟁이 생기기도 한다. 티베트 전통 불교에서 서로 경쟁하는 교파들이 역사적으로 분리된 연유의 대부분을 보살이 환생한 아이를 찾는 과정이 제대로 됐는지 아닌지에 대한 논쟁 탓이다. 블라바트스키 부인이 어린 크리슈나무르티를 '이 시대의 아바타'로 공인했는데, 여기서도 위대한 영혼이 뭔과 다른 미묘한 표식을 가지고 환생하고 아주 어려도 그걸 알아볼 수 있다는 원형적인 생각이 잘 드러난다. 크리슈나무르티가 성인이 되어 그 호칭을 정중히 거절하기는 했지만 말이다.

티베트 전통에서는 '성스러운 표식'을 보이는 아이는 수도승들이 데려와 키운다. 자각몽을 키우는 의례들과 다른 영적인 수련을 꾸준히 하면서 자신의 전생이라 믿어지는 보살들의 삶과 바르도 '전기'를 배우게 된다. 아이의 교육이 완성되어 이 이야기들을 다 암기하고 영적인 힘을 보이게 되면 가장 최근에 한 바르도 여정을 이야기하게 된다. 이 이야기가 다시 전통에 더해지고 '표식을 보이는' 다음 아이는 이를 배운다. 그렇게 전통이 이어져 간다.

이런 전통은 1천여 년 동안 계속되어 왔고 사라질 기미도 보이지 않는다. 중국 공산당이 티베트를 침공한 이후 호주와 영국, 캐나다, 미국 등 전 세계 여기저기에 티베트 난민 공동체가 생겨났다. 사회적으로나 역사적으로 새로운 이 시기에 보살들이 여자로 태어나지 않을까, 여자아이도 '성스러운 표식'을 가지고 태어나지 않을까 하는 가능성에 대해 논쟁하는 정도의 변화뿐이다.

이런 신념 체계와 티베트 불교 전통이 지닌 힘과 회복력, 정교한 의례를 볼 때 왜 자각몽을 꾸는 능력을 그토록 강조하는지 또 자각몽을 촉진하는 구체적인 기법들이 다양하게 발달해 있는지 이해할 만하다.

그런 기법들 중 간단하고 효과적인 방법 하나를 아래에 소개한다.

티베트의 자각몽 배양 연습

잠자리에 누워 꿈속에서 꿈꾸는 것을 알아차리겠다는 의도에 집중한다. 서두르거나 흐트러짐 없이 차분히 집중한다. 무릎을 살짝 구부리고 왼쪽으로 눕는다. 손바닥을 맞붙여 손가락 끝이 왼쪽 뺨에 닿도록 한다. 목 안, 후두부 뒤쪽 약간 아래쪽으로 푸른 색 연꽃 봉우리가 빛나고 있다고 마음속으로 그린다. 봉우리가 천천히 열려 활짝 피어나는 모습을 상상한다.

마음속으로 봉우리가 벌어지는 동안 꽃잎 사이로 하얗게 빛나는 티베트 글자 "ॐ(옴)"이 천천히 드러나는 것을 그려 보고 그에 맞는 "오……옴" 소리를 상상한다. (힌두-불교 전통에서 '옴'은 첫 번째 소리였다고 한다. 유대-그리스도교에서 '태초'에 '말씀'이 있었다고 하는 것과 비교할 수 있다. 이 '옴'으로부터 모든 공명태가 만들어졌다고 한다. 일견 분리되어 보이는 모든 육체적 영적 실체들이 매 순간 새롭게 다시 태어나는 것이다. 이렇게 마음속에서 그 소리를 그려 보고 재현함으로써 우주 탄생을 되풀이해 보고 내 꿈의 세계를 의식적으로 재현해 보는 것이다.)

나는 누운 자세 그대로 계속해서 위의 이미지를 그리면서 소리를 상상한다. 완전히 의식이 깨인 상태로 꿈을 꾸려는 내 마음에 차분히 집중하면서……그러다 잠에 빠져 꿈을 꾸고 있는 것을 알게 된다.

나는 이 기법으로 자각몽을 규칙적으로 꿀 수 있다는 것을 알게 됐다. 완전히 깨어있는 의식 상태로 꿈 세계로 들어가 꿈이 펼쳐지는 동안 그것이 꿈이라는 것을 자각할 수 있다. 이 기법에 영감을 준 티베트 불교 이론을 전적으로 믿고 따르는 사람이 성공하는 경우가 더 많다는 증거도 있지만, 믿지 않더라도 결과는 마찬가지이다.

효과적으로 자각몽을 키우는 기법은 많은 문화권에서 유래되었다.

돈 후앙Don Juan이라는 인디언 야키족의 샤먼은 인류학자이자 모험가인 카를로스 카스타네다Carlos Castaneda에게 '꿈을 만드는' 방법을 가르쳤다. 깨어있을 때 왼손이 눈에 들어올 때마다 꿈에서 왼손을 보게 되면 그게 꿈인 걸 기억하겠다고 스스로에게 상기시키라는 것이었다. 불교와 탄트라 수행자들도 거의 똑같은 기법을 쓴다. 자기 손을 볼 때마다 기독교인들이 '화살 기도'*를 하듯 "내가 꿈을 꾸네!"라고 외치는 것이다. 손이 시야에 들어올 때마다 꿈을 꾸고 있음을 연상하는 것이 습관이 되면 실제로 꿈을 꿀 때 자각 상태를 더 자주 얻게 된다. 손 자체에 어떤 마술적인 힘이 있어서라기보다 꿈에 자기 몸이 등장할 확률이 더 높고 따라서 그 어떤 '신호'나 '자극이 되는 이미지' 손을 보게 될 확률이 더 높기 때문이다.

당대의 꿈 연구가 스티븐 라 버지Stephen La Berge는 '자각몽 기억 유도법'이라 이름 붙인 효과적인 기법을 개발했다. 그도 기억을 강조하는데 자신이 자각몽을 꾸고 싶어한다는 걸 기억하는 게 중요하다고 말한다. 낮 동안 주기적으로 또 생각이 날 때마다 자각몽을 꾸고 싶음을 떠올리라고 추천한다. 이렇게 자신이 원하는 바를 끊임없이 반복하면 원하는 효과를 볼 수 있다.

소개된 기법들 외에 다른 방법들도 여러 실험을 통해 잘 통한다는 것이 입증되었다. 개인이 가진 기질이나 성향에 따라 다른 기법에 끌

---

* Ejaculative prayer. 즉흥적으로 떠오른 내용을 화살을 쏘듯 기도로 쏟는 기도의 형태 - 옮긴이 주.

리게 된다. 대부분 사람들은 아무런 훈련 없이 어쩌다가 자각몽을 꾸게 된다. 위에서 언급되었듯 되풀이되는 악몽의 경우가 그렇다.

그럴 때 자각몽이 지닌 강점과 이점이 분명해진다. 보리수나무 아래 앉은 부처처럼 꿈꾸는 사람이 명료하게 '깨어'있으면 꿈에서 두려움과 혼란스러움을 극복할 수 있다. "이건 꿈이야. 그러니까 두려워할 필요가 없어! 내 생각처럼 내 몸은 이 꿈속에 있는 게 아니라 안전하게 내 침대에 있어. 지금까지처럼 겁먹을 필요가 없어." 위에서 다룬 꿈에서 자연스럽고 명료하게 '부처와 같은' 깨달음을 얻은 덕분에 알렉스는 뒤돌아서 무서운 '용'을 직면하고 담배를 끊을 수 있었다.

악몽을 꿀 때 그게 꿈인 걸 자각하게 되면 두려움을 극복하고 꿈을 계속 꿀 수 있다. 흔히 그러듯 잠에서 깨어나 '도망'치는 대신 꿈속에 남아 쫓아오는 귀신을 대면할 수 있게 된다. 최선의 전략은 (알렉스가 했듯) 꿈속에서 살기등등하고 위협적으로 보이는 대상에게 "내 꿈에서 뭘 하는 거야? 원하는 게 뭐야?"라고 묻는 것이다. 정신을 차리고 이런 질문을 할 수 있게 되면 보상으로 답을 얻게 된다. 대개의 경우 그 답은 깨어있을 때 꿈꾼 이의 삶에서 아주 심오한 의미가 있는 것이다.

여기서 "두려워하지 말라."는 부처의 메시지가 새로운 의미를 띠게 된다. 꿈을 꿀 때나 깨어있을 때 원형적인 상징의 드라마를 만나고 응답한다는 맥락에서, 부처의 "두려워하지 마라", 예수의 "적을 사랑하라", 아폴로의 "자신을 알라."는 모두 같은 말을 다르게 표현한 것이다.

깨어서나 잠에서 자신을 알고 적을 사랑하려면 두려움을 놓아 버려야 한다. 두려움을 놓으려면 스스로에 대해 알고 자기 안에서 적을 사랑할 힘을 발견해야 한다. (여기서 적은 안과 밖 모두의 적을 가리킨다. 둘 다 서로를 반추해 만들어지기 때문이다.) 자신을 알려면 두려움을 내려놓고 열린 가슴으로 적을 만나야 한다. 이는 내면과 외면에서 창의적이고 역동적인 심리영성적 균형과 조화를 동시에 이루는 데 필요한 실제적인 처방전이다. 꿈꾸는 이가 자신이 원하는 것이 무엇인지를 기억하기만 하면 자각몽을 꾸는 동안 이런 역동적인 균형과 창의적인 조화를 이룰 수 있다.

서구의 꿈 이론가들 중에는 최근 들어 자각몽에 대한 관심이 급증하는 걸 걱정하는 이들도 있다. 자각몽을 키우는 연습이 '우물에 독을 타는' 게 될까 두렵다는 것이다. 깨어있을 때 자기기만적인 자아가 의식적으로 꿈을 '통제'하려다 자연스럽게 꿈꾼 이의 온전성과 건강을 증진하는 꿈의 본성을 억누르지 않을까 하는 것이다. 그럴싸하고 정교해 보이지만 내 경험에서 보자면 부질없는 생각이다.

자각몽이 위험하다는 걱정은 사실 오만이자 자기기만이다. 의식이 내재적으로 꿈보다 우등하고 더 강하다는, 검증되지 않고 의문시되지 않은 가정에 기반하고 있기 때문이다. 이 가정은 사실이 아니다. 자각몽을 꾸는 자아(꿈에서 꿈을 꾸고 있다는 것을 깨닫는 '나란 인물')는 꿈 자체에선 부차적이다. 꿈은 자율적으로 어떤 의식적인 의지에 의해 '통제'되거나 임의로 할 수 있는 것이 아니다. 꿈의 원천인 원형적인 요소들은 훈련을 통해 습관적으로 자각몽을 꾸는 의식보다 훨씬 더 오래고 현명하고 강하고 현묘해서 꿈을 '통제'한다는 것은 절대 불가능하다. 자각몽을 꾸는 꿈자아가 기껏 할 수 있는 일이라곤—그것도 아주 잘하는 경우에!—의식이 꿈에 미치는 영향을 조금 늘이는 것뿐이다.

학계 이론가들의 걱정은 자각몽을 선전하는 이들이 사용하는 과장된 주장과 수사 때문이다. 이들은 흔히 자기 책이나 테이프를 사면 "꿈을 마음대로 조절할 수 있게 된다."라고 선전한다. 내가 보기에 통제라는 게 불가능하기 때문에 그런 건 그냥 잘못된 선전에 불과하다. 꿈에 미치는 영향력을 조금 더 증가할 수 있을 뿐이며 그건 '통제하는 것'보다 더 흥미롭고 가치 있다.

이들이 자각상태에서의 '꿈 조절'의 '증거'로 제시하는 이야기들은 대부분 악몽에서 자신을 쫓던 괴물이나 다른 추적자들을 직면해 극복하는 것에 집중한다. 알렉스가 꾼 '불을 내뿜는 용' 꿈이 이들이 얘기하는 종류의 '통제'의 예이다. 알렉스의 꿈에서 꿈을 자각하게 된 알렉스의 자아가 꿈을 '통제해서' 꿈에서 깨어나 금연을 하는 긍정적인 결과를 가져왔다고 생각할지 모른다. 하지만 내가 보기에 알렉스의 꿈이나 괴물을 물리치는 다른 자각몽 이야기들은 꿈꾸는 사람이 꿈을 통제하거나 조작하는 것이라기보다는 궁극적으로 건강과 전일성을 바라는 꿈의 에너지와 협력하는 것으로 이해하는 게 더 적절하다.

자각몽을 꾸기 전에도 꿈은 알렉스가 흡연 중독이라는 '숨겨진' 문제를 직면해 극복하도록 돕고 있었다. 꿈에서 자각 상태가 되어 추적자를 대면했을 때 알렉스가 꿈을 '가로채'거나 '통제'한 것이 아니었다. 사실 알렉스는 꿈이 원래 의도한 치유와 의식 수준을 높이는 일에 보다 의식적으로 완전히 협력한 것이었다.

내가 경험한 바로는 자각몽을 꾸는 사람이 자신의 자각 상태를 이용해 그저 괴물이나 꿈속의 문제를 피하려고 했다면, 그 꿈이나 나중에 다른 꿈에서 똑같거나 비슷한 상황을 다시 만나게 됐을 것이다. 티베트나 아시아의 다른 전통에서 전해지는 수많은 이야기들은 자각몽을 꾸는 사람이 아무리 헌신적이고 숙련되었다 하더라도 꿈은 자율적이어서 조작이나 통제가 통하지 않는다는 걸 보여 준다. 아시아와 서구의 신비주의 전통에는 헌신적이고 숙련된 자각몽 고수들이 텔레파시로 힘을 모아 같은 꿈을 꾸며 그 꿈을 조절하는 얘기가 나온다. 하지만 이들이 결국 깨닫게 되는 건 목적 달성을 위해 꿈이 자신들을 이용했다는 것이라 한다.

알렉스가 뒤돌아서 '불을 내뿜는 용'을 직면했을 때처럼 '깨어난' 사람이 자각 상태에서 꿈에 영향을 끼친 게 꿈의 심오한 본질과 목적에 조화를 이루면 꿈자아가 '통제한' 것처럼 보일 수는 있다. 하지만 그건 합기도에서처럼 꿈에 보이는 것 아래 더 깊은 곳에서 오는 에너지와 의미에 궁극적으로 조화하고 협력했기 때문이다.

꿈꾸는 사람이 자신의 자각 상태를 사소한 일에 사용하거나 잘못 이용하려 하면 꿈은 그런 개입을 그냥 무시하거나 무효화시켜 버린다. 이런 일은 '특허받은' 자각몽 기술 신봉자들이 인정하는 것보다 훨씬 더 빈번하게 일어난다. 그게 아니면 단순히 꿈꾸는 사람이 중단되거나 오용된 자각몽에서 드러난 중심적인 드라마나 문제들을 다른 꿈에서 다루기로 '약속하고' 깨어나게 된다.

이렇게 보면 자각몽도 보통의 꿈과 그렇게 다르지 않다. 꿈이 꿈꾼 사람이 관심을 가질 필요가 있는 정보를 가져다주지만 어떻게 반응하느냐는 꿈꾼 이에게 달려 있다. 꿈에서 자각 상태를 얻게 되는 사람들도 흔히 착각이나 실수로 결정을 내린다. 하지만 그건 꿈꾼 이가 가진 자기기만과 부정을 보여 주는 것이지 꿈 자체에 관한 것은 아니다.

고대 샤먼들이 습득한 기술과 통찰에 귀를 기울이면 자각몽의 세계에서 창의성을 성급하게 막아 버리고 스스로를 기만하게 되는 일을 피하는 데 도움이 된다.

전 세계 샤머니즘은 어디서나 모두 기본적으로 모든 것은 살아 있다는 것을 믿는다. 모든 사물에 생명을 불어넣는 영의 존재들과 에너지와 우리가 의식에서 보다 온전하게 관계 맺으려면 이들에 대해 알고 이름 붙일 수 있어야 한다. 인류학계에서는 이런 영적인 세계관을 낮춰서 애니미즘(물활론)이라 부르고, 이런 세계관과 연관된 제례와 의식을 '유아적'이고 '원시적'인 단계에 있는 종교의 특징이라 보았다.

하지만 꿈 세계의 본질에 대해 "모든 것은 살아 있다."라고 말하는 것은 고도로 정교하면서 또 절대적으로 옳은 분석이다. 꿈에서는 처음에 어떻게 보이는지에 상관없이 모든 것이 살아 있다. 프리츠 펄이 시작한 꿈에 대한 게슈탈트 접근법의 핵심이 바로 이 '물활론'이다. 즉 꿈속에 있는 모든 사물과 사람은 꿈꾼 이 내면에 살아 있는 존재와 정신의 어떤 측면을 보여 주는 것이다. '무생물'로 간주되는 기계와 의자, 탁자, 바위, 흙, 구름, 대지도 꿈에서는 모두 살아 있고 의식이 있으며 자기표현을 할 수 있다. 내가 용기를 내어 열린 마음과 존중하는 태도로 이들에게 말을 걸기만 한다면 말이다.

게슈탈트 방식으로 꿈을 다룰 때 꿈꾼 이는 꿈으로 다시 들어가 꿈에 등장한 다른 인물이나 형상들의 입장이 되어 꿈을 다시 상상하고 경험한다. 여기선 돌이나 나무도 의식이 있고 자기인식 능력이 있어서 '샤먼 같은' 탐험가와 말을 나누며, 꿈에서 벌어진 일에 대해 놀라운 통찰과 새로운 해석을 준다. 꿈이 반영하고 형상화한, 깨어있을 때 자기 삶에서의 드라마에 대해 더 깊이 이해할 수 있게 된다.

자각몽을 꾸는 사람은 꿈속의 모든 것이 살아있음을 기억할 필요가 있다. 사실 깨어있을 때도 마찬가지지만 꿈에 펼쳐지는 삶은, 한 사람이 지닌 개인적인 생명 에너지가 원형들과 우주라는 더 큰 생명과 뒤섞여 있다.

하나의 생명력이 모든 것에 생명을 불어넣는다는 데에는 원형적인 직관이 담겨 있다. 꿈 세계를 그렇게 보는 것은 고대 샤먼이 지닌 지혜일 뿐 아니라 우리가 심리학에 대해 알고 있는 것과 실험실에서 배운 꿈에 관련된 생화학적 지식과 완벽하게 일치한다.

이 '물활론적인' 세계관을 깨어있을 때의 물리적인 세계에 적용해 보면 윤리적으로 행동하고 두려움과 불안을 극복하는 데, 우리가 일상에서 만나게 되는 '동시성'의 경험과 다른 원형적인 패턴들을 정서적이고 영성적으로 만족스럽게 받아들이는 데 아주 긍정적이고 심오한 효과가 있다. 이런 사실 하나만으로도 '물활론'은 좀 더 연구해 볼 가치가 있다. 현대 과학이 이런 고대의 원형적인 아이디어에 가까이 가고 있다는 점을 볼 때 물활론을 다시 생각해 볼 여지는 더더욱 충분해 보인다.

이런 '원시적인' 세계관이 실은 가장 정확하고 정교하며 과학적인 가설이기도 하다고 볼 만한 이유가 늘고 있다. '가이아 가설'은 지구 자체가 거대 규모의 생태적인 기제를 가지고 행성 전체의 신진대사를 조절하는, 거대한 살아 있는 유기체라고 본다. 동식물 개체가 그러하듯 지구가 비슷하게 신진대사와 신체 기관의 항상성을 유지하고 자율적으로 조절하고 흉내 낸다는 것이다. 이 가설은 지구를 마치 태모the Great Mother의 살아 있는 몸으로 본 고대 모계 농경 신학이 되살아난 것처럼 보일 수 있는데, 태모 개념은 사실 수렵-채취 시대에 '물활론적' 샤머니즘에서 자라나 온 것이다.

현대 물리학과 우주론은 물리적인 우주에 존재하는 모든 원자가 우주의 기원으로 믿어지는 '빅뱅'이란 미분화된 심장에서 생겨났다고 한다. 칼 세이건이 말했듯 우리는 모두 '별 같은 존재star stuff'이다.

분화되지 않고 '생명이 없는' 것으로 여겨지는 원자들이 유기 분자들을 만들고 오랜 시간 동안 (이 글을 쓰고 있는 나와 읽고 있는 독자를 포함해) 지구상의 모든 생명체로 진화했다는 것이다. 그렇다면 내 생각에는 이들 원자들이 처음부터 쭉 살아 있었다고 보는 게 가장 타당할 것 같다.

지난 400년 동안 현대 과학의 기반이 된 '살아 있는 것'과 '생명이 없는 것' 사이의 구분은 점점 더 '명백한 것'과 '미묘한 것' 사이의 차이에 불과해 보인다. 그러니까 어떤 유기원자 집합체는 살아 있는 게 뻔히 관찰되고, 어떤 유기원자 집합체는 신진대사율이 너무 낮다 보니 오늘날까지 우리가 '생명이 없는 것'으로 생각해 온 것이다. 하지만 실은 이들의 신진대사가 너무나 천천히 또 미묘하게 일어나 우리가 관심을 갖고 지켜보는 짧은 시간 동안에는 관찰되지 않는 것일 뿐이다.

비기술 사회의 샤먼에게 그런 말은 너무 당연한 것이다. 우리가 가진 제한된 귀로는 돌이나 별에게서 언어로 된 답을 얻을 수는 없다. 하지만 시간을 초월하는 꿈의 세계와 치유가 일어나는 황홀경과 집단적인 신화의 세계에서 바위와 물과 바람과 별의 생명인 '미묘한' 영적인 에너지를 서로 만지고 이해할 수 있다. '물활론'이 인간의 기본 의식을 표현하는 것으로 본다면 칼 융이 말한 '집단 무의식의 원형들'과 조응한다.

내가 꾼 자각몽이 이런 원형적인 에너지와의 만남을 설명하는 데 도움이 될지 모르겠다.

이 꿈을 꾸었을 때 나는 주말에 그룹 꿈 작업을 지도하느라 여행 중이었고 누군가의 집에 묵고 있었다.

묵기로 한 방에 여행가방들을 들고 들어섰다. 방이 너무 커서 좀 놀란다. 빈 창고처럼 높은 천정에 철제 빔이 엇갈려 있다. 접을 수 있는 야전침대와 등받이가 곧은 의자 하나, 길쭉한 전기스탠드가 방 한 가운데 몰려 있다. 휑하니 큰 공간에 그게 전부다. 사방엔 높은 공업용 '주름' 창이 있고 창을 통해 들어온 빛이 잘 닦인 넓은 시멘트 바닥에 희미하게 반사된다.

나는 터벅터벅 방 가운데로 걸어가 큰 가방은 의자에 작은 가방은 침대 옆에 내려놓고 침대에 앉는다. 너무 피곤해서 눕고 싶은데 입고 있는 쓰리피스 '목사 정장'에 구김이 갈까 그러지도 못한다. 편한 옷으로 갈아입고 싶은데 정장을 벗어 걸어 둘 옷걸이가 없어 짜증이 난다.

갑자기 멀리 왼쪽 코너에 커다란 문이 열리고 두 명의 '잡역부'가 들어온다. 아래위가 붙은 녹색 빛 도는 갈색 작업복을 입었는데 빗자루가 달린 바구니를 몰고 온다. "아이고, 혼자 있기도 글렀네! 이건 좀 너무하잖아!" 싶다.

나는 그들을 맞으러 일어난다. 그 사람들과 말다툼을 해 봐야 소용 없을 테고, 그냥 '주인'에게 가서 미리 양해도 없이 사람들이 불쑥불

쑥 들어오는 곳에는 못 묵겠다고 얘기하는 수밖에 없을 것 같다.

두 '잡역부'가 가까이 다가온다. 그들은 아시아인, 그것도 티베트 사람들이다. 그 사람들이 더 가까이 오고 우리 눈이 마주친다. 순간 그들이 그냥 '잡역부'가 아니라 망명 중인 티베트 불교 승려들임을 알게 된다. 난민 공동체에서는 높은 학식과 권위로 존경받는 이들이 잡역부로 일한다.

아니면? 갑자기 나는 이 잡역부 행세가 위장임을, 일종의 '시험'이란 걸 분명하게 알겠다. 작업복과 청소도구에도 이 사람들이 누구인지, 정말 어떤 사람인지 내가 알아볼 수 있을 것인가?

나는 이들이 중요한 티베트 불교 지도자들이라는 것뿐 아니라 내가 꿈을 꾸고 있다는 것을 확신하게 된다. 흥분을 가라앉히며 나한테 묻는다. 이 꿈에서 내가 제일 하고 싶은 게 뭘까?

텔레파시로 그들을 반겼다. "환영합니다! 저는 제가 꿈을 꾸고 있고 당신들은 꿈속 인물들이란 걸 알아요." 둘은 함박웃음을 터트린다. 한 명이 조금 더 젊긴 하지만 둘은 '같은 급'으로 편안하고 동등한 사이다. 서로 '경쟁 관계'인 계파, '붉은 모자'와 '노란 모자' 출신으로 둘이 이렇게 서로 도우며 편하게 친구처럼 지내는 것은 아주 드문 일이다.

이 지혜로운 이방인들에게 중요한 질문을 하고 싶다. 내가 제일 알고 싶은 게 뭐지? 이 순간 어떻게 최상의 질문을 말로 잘 표현할 수 있을까? 나는 질문을 모호하게 했다가 의도치 않게 자각 상태를 잃고 꿈에 의식적이고 창의적으로 참여할 수 있는 능력도 잃을 수 있음을 알기에 조심스럽다.

내가 텔레파시로 묻는다. "어떻게 하면 의식에서의 자각 능력을 손상하지 않고도 신성과의 관계를 강화하고 깊게 할 수 있을지 얘기해 주세요."

둘이 무슨 말인지 알겠다는 듯 웃는다. 어떤 뿌듯한 성취감이 든다. 이 순간 내 온 존재를 다해 물을 수 있는 최선의 질문을 제대로 해냈다.

나이 많은 사람이 텔레파시로 말한다. "우리 전통에 따라 완벽한 제단을 만들게나."

실망감이 몰려든다. 얼마 전에 깨어있을 때 티베트 불교광인 여동생이 준 논문을 읽은 적이 있다. 동생이 따르는 '바즈라요기니' 교파에서 제례를 위해 아주 정교하게 제단을 차리는 절차에 대한 것이었다. 기본적인 내용은 기억하지만 책이 앞에 있어야 뭐든 할 수 있을 것 같다. 하지만 무엇보다 내 질문에 그토록 기계적이고 의례적인 답을 주다니, 실망스럽다. 꿈자아에게서 뭔가 더 끌어내고 싶었는데 말이다. 왜 이 순간 꿈은 내가 생각할 수 있는 최선의 질문에 이토록 불만스런 대답을 주는 걸까?

갑자기 관심이 오른쪽으로 쏠리면서 방 중간쯤에 티베트의 의례용 제단이 아름답고 완벽하게 차려져 있는 것을 본다.

조금 전만 해도 없었던 제단이 제물과 의례용 기구까지 완벽하게 갖추어져 있어 나는 깜짝 놀란다. 웃음이 난다. 두 사람이 여동생이 준 논문에서 읽은 내용을 자세하게 기억해 이 '완벽한 제단'을 차리도록 도와준 것이다. 거기다 나는 제단을 구성하는 것들과 기구 하나 하나에 담긴 미세하고 다양한 상징적 의미를 자세하게 기억하고 전체 디자인과 의미도 이해하고 있다. 기분이 좋아진다.

왜 이 꿈이 내게 왔는지 깊이 깨달으면서 기쁨이 몰려온다. 하지만 내가 실수를 하나 한 걸 퍼뜩 깨닫고 놀란다. 두 사람을 돌아다보며 말한다/생각한다. "고맙습니다. 도와주셔서 정말 고맙습니다. 그리고 죄송합니다. 두 분이 그냥 제 꿈속의 인물만이 아닌 걸 몰라 뵀어요. …… 두 분은 원형적인 인물이신 거죠. 저와 제 꿈에 기댄 존재들이 아니세요. 저를 찾아와 주셔서, 또 이렇게 꿈에 나타나 주셔서 고맙습니다."

내가 생각하는 동안 두 사람은 더 크고 환하게 웃는다. 이제 그분들이 더 이상 작업복 차림이 아니고 나도 정장 차림이 아니다. 우리 셋 모두 티베트식으로 '천사들의 체현'을 위한 의례에서 쓰는 가운을 입고 있다. 탑같이 생겨 중심에서 사방으로 뻗어나가는 금속으로 된 '햇살' 혹은 '꽃잎'이 달린 전통적인 헬멧/모자도 쓰고 있다. 이 의례용 모자가 지닌 모양과 구조는 우리 몸과 마음에 있는 우주의 에너지를 집중하기 위한 것이란 걸 알겠다.

우리는 이제 각자 다른 쪽에서 제단을 보며 서 있다. 사방은 투명하고 아름다운 천으로 둘러싸여 있다. 우리는 제단으로 함께 '들어간다'. 각자 선 자리에서 중심을 향해 움직여 나간다. 꿈은 계속 되지만 그걸 어떻게 묘사할 말이나 이미지가 없다.

이 꿈은 그때나 지금이나 내게는 아주 만족스러운 꿈이다. 꿈속의 두 인물은 '원형적'인 존재로 나 개인이나 내 꿈과 상관없는 존재들이다. 하지만 그분들이 거기 나를 위해 있었고 그걸 내가 명확하게 알고 있었다는 것은 그때나 지금이나 아주 감동적이다. 꿈에서 가장 답답했던 '제단으로 들어가는' 부분이 실은 가장 신나는 부분이기도 했다. 그게 원형들 자체의 세계임을 어떤 면에서 나는 알고 있다. 그때 느낌은 아주 구체적이고 물질적인 것과, 보다 생생하면서도 비물질적인 것 둘 다였다. 그 비물질적인 것은 겉모습 너머에 있는 가장 진정한 존재로, 실상 모든 겉모습을 만들어 내는 근원이기도 하다. 이들 인물들과 직접 교류할 수 있었다는 것은, 그것도 꿈인 줄 알면서 그랬다는 것이 내게는 매우 소중하고 지금도 무척 흥미롭다.

연관된 또 다른 층위에서 보면 이 꿈은 내 개인의 심리영성적인 성장에서 그림자의 진화라는 문제를 장난스럽게 다루고 있기도 하다. 지금까지 나는 모든 종교와 세상의 권위를 근본적으로 미심쩍어해 온 편이다. 특히 밀교의 도그마나 모든 사람이 쉽게 금방 얻을 수 있는 지식이나 정보에 기반을 둔 권위라면 더욱 그러하다. 하지만 동시에 꿈 작업을 하고 공동체를 조직하는 사람으로서 또 누군가가 읽을 책을 쓰는 사람으로서 지식과 경험에서 오는 정당한 권위가 있다는 것을 나 자신 인정할 수밖에 없다. 내 소명을 받아들이기 위해서라도 모든 외부의 권위를 잠재적으로 합법적이지 않다고 계속 거부하거나, 한때 그랬던 것처럼 내가 가진 권위에서 오는 체험들을 무시할 수는 없는 것이다.

꿈속 스님이 "우리 전통에 따라 완벽한 제단을 쌓으라." 하신 훈계에는 권위에 대한 내 그림자 드라마에 담긴 모호함이 상징적으로 요약되어 있다. 늘 그렇듯 해결책은 내가 나 자신을 알고 두려움을 버리고 나의 '적'(즉 '비합법적인 권위')을 사랑과 존경으로 온 마음을 다해 열정적으로 포용하는 것이다. 꿈은 내가 실제로 그렇게 할 수 있는 기회를, 내 안의 인격과 무의식에서 벌어지는 과정들을 신뢰할 기회를 주었다. 이런 의미에서 꿈은 나란 사람이 가진 창의적인 가능성들에 대해 더 깊이, 더 폭넓게 알 수 있는 또 다른 기회를 준 것이다. 이를 통해 나는 스스로와 다른 '권위들'에 대한 의구심과 불신이라는 그림자 '문지기'를 넘어서, 내 삶 안에서 원형적이고 창의적인 충동의 근원에 더 가까이 다가갈 수 있었다.

이 꿈을 처음 일기장에 적을 때 나는 제단(altar)을 계속 바꾸다(alter)로 잘못 적었다. 무의식중에 내 태도와 습성을 바꿔야 할 필요가 있다는 꿈의 메시지를 강조한 것 같다. 내게 '티베트 수도승들'은 특히나 감정이 실리고 모호한 '비합법적인 영성적 권위'의 이미지였다. 최근 미국에 있는 티베트 난민 공동체에서 한 지도자가 자신도 모르는 사이 추종자 여럿에게 에이즈를 퍼트린 일이 있었기에 더 그랬는지 모른다. 동시에 명쾌하고 설득력 있으면서도 심리적인 표현이 세련된 티베트의 원형적인 종교 제도와 철학 사상에 끌린다. 그래서 권위와 싸우는 나를 표현하는 데 '경직되고 의례적인 요구'를 한 '현명한 티베트 수도승'의 이미지는 더욱 적절해 보인다.

내가 가진 창의적인 가능성들을 펼치기 위해선 '밀교적인 권위'가 지닌 그림자를 포용하고 수년 동안 공부하고 경험한 것들을 의식 수준에서 존중하고 잘 활용할 필요가 있음을 보여 준다. 두려운 것은 다른 사람들의 예에서 너무 많이 봐 온 것처럼 내가 가진 권위를 잘못 사용하는 것이다. 여기서 아이러니는 의식 수준에서 내가 지닌 권위를 인정하고 포용하지 않으면 어떤 무의식적인 투사를 통해 이 권위를 잘못 사용할 게 뻔하다는 점이다. 이렇게 자신이 가진 기술과 능력을 받아들이는 게 때로는 자신의 어리석음과 결점을 인정하는 것보다 더 어렵다.

전 세계의 샤먼들은 '영의 세계spirit world'와 만나는 게 꿈꾸는 것과 아주 비슷하다고 증언한다. '영들spirits'은 항상 선물과 장난스럽지만 궁극적으로 지혜와 용기를 키울 도전거리를 준다. 영들은 다양한 모습으로 위장하고 나타나 제한된 개인의 자아를 뛰어넘어 어떤 존재와 에너지를 느끼게 해 준다. 이런 식으로 자각몽에서 집단 무의식의 에너지가 실린 '영원한' 원형과 만나게 되면 고대 샤먼들이 영적인 수행에서 얻던 기본적인 통찰과 은유를 재발견하고 그 수행에 담긴 구체적인 기술과 전략을 '재창조'하게 된다.

샤먼 체험은 손상되지 않고 미개발 상태인 자연과 접할 때 그 생기를 회복한다. 하지만 이렇게 일깨워진 에너지가 현대 사회의 기술/언어적인 세상과 만나 적용되지 않으면 '샤먼의 되살아남'은 자기기만과 부인이, 그런 만남이 가져다주는 창의적인 가능성과 변화해야 하는 책임으로부터 도피하는 또 다른 수단이 될 뿐이다.

진정한 샤먼 전통은 열려 있고 모험을 좋아한다. 보통 '이성'으로 삶을 다루는 것보다 더 의식적이고 복잡하며 다층적이다. 집단 무의식의 원형적인 패턴들을 실용적인 실재로 인정하는 세계관으로, 자아보다 환시와 꿈을 진정한 에너지와 교감하는 더 실제적인 수단으로 받아들인다. 기술 이전 사회에서뿐 아니라 현대 산업 사회에서도 진정한 샤먼은 새로운 기술과 새로운 일처리 방식, 새로운 사회관계와, 경험의 틀을 잡고 개념화하는 데 열려 있다. 진정으로 샤먼다운 탐색은 '미신'과는 정반대이다. 늘 열려 있고 도그마에 빠지지 않으며 사회적 인습을 받아들이기보다는 익숙하고 사회에서 받아들여진 것 너머의 것을 탐색하기 때문이다.

기술 개발 이전의 인습을 우리 시대의 인습으로 대체하는 것은 전 세계의 진정한 샤먼 전통이 지닌 아이러니한 안티테제antithesis*이다. 최근에 되살아나고 있는 샤먼 전통에는 전통적으로 샤먼 관습에 있던 극적이고 권위적인 장신구들을 너무 많이 포함하고 있다. 그러

---

* 정반합에서 '반' 혹은 '반정립'-옮긴이 주.

면서 가장 기본적이고 실용적인 면, 즉 모든 것이 살아 있고 그에 대해 더 많이 알고 가까워질수록 내가 상상하고 드러낼 수 있는 창의적인 가능성도 더 커진다는 부분은 놓치고 있으면서 말이다. 사실 그 점은 동물이나 '질병의 정령'을 다룰 때나 자동차나 컴퓨터가 지닌 미묘한 상징적인 에너지를 다룰 때도 적용되는 것이다.

다음은 내가 캘리포니아 주 버클리에 있는 어느 치료시설에서 일할 때 꾼 꿈이다. 나는 수석 치료사로 정신분열증과 자폐를 앓는 청소년과 청년들을 대상으로 융 심리학에 기초한 거주 치료 프로그램을 책임지고 있었다.

어둡고 회색인 알 수 없는 공간을 떠다니고 있다. '에릭'이 앞에 나타나 눈을 굴리며 깔깔거린다. 에릭은 프로그램에 참가한 아이들 중에서도 많이 불안정한 아이인데, 눈을 굴리는 건 아이가 자기 안으로 물러나 가장 '흥분한' 상태일 때 하는 행동이다. 나는 아이를 한참 지켜본다. 지켜보는 동안 아이의 아우라가 보이기 시작한다. 이상한 분홍색으로 아이를 감싸고 주변 40~50센티미터까지 뻗어 나가 있다. 분홍색 빛이 구름처럼 천천히 움직이며 모양을 바꾼다. 까만 '가시'나 '못' 같이 이상한 것이 비죽이 나와 있다. 흉하고 까만 게 한 30센티미터 길이에 아이 몸 쪽에 붙은 폭이 1~2센티미터쯤 된다. 끝으로 갈수록 좁아져 날카롭다.

너무 피곤해서 자러 가고 싶다. 피로감과 싸우는 동안 이미 잠들어 있으니까 다시 잠드는 건 아무 의미가 없다는 생각을 한다. …… 나는 이미 잠들었고 이건 꿈이다.

이제 내가 꿈꾸고 있는 걸 알기에 에릭을 더 주의 깊게 쳐다본다. 애가 '그저' 내 안에 있는 상처 입고 '미친 아이' 같은 면이 투사된 건가? 그래, 꿈을 꾸고 있으니까 그럴 거야. 하지만 이런 생각을 하는 동안에도 계속 아이가 그 이상의 무엇일 거라는 느낌이 든다. …… 피로감은 더해 가고 자각 상태이긴 하지만 내 마음은 점점 더 몽롱하고 느려진다. 왜 꿈에 에릭이 못생긴 까만 가시가 달린 아우라를 갖고 나타났을까? 이 꿈이 추구하는 건강과 온전함은 뭘까?

이 꿈이 전하려는 다양한 의미가 뭐든 까만 못은 정말 흉하고 어울리지 않아 보인다. "이 그림에서 뭐가 잘못 됐지?"라는 다소 이상한 생각이 든다. 그 '못'이 뭐든 간에 없애 버려야겠다. 내키지 않지만 억지로 아이에게 다가간다. 텔레파시로 아이에게 가시를 '뿌리 뽑을 것'이라 말해 준다. "뿌리 뽑는다."라는 표현을 사용한 데 놀란다.

손으로 가시를 당기며 뿌리 뽑는다는 말이 정말 적절한 선택이었단 걸 깨닫는다. 가시가 피부 몇 센티미터 아래까지 뻗어 있어서 그냥 잘라 내는 게 아니라 정말 손으로 당겨 내야 한다. '뿌리'가 완전히 제거되지 않으면 '가시'가 다시 자라날 게 분명하다.

마침내 눈에 보이는 가시를 앞뒤로 다 뽑아 낸다. 일이 끝나 안심이 된다. 피로가 엄습해서 나는 잠으로 빠져든다. 에릭이 어둠 속으로 사라진다.

사실 꿈 자체로는 그리 별날 게 없다. 그 시설에서 근무하는 사람들이 자기가 맡은 아이의 꿈을 꾸는 일은 흔했다. 정신분열과 자폐를 앓는 청소년을 매일 치료하다 보니 우리 안에서 해결되지 않은 정서적 드라마를 만나게 되는 건 어쩔 수 없는 일이었다. 누군가는 심리 영성적으로 자신의 한계에까지 몰리기도 하고, 때로는 우리가 지닌 최고의 창의적인 변형 에너지와 가능성을 만나게 되기도 했다. 그러다 보니 직원들 내면에서 일어나는 성장과 치유에 대한 은유로 '아이들'을 치유하는 꿈을 꾸는 일이 잦았다.

하지만 보통의 '아이를 치유하는' 꿈들보다 이 꿈에 더 마음이 끌렸던 것은, 특히 자각 상태와 샤먼 행동과 관련해, 그 다음날 일어난 일이다.

이튿날 아침 나는 자주 그러듯 시설 안에 있는 한 건물에서 다른 건물로 가고 있었다. 나무 그늘이 진 길을 지나는데 에릭이 수련 중인 치료사와 함께 내가 있는 쪽으로 오고 있는 게 보였다. 나를 보자마자 에릭은 직원에게서 벗어나 내게로 맹렬하게 뛰어왔다.

두려움이 엄습했다. 지금까지 그랬듯 에릭이 이유 없이 나를 심하게 공격할 줄 알았다. 에릭의 공격을 최대한 잘 받아 내고 무마할 요량으로 시멘트 길에서 벗어나 잔디로 내려섰다. 놀랍고 다행스럽게도 에릭은 내 얼굴 몇 센티미터 앞에서 멈춰 소리만 질렀다.

"어제 밤에 나한테서 뭐 훔쳐 갔지. 당장 내 놔." 아이가 화난 목소리로 말했다.

그날 아침 나는 기회가 없어서 아내를 포함한 그 누구에게도 꿈 이야기를 하지 않았다. 그래서 에릭이 한 말이 놀랍고 믿기 어려웠다. 뒤따라온 직원이 불안해하며 에릭 바로 뒤에 섰다.

"어젯밤에 난 우리 집 침대에서 자고 있었는데." 내가 말했다.

"아냐. 어젯밤에 나한테서 뭘 훔쳐 갔어. 돌려줘!" 에릭이 계속 소리쳤다.

치료 현장에서는 '환자의 망상에 참여하는 일'을 장려하지 않는다. 하지만 그 순간 이론에 충실하기보다는 정서적으로 정직하고 진실한 게 치료에 더 중요한 것 같았다. 사실 전날 밤 내가 '뭔가 가져온' 느낌이 들기도 해서 조심스레 대화를 이어가기로 했다.

"그럼 그렇다고 치자. 근데 어젯밤에 내가 너한테서 뭘 가져왔지?"

"기억 안 나. 그렇지만 뭘 가져갔잖아. 돌려줘!" 에릭이 대답했다.

"기분이 어때?"

에릭은 내 질문에 놀란 것 같았다. 보통 때라면 에릭은 자기 기분에 대해 말하려 하지 않고 말할 능력도 없었다. 하지만 그날 아침 놀란 에릭이 대답했다. "괜찮아……기분이 괜찮아."

"그래? 그거 꽤 드문 일이잖아, 그치?" 대화의 톤이 바뀐 기회를 놓치지 않고 내가 말했다. "그럼 어젯밤에 잃어버린 거 정말 돌려받고 싶은 건 아닌가 봐?"

우리는 서로를 오래 쳐다봤다. 누구와도 눈을 맞추지 않는 에릭으로선 이 또한 드물고 놀라운 일이었다. 그러다 아이가 천천히 고개를 끄덕였다. 눈으론 여전히 나를 쳐다보면서. 내 말에 자기 '기분이 괜찮다'는 걸 갑자기 깨닫고는 '잃어버렸다'는 것에 대해선 까맣게 잊어버린 듯했다.

"그래, 네 말이 맞을 수도 있겠다." 에릭이 평소 자기답지 않게 차분하고 또렷하게 대답하고는 직원과 같이 걸어갔다.

이 이야기가 '마술'이나 '미신' 같이 들릴지 모르겠다. 이런 종류의 체험은 샤먼들이 자기네가 하는 일이 효과가 있고 추구할 만한 것이라 옹호할 때 내놓는 것이다. 또 오랜 시간 동안 꿈의 세계를 꾸준히 탐색하면서 의식 수준이 높아짐에 따라 하게 되는 체험이기도 하다. 함께 꿈 작업을 하면서 어느 정도 깊이 있게 정서적인 교감을 나누게 된 사람들일 때 특히 더 그렇다. 깊은 정서적/감정적 교감은 사실 '미신'과는 반대되는 것이다.

내가 에릭과 같은 꿈을 꾼 걸 그저 우연이나 운으로 무시할지 모르겠다. 하지만 나는 그렇게 보지 않는다. 나는 그 사건이, 그리고 20여 년 꿈 작업을 하면서 경험한 다른 많은 경우가, 겉모습 아래 '감춰진' 상징들에 담긴 의미를 의식적으로 찾고 개발한 결과라고 짐작한다.

에릭이 내가 자기한테서 뭔가 가져가는 꿈을 꾸었다면, 자신의 정신 안에 치유 능력이 있는 부분을 내 이미지로 동일시했다고 볼 수 있다. 그 치료시설의 프로그램을 만들 때 우리는 아이들이 직원에게 그런 투사와 '전의'를 일으켜 그 과정을 통해 치유되게 주의를 기울였다. 이 예에서 우리의 그런 노력이 어느 정도 성공했다고 볼 수도 있을 것 같다.

그리고 내가 에릭이 받는 치료에 충분히 동조되어 있어서 그런 전이가 일어났고 또 분열되어 있던 인격의 일부가 막 통합되려 한다는 것을 선의식에서 알고 있었다고 할 수 있다. 그 사건이 우연이 아니라는 것은 에릭이 평상시와 달리 거친 행동을 자제하고 대화하는 동안 기꺼이 눈을 맞추고 있었다는 데서도 알 수 있다.

이런 상황이라면 내가 '에릭을 치유하는' 꿈을 꾸었다고 할 수 있다. 부분적으로는 아이가 새롭고 보다 적절한 행동을 할 준비가 되었다는 무의식에서 이뤄진 관찰을 치료사로서 의식의 표면으로 가져올 수 있었기 때문이다. 동시에 아이 또한 자신의 오랜 습관적인 '미친' 반응을 치료사인 내 이미지가 '훔쳐' 가는 상징적인 치유 행위를 한 것으로 생각해도 말이 된다.

어쨌든 그 꿈 덕분에 내가 열린 마음으로 에릭을 긍정적으로 대할 준비가 되었고 또 긍정적인 결과가 나온 것은 분명했다. 에릭으로선 그런 정상적인 반응이 아주 드문 것이었고, 이후 그의 행동에도 많은 영향을 미친 것 같았다.

꿈에서는 텔레파시라고 불릴 만한 것이 자주 일어난다(3장 참조). 개인들 사이의 정서적인 관계가 어떤지에 따라 또 비슷한 상징에 정서적으로 어떻게 반응하는지에 따라 텔레파시는 이들을 연결시키는 '다리' 같은 것이다. 이 경우 에릭과 나 사이에는 치료와 '치유'라는 정서적인 연결이 있었고 (상징적으로 내 꿈에서는 "에릭의 아우라에서 보기 싫은 가시를 제거하는" 것으로 또 에릭의 꿈에서는 내가 "뭔가 훔쳐 가는" 것으로), 그래서 정말 어떤 '샤먼 같은' 텔레파시로 같은 꿈을 꾸는 요소가 있었던 것 같다.

D. T. 스즈끼 박사가 처음 선 불교를 미국으로 가져왔을 때 LA 지역에서 자주 강연을 했다. 전하는 이야기에 따르면 어느 날 저녁 박사가 한 시간 반 정도 강연을 한 후 청중으로부터 질문을 받았다고 한다. 한 청년이 일어나 "박사님 말씀을 집중해 들었습니다. 계속 '깨달음'에 대해 말씀하셨는데 그에 대한 정의는 안 내리셨어요. 그 말의 의미가 뭔지 설명 좀 해 주실 수 있겠습니까?"

스즈끼 박사는 좌절감으로 고개를 흔들며 말했다고 한다. "그런 질문을 하는 걸 보니 오늘 저녁 내가 한 말을 하나도 이해 못 한 모양이네. '깨달음'이란 어떻게 말로 정의할 수 있는 게 아니네. 경험이지. 한결같은 명상 수련을 통해 직접 이해할 수 있는 것이라네."

그 청년은 쉽게 기죽지 않고 다시 물었다. "예, 그건 이해하겠어요. 하지만 그런 경험을 하려면 어디서 시작해야 할지 도움이 될 만한 정의를 내려주셔야죠. 솔직히 박사님이 무슨 말씀을 하는지 이해 못 하겠어요. 전 정말 이해하고 싶거든요."

다시 한 번 스즈끼 박사는 난색을 표하며 말했다. "내 말 잘 듣게나. '깨달음'은 말로 정의할 수가 없네."

청년이 끈질기게 다시 한 번 물었다. "스즈끼 박사님, 저는 미국인

입니다. 저희는 무슨 정의가 있어야 명확하게 생각할 수 있어요. 정말 박사님 생각을 이 나라에 퍼트리고 싶으시다면 이런 질문에 조만간 답을 하셔야 할 거예요. 그래서 '깨달음'을 말로 정의하기가 힘들다는 걸 인정하더라도, 이 질문에 답을 한다면 어떻게 하실 건가요?"

스즈끼 박사는 이제 아주 심각해져서 대답했다. "젊은이, 자네가 방금 무슨 짓을 했는지 아는가. 내가 온 곳에서는 선생이 대답을 거부하는데도 학생이 용기 있고 끈기 있게 세 번 질문을 하면 선생이 반드시 대답을 해야 한다네. 그래서 자네를 돕기보다 잘못 인도할까 걱정이 되지만 '깨달음'의 정의를 내려 보도록 하겠네. '깨달음'은 습관적인 직관(habitual intuition)으로 이해해도 될 걸세."

같은 질문에 답을 하라는 요청을 받았을 때 알란 와츠Alan Watts가 이 이야기를 전해 주었다. 그는 다음과 같이 간단하게 덧붙였다. "잘못 인도하는 게 될지 모르지만 '습관적인 직관'은 내가 생각할 수 있는 최고의 답이에요. 실제적인 수준에서 그게 의미하는 것 하나는 문외한들에게 '깨달음'이 또 깨달은 사람의 삶이 행운으로 보인다는 거지요."

내가 꿈을 탐색하고 나누는 걸 깊이 믿는 이유 중 하나는 '아하' 인식을 구하는 동안 직관력이 동원되고 맞춰지기 때문이다. 꿈 작업이 습관이 된 사람이라면 조만간 중요한 메시지를 '아하' 하고 깨닫는 것이 꿈 작업을 하지 않을 때도 보다 의식적이고 쉽게 일어난다는 것을, 즉 '습관적'이 된다는 것을 알게 된다. 꿈으로 작업하는 것이 진정한 '영성적 훈련'이 될 수 있는 이유는 바로 이런 '습관적 직관'을 키우기 때문이다. (이 또한 '행운으로 보이는' 편이다.)

선의식에서 벌어지는 관찰과 치유의 직관이라는 면만으로도 에릭과 내가 같은 꿈을 꾼 것은 단순한 '행운'이라 보기엔 아주 의미심장해 보인다. 하지만 이런 종류의 '교차 꿈꾸기'와 지난 20년 넘게 내가 경험한 다른 '샤먼' 꿈과 경험들로 인해 나는 전통적으로 텔레파시라 불리는 것에, 그리고 텔레파시가 가진 '샤먼적인 치유'에 대해 아주 열린 마음을 갖게 되었음을 인정해야겠다.

비록 꿈 덕에 길에서 에릭을 만나 계획에 없는 치료 세션을 할 준비가 되긴 했지만, 이 꿈은 내 심리에서 계속되고 있는 '미친 아이'를 치유하고 변모시키려는 그림이기도 하다. 에릭이 내 꿈에 나타난 것이 부분적으로는 내가 아이와 그리고 아이가 겪고 있는 정서적인 상징 드라마와 동일시한 부분이 있기 때문이고, 기괴하게 과장된 나 자신이 가진 드라마에 대한 풍자였다. 그런 꿈과 관련해 나 스스로를 치유하는 데 실제로 관여하게 되면 내가 똑같거나 비슷한 문제를 다루는 사람들에게 보다 나은 치료사가 될 것이란 것도 나는 알고 있다.

이건 "상처를 받아 본 자만이 치유할 수 있다."는 오랜 원형적인 지혜이다. 전 지구상에서 '치유의 신들'은 그들 자신이 아프고 상처를 받은 적이 있다. 스스로의 심리영성적인 성장과 회복에 적극적이고 창의적으로 참여한 치료사나 상담가는 다른 이에게 많은 도움을 줄 수 있다. 내 경험으로 "아닌 사람은 아니다." 칼 융이 즐겨 말했듯 "사람들은 우리가 무슨 말을 하는지가 아니라 우리가 누구인가에서 배운다. 그렇지 않다고 생각하는 것은 마음의 병이다."

지난 세월 동안 내 경험으로 치료사/상담사와 내담자의 꿈이 이런 식으로 '겹치게' 되면, 혹은 서로에 대한 꿈을 꾸기만 해도, 의미가 있으며 결코 '단순한 우연'으로 치부해서는 안 된다고 확신하게 되었다. 그런 '우연들'은 분명히 융이 동시성(겉보기에 아무 연관 없이 우연히 일어난 듯한 사건들 사이에 존재하는 깊이 중요한 관계)이라 불렀던 원형적인 현상의 중심에 있는 것들이다. 원주민 샤먼들도 이런 동시성을 가진 사건들을 눈치 챘고 모든 사물에 생명을 불어넣는 '영적인 에너지'와 가까이 만날 때 일어나는 것이라고 믿었다. 나는 이것이 똑같은 걸 그저 다르게 말하는 것이라고 갈수록 확신하게 된다.

고대 샤먼들이 가진 개념과 용어와 통찰은 특히 가치 있다. 직관적인 깨달음과 개인의 용기, 아름다움에 깨어있는 것을 추상적인 이론이나 이성적인 사고만큼이나 중요한 것으로 끌어올리기 때문이다. 나는 이런 종류의 에너지가 내 삶에서 창의적인 에너지를 성장시키고 풀어내는 데 가장 중요하다는 것을 체험으로 알고 있다. 또 이들 '개인적인' 특성과 에너지가 다른 사람을 치유하고 변환시키는 데 아주 효과적이란 것도 알고 있다.

9장
꿈과 원형의 진화

원형은 같은 신화적 아이디어들을 되풀이해 생산해 내는 '준비된 무엇'이다. 꿈이나 환상, 삶에서 원형이 등장할 때 어떤 영향이나 힘에 이끌려 신비한 경험을 하거나 행동하게 한다.

_칼 융

'원형'은 오늘날 또는 역사적으로 반복되는 에너지와 형태, 상징적인 의미 등을 통해 자신을 드러낸다. "원형이 우리 안에 있다기보다 우리가 원형에 둘러싸여 그 안에서 살고 있다는 표현이 더 정확하다." 라고 그리스의 치유자인 에반젤로스 크리스토우Evangelos Christou는 말했다. 우리는 날마다 원형의 영향을 경험한다. 원형적인 패턴과 상징 드라마가 정기적으로 우리 꿈에 나타난다. 그뿐 아니라 우리는 의식적으로든 무의식적으로든 알아볼 수 있는 동일한 신화적 주제를 개인과 집단의 삶에서 끝없이 변주하며 반복한다.

지구 전체와 인류의 역사를 되돌아볼 때, 이 원형의 에너지들은 다양하고 서로 연관된 물리적인 형태와 구조, 상징적 의미, 심리영성적인 중요성을 띠고 나타났다. 이 원형적 패턴들은 우리가 개인으로서 또는 집단적으로서 진화함에 따라 발전하고 변화해 왔다. 우리의 꿈이 그것을 증명한다.

하지만 칼 융이 지적했듯이 집단적인 영역의 원형이 진화하는지 그렇지 않은지는 확실히 대답할 수 없다. 우리가 원형에 대해 알고 있는 것은 모두 우리 삶에서 원형이 등장할 때 우리의 제한된 인식과 선조들이 해 준 설명을 근거로 한 것이다. 우리가 '집단 무의식의 원형'의 존재를 추정하는 방식은 플라톤이 '이상형'의 존재를 동굴 벽에 생긴 그림자에서 추정한 것과 마찬가지이다.

　원형을 직접적으로 인식할 수 있는 능력은 실존적으로 제한되어 있다. 따라서 원형을 보는 우리의 '발전'이 원형의 에너지 자체가 변해서인지 아니면 원형의 에너지를 인식하고 개념화하는 우리의 능력이 바뀌어서인지 분간할 수 없다. 플라톤처럼 우리도 그림자를 만드는 대상 자체가 아닌 '그림자'에 대해서밖에 얘기할 수 없다. 인간의 인식이 근본적으로 제한되어 있긴 하지만 우리에게 원형이, 엄청나게 느린 모습이긴 하지만, 진화하는 것처럼 보이는 것은 틀림이 없다.

　칼 융이 '집단 무의식' 혹은 '객관적 정신'이라고 부른 영역은 이들 '원형'으로 구성된다. 이 영역의 실재는 원형적인 형태가 어떤 '모방'이나 '빌려 오는 일'이 없는 곳에 자발적으로 등장하는 것이다. 예를 들어 전 세계 어린아이들의 꿈이나 그림에 등장하는 기본적으로 동일한 형태가 있다. 역사적으로 완전히 분리되고 독립된 사회에서 기본적으로는 비슷한 문화적 표현이 있다.

　우리의 사회적·개인적 경험을 반복적이고 원형적인 이미지와 상징으로 표현하는 경향이 있다. 이 원형적인 형상들은 우리가 그 표현에 어떤 변화를 주더라도 본질적으로 같은 형태이다.

　융은 원형들을 자기보존, 생산 본능, 다양한 모습으로 변용되어 나타나는 타고난 '본능'이라고 제안했다. 이 장에서 나는 꿈에 등장하는 한 가지 원형과 그 원형이 개인의 의식과 집단 무의식에서 성장하는 역할에 집중하고자 한다.

'자발적 희생'이라는 원형은 개인과 집단의 성장과 발전에 아주 중요한 구실을 한다. 자발적 희생이 변용되어 나타나는 예는 무수히 많으면서도 '누군가 다른 사람을 살리기 위해 자기 목숨을 자발적으로 버린다'는 이야기는 본질적으로 유사하다.

역사적으로 자발적 희생의 이야기는 늘 처음에는 동물의 형태로 등장해서 점점 더 인간의 형태로 '진화'해 간다. 이 원형적인 상징 드라마의 '진화'에서 자발적 희생이 초기 동물의 모습일 때조차 신성한 존재라는 것은 분명하다. 불교와 그리스도교에서도 자발적 희생은 중요한 자리를 차지한다. 여기서 개인의 심리영성적인 성장과 인류와 세계 전체의 '구원'은 연결되어 있다.

개인의식과 지능, 호기심, 용기, 창의성, 자비심은 자발적 희생이라는 원형의 등장과 성장에 중요한 것 같다. 그건 인류의 진화와 병행하는 것 같다. 우리가 이런 미덕을 개인의 삶에서 체화할수록 종으로서 우리도 한결 더 잘 살게 된다. 이런 인간적인 에너지를 표현하는 것은 인간의식을 발전시킬 뿐 아니라 원형이 펼쳐지도록 돕는다.

용기 있고 양심적이며 자비심 넘치는 행동은 추상적이거나 일반적인 것이 아니며, 구체적이고 개별적이다. 개인의 인식과 관계, 창의적 표현이 이룬 성과가 누적되어 전체 사회와 문화를 만들어 낸다. 이런 의미에서 원형들이 자신을 드러내고 성장 발달하기 위해 인간 개개인의 삶이 필요하다고 표현할 수도 있다. 개인의 의식을 발전시키는 개별적인 행위와 경험이 있어야 하는 것이다. 달마가 말했듯

"네가 망상에 빠져 있으면 부처가 중생을 해탈하게 하고, 네가 깨달으면 중생이 부처를 해탈하게 한다. 부처가 홀로 부처가 되는 것이 아니며 중생들이 해탈하게 하는 것이다."

칼 융은 〈욥에 대한 대답Answer to Job〉에서 이 과정의 구체적인 예를 보여 준다. 욥기에서 그는 신성의 원형의 진화는 욥의 고통과 질의에, 결과적으로 인간의 윤리적 이해에 정비례한다고 분석한다. 융이 지적하듯 신성은 그 자체가 실제로 변하는 게 아니라 욥이 비탄에 빠져 정의를 갈구한 결과에 따라, 또 우리의 반응에 따라 인간에게 얼굴을 조금 더 보여 줄 뿐이다. 그렇더라도 신성을 볼 수 있는 인간의 능력이 진일보한 것은 틀림없다. 그 자체만으로도 '원형의 발전'이라고 볼 수 있다.

꿈에 나타난 원형의 형태가 명백하고 극적으로 나타날 때가 있다. 또 '신화적'이고 '신비롭고' 특별한 에너지로 가득 차 있을 때가 있다. 그런 꿈은 꿈꾼 이와 꿈 작업을 같이 하는 이들을 종교적이고 영성적인 영역으로 이끈다. 융은 이런 꿈들을 '큰 꿈'이라고 불렀다. 이 꿈들은 개인적인 것을 넘어서 초월적인 의미가 담겨 있다.

하지만 내 경험에는 모든 꿈 안에 초월적인 요소가 담겨 있다. 아무리 '작고' 조각나고 사적으로 보이더라도. 깨어 있을 때의 삶과 꿈에서 우리가 경험하는 모든 것의 기본적인 배경은 원형적이다. 전면에 등장하는 인물이 '과장되게' 보이건 그렇지 않건 상관없다. 예를 들어 평범해 보이는 꿈에 숨어 있던 원형적인 요소가 전면으로 등장하는 것을 자주 본다. 꿈꾼 사람이 특히나 용기 있고 창의적으로 행동할 때 그런 일이 일어난다. '평범한 꿈'이 행동을 하는 동안 '큰 꿈'으로 변하는 것이다. 이런 변환은 '일상적인 꿈'을 투사하는 과정에서 인류 전체의 감정과 노력을 반영하는 어떤 면이 부각될 때 일어난다.

내가 보기에는 이런 변환 속에서 원형들 자체가 성장하도록 도움을 받는 것 같다. 원형의 에너지는 개개 경험의 영향을 받는다. 꿈을 꾸는 개인이 집단 원형의 에너지의 영향을 받고 안내받는 것과 마찬가지이다. 이런 '개인이 원형에 미치는 영향'이 어떤 사건 하나를 통해 드러나지는 않는다. 하지만 나는 이런 경험이 인간이라는 종 전체에, 그리고 당연히 (모든 것이 살아 있고 서로 연결되어 있으므로) 우주 전체에 걸쳐 일어날 때 좀 더 완전하게 발전하고, 자기인식을 하게 만든다고 믿는다.

원형도 인류처럼 진화할 수 있다. 원형이 개인의 성장에 영향을 미치듯이 개인의 작업이 원형의 발전을 돕는다.

아주 공론처럼 들리겠지만 나는 '보통 사람들'은 매일 이런 작업을 하면서 개인과 원형을 심리영성적으로 진화시키고 있다고 믿는다.

카르멘이라는 여성이 꾼 꿈을 예로 들어보자. 카르멘은 50대 후반으로, 얼마 전 성공한 의사인 남편과 오랜 결혼 생활 끝에 힘들게 이혼한 여성이었다.

지역의 커뮤니티 칼리지에 새 학기 등록을 하는 날이다. 내가 원하는 강의를 놓치고 싶지 않아서 일찍 도착했다. 중요하고 좋은 강의는 등록을 시작하자마자 자리가 금방 차버린다.

수강 신청을 받고 있는 체육관으로 갔을 때 접수하는 남자가 나와서 원래 안내문에 적힌 것보다 접수시간이 늦춰졌다고 말한다. 등록이 점심시간이 지나 시작될 거라는 거다. 짜증이 나지만 난 아무 말 하지 않고 자리를 뜬다. 밖으로 나왔을 때 친구를 만났다. 그 친구도 수강 신청을 하러 왔는데 같은 소리를 들었단다.

우리는 등록이 시작되길 기다리며 같이 점심을 사 와 먹기로 한다. 하지만 우리가 앉자마자 뚱뚱한 교내 경찰이 와서 잔디에 앉으면 안 된단다. 짜증이 난다. "언제부터 그랬단 말이에요?"라고 묻고 싶지만 그냥 일어나 자리를 옮긴다. 길을 건너 공원 벤치에 앉아 점심을 먹는다.

막 편안해지려는 참인데 경찰이 와서 공원 벤치에서 음식을 먹으면 안 된단다. 노숙자 때문에 법령이 새로 생겼단다. 짜증이 치밀고 화도 나지만 우리는 아무 말 하지 않고 다시 길을 건너 학교로 되돌아온다. 어느새 등록 시간이 다 되었다.

체육관에 도착했을 때 문은 이미 열려 있다. 안으로 들어가니 아까 그 접수원이 우리가 떠난 후 등록 시간이 다시 바뀌었다고 알려 준다. 시간이 앞당겨져 등록이 다 끝났단다. 친구와 나는 원하는 강의를 들을 수 없게 됐다. 몹시 화가 나고 좌절감이 들어 나는 울기 시작한다. 하지만 접수원은 냉담한 채 신경도 안 쓴다.

나는 집으로 가려고 차를 탄다. 차를 몰고 가는 동안에도 화가 가라앉지 않는다. 하루를 다 낭비한데다 멍청한 행정상의 실수로 내가 원하는 걸 못 하게 됐다.

집에 도착해 거실로 들어가는데 공기가 이상하다. 바닥이 내려앉은 거실의 벽난로 앞쪽으로 이상한 동요가 느껴진다. 멈춰 서서 바라보는 동안 《스타 트랙》에 나오는 '공간이동기' 같은 '특수효과'로 변하더니 내 앞에 '귀신'이 나타난다.

귀신은 웃으며 당연하다는 듯이 "위층에 있는 딸을 데려와 내게 제물로 바쳐라."라고 명령한다. 딸의 목을 칼로 베야 한다.

나는 놀라 어쩔 줄 모른다. 내가 공포에 질려 바보처럼 서 있으니까 귀신은 "당장 서둘러. 내가 여기 하루 종일 있을 줄 알아!"라며 짜증을 낸다.

내가 안 된다고 하자 이번엔 손을 들어 부드럽게 타이르듯 얘기한다. "이봐, 내 말 들어. 일 어렵게 만들지 말고. 선택의 여지가 없단 걸 알잖아."

귀신 말이 맞는 것 같다. 내게 아무런 선택의 여지가 없는 것 같다. 딸을 데려오려고 몸을 움직인다. 멍하니 무슨 최면에라도 빠진 것 같다. 귀신이 최면을 걸어 나를 조정하기라도 하듯.

귀신에게서 등을 돌린다. 귀신이 내 눈에서 벗어나자 번득 떠오르는 생각이 있다. '정말 선택의 여지가 없을지 모르지만, 귀신 말을 듣느니 싸우다 죽는 게 나을 거야. 귀신이 날 죽이든 말든 상관없어. 딸

을 희생시키느니 차라리 내가 죽는 게 낫지!'

어디서 용기가 났는지 모르지만 나는 획 뒤돌아서 몸을 던져 "안 돼! 안 돼! 안 돼!" 하고 소리치면서 귀신을 때리고 할퀸다.

우리는 치고받고 싸운다. 귀신이 단박에 나를 압도할 줄 알았는데 그게 아니다. 내가 진짜로 귀신과 싸우고 있고 귀신은 아직 나를 꺾지 못했다! 나는 더 힘을 내서 싸운다. 우린 거실 바닥에 엎치락뒤치락한다.

그러다 귀신이 바로 내 눈앞에서 아버지로 모습이 바뀌기 시작하는 것을 본다. 나는 더 겁에 질린다. 귀신이 아버지로 바뀌는 걸 무슨 수를 써서라도 멈춰야 한다. 안 그러면 난 꼼짝없이 아버지가 시키는 대로 해야 한다. 나는 귀신의 얼굴을 손톱으로 할퀴며 "안 돼, 안 된단 말이야!" 하며 더 크게 소리를 지른다.

우리는 싸우고 또 싸운다. 싸움이 아주 오랫동안 계속된 것 같다. 귀신은 아버지로 변하지 못한다. 그러다 내게서 떨어져 나가더니 부글부글 거품처럼 끓어오르다 사라져 버린다. 나는 바닥에 널브러져 숨을 헐떡이며 운다.

바로 그때 딸아이가 위층의 제 방에서 잠이 깬다. 아이도 울고 있다. 이층 난간으로 와서 거실을 내려다보며 소리친다. "엄마, 정말 무서웠어요. 엄마가 끔찍한 귀신한테 날 바치려고 했어요."

표면적으로 이 꿈은 카르멘 개인이 겪고 있는 성차별과 유기당한 경험에 관한 것이다. 아무런 경고나 상의도 없이 '배반'과 '규칙이 바뀌는' 것은 이혼 경험과 뒤이은 삶이 힘겨웠음을 보여 준다. 일반적으로 여성을, 특히 나이 들고 이혼한 여성을 존중하지 않는 성차별적인 사회에서 생계를 꾸리고 자존감을 지키려 분투하는 양면을 모두 보여 준다. '교육받은' 것이라고는 사회적으로 올바른 아내와 엄마인 그녀의 의식은 꿈에서 '바른 강좌'를 들어야 한다는 불안감으로 드러난다.

다른 면에서 이 꿈은 내면화된 억압에 맞서는 그녀의 영웅적인 싸움을 보여 준다. 꿈 전반부의 좌절감과 부정의, 위선 등은 카르멘이 깨어 있는 동안 겪은 '불공평한' 성차별과 억압을 극적으로 보여 준다. 숨 막힐 것 같은 규칙들과 마음대로 바뀌는 계획 등은 남성 지배의 중상층 미국 사회에서 살면서 그녀가 자존심에 입은 내면화된 상처를 보여 주는 그림이다.

꿈 중반에 '집'으로 돌아가고 집의 가장 중심이 되는 벽난로에서 '귀신'을 만나는 것은 카르멘의 자존심이 내사된 정도를 보여 주는 척도이다. 그건 바로 그녀 정신(집)의 심장부(벽난로)에 있다.

하지만 '귀신'과 오만한 '행정관', 무례한 두 경찰관도 다 그녀의 심리를 반영한 그림자적인 면임을 기억할 필요가 있다. 이들은 모두 카르멘의 아니무스를 반영하는 인물이다. 아니무스는 '남자인 것'이 어떤 느낌이며, 또 어떤 의미인지를 보여 주는 심리 깊숙한 곳의 원형이다. 일반적으로 여성이 내면에 있는, 과단성 있게 자기주장을 하는 남성성(아니무스) 에너지를 사용하는 능력은 성차별적인 사회에서 자라는 동안 크게 손상된다. 남성이 자신들의 여성적인(아니마) 감성과 관계를 맺는 에너지가 성장을 멈춘 것과 마찬가지이다. 모든 아니무스 드라마들과 같이 카르멘의 꿈도 아버지와의 사이에서 해결되지 않은 문제들과 연결되어 있다. 아버지는 '남자'를 처음 정의하고 성차별을 내면화하는 데 가장 큰 영향을 미친 인물이다.

그러나 나는 이 꿈이 카르멘의 개인적인 힘겨움을 넘어 원형들과 깊이 연관되어 있다고 확신한다. 이 원형들은 사천 년 역사의 가부장제보다 훨씬 더 오래된 영성적인 권위와 순종에 관한 것이다. 꿈에서도 이 고대의 원형적인 상징 드라마가 펼쳐진다. 단지 여기서는 우리가 예상한 것과는 약간 다르게 나타났다. 이 꿈이 가부장적인 사회에서 '불리한 카드'를 쥔 카르멘의 아주 개인적인 분노와 좌절감을 나타낸 것이긴 하다. 하지만 카르멘의 영웅적인 행동은 이 집단적인 현실에 대한 개인적인 반응을 넘어서는 그 이상의 것이다.

'행정관'과 '경찰관'은 '개인적인 아니무스 인물들'일지 모른다. 하지만 꿈에서 모양을 바꾸는 '귀신'은 원형적인 인물로 훨씬 더 크고 중요한 의미가 있다. 이 인물을 수천 년 동안 다음 세대의 아이를 제대에 희생하도록 요구해 온 고대의 원형적인 인물로 볼 수 있다. 어린아이를 희생 제물로 바치는 카르타고 사람들과 성서에 나오는 아브라함과 이삭, 천사와 씨름하는 야곱의 이미지가 여기 담겨 있다.

카르멘의 꿈에서 우리는 원형적인 상징 드라마에서 중요한 변화이 일어나는 귀한 순간을 목격한다. 사랑스럽고 용기 있고 상상력 넘치는 여인인 카르멘 개인의 삶에서뿐 아니라 집단적인 에너지 패턴 그 자체에 내재된 구조에 변환이 일어나고 있다. 적어도 우리가 볼 수 있는 '신화'의 표면에서는 그렇다.

야곱이 천사와 씨름을 하며 (의식적인 깨달음이 증가하는) 동이 틀 때까지 버텼을 때, 신은 보상으로 그에게 약속된 땅을 준다. 이 이야기는 유대인 전체에 (이후에 온 그리스도교인들과 무슬림들은 말할 것도 없고) 깊은 영향을 미친다. 이삭의 희생이 '취소'되고 양을 대신 바치면서 어린아이를 제물로 바치는 관습은 사라지고 인류 문명은 크게 진화한다. 꿈에서 귀신을 극복함으로써 카르멘은 집단적인 수준에도 크게 기여한다.

귀신의 신화적인 외양과 신비한 도착과 떠남, '마술 같은 최면술', 이 모든 것이 그가 원형적인 인물이라는 것과 이 꿈이 원형적인 문제와 관련 있음을 가리킨다. 집단의 드라마는 창의적인 자아의 독립과 자주권 문제와 깊이 얽혀 있다. 그건 집단적인 현실과 내면화된 성차별적인 억압과 싸우는 카르멘의 개인적인 문제들의 중심에 있는 것들이다. 귀신이 등장하는 순간부터 그녀의 싸움은, 여전히 개인적인 면이 남아 있긴 하지만, 개인의 범주를 넘어 온갖 종류의 내면화된 억압에 저항하며 싸우는 모든 사람과 공명한다. 꿈에 나타난 싸움의 원형적이고 집단적 성격 때문에 우리의 삶에 울림을 주고 영향을 준다.

꿈에 나타난 귀신은 카르멘 자신의 내면화된 귀신의 원형이다. 그

귀신이 아버지의 이미지로 바뀌며 순전히 '개인적'인 수준이 되려 할 때에야 그녀는 '희망이 없을' 것임을 안다. 카르멘의 꿈은 그녀가 중년의 나이에도 여전히 어릴 때 아버지에게 물려받은 가치와 사고로 살아가는 '착한 아이'로 남아 있음을 상징적으로 분명히 보여 준다. 하지만 '귀신'이 '단지 심리적'인 문제로 개인적인 아버지로만 국한되면 카르멘이 귀신을 물리치더라도 끔찍한 사회 전반의 억압은 변하지 않고 남는다. 이 이미지는 큰 심리영성적인 진리에서 자라나온 것이다. 우리는 자신에게 의미 있는 패턴과 자신의 성공과 실패를 넘어서는 더 큰 세계관과 연결되지 않으면 기분이 아무리 좋더라도 삶에 어떤 공허함을 느낄 것이다. 내 개인의 역사, 개인적인 고통과 기쁨 외에 아무 의미도 없는 세상에서 살고 있다면, 가장 즐거운 순간조차도 '무의미한' 것으로 만들어 버릴 수 있는 공허함을 경험할 것이다. 이런 심리영성적인 문제를 해결하는 유일한 길은 내 개인의 삶과 생애보다 더 큰 궁극적 의미를 지니는 우주에 참가하는 것이다.

    꿈 후반부에는 딸을 희생하라는 귀신의 '명령'과 카르멘이 이 말에 저항하고 거부하는 모습이 나타난다. 이 상징 드라마는 카르멘이 자신이 내면화된 억압을 극복해야 한다는 것을 깨달았음을 보여 준다. 여기서 다시 한 번 강조하자면, 원형이 성장하고 변화하는 데는 '자발적 희생'을 포용하고 체화하는 것이 포함된다. 꿈 한중간에 카르멘은 진심으로 딸을 희생하느니 싸우다 자신이 죽는 것이 낫다고 생각한다.

귀신이 만드는 '최면 상태'는 부분적으로만 살아가는, 통념을 질문 없이 받아들이는 제한된 삶에 대해 환기시켜 주는 은유이다. 또 내면화된 억압이 희생자에게 어떤 효과를 미치는지도 보여 준다. '아무런 선택의 여지가 없이' 희생자가 될 수밖에 없다고 느끼며 분노와 좌절감에 '끓어오른다.'

카르멘이 자신을 희생시키려 하지 않았다면 (즉 평생 가지고 있던 자신에 대한 이미지를 버리려 하지 않았다면) 카르멘이 '딸'에게 주는 메시지는 여자가 혼자서 성공하는 것은 불가능하다는 것이다. '남자'와 '제도'에 무기력해 하며 자기연민의 분노와 적의를 강하게 보일수록 그 메시지는 더욱 자신을 파괴하는 모순을 보인다. 보호해야 할 '딸'은 깨어 있을 때의 실제 딸이기도 하고 카르멘 내면에서 창조한 '딸'이기도 하다. 분노와 좌절감이 카르멘이 느끼는 전부이자 그녀의 행동을 결정하는 유일한 요소라면 상징적으로 볼 때 그게 '귀신에게 딸을 희생하는 것'과 같다는 것을 꿈은 제시하고 있다.

카르멘이 꿈에서 경험하는 것처럼 개인이 '최면 상태'를 극복할 때마다 상식과 합의된 실재라는 집단의 원형적인 '최면 상태'는 조금씩 걷힌다. 인습적인 사고에 따른 '최면 상태'는 우리가 일상적으로 접하는, 우리의 진정한 성격과 강점, 상상력과 창의력을 제한하는 것들이다. 꿈에서 카르멘이 그랬던 것처럼 깨어 있는 개인이 용기 있게 행동할 때 이 집단적인 '최면 상태'가 깨어진다.

인습적인 태도가 걸어 놓은 '최면'을 깨뜨리는 이들은 인습적인 태도와 자신을 얽매는 한계가 다음 세대로 연결되는 고리를 깨뜨리는 것이다. 이렇게 꿈을 꾸는 개인들이 모든 사람을, 나아가 지구 전체를 해방시키는 데 실재적으로 기여한다.

개인이 꿈에서나 깨어 있을 때 두려움을 극복하고 기꺼이 자기희생을 체화할 때마다 원형 에너지는 진화하게 된다. 카르멘이 꿈에서 직면한 원형적인 모양을 바꾸는 '아버지·귀신'은 수천 년 동안 인류를 괴롭혀 왔다. 귀신이 씌워 놓은 치명적인 '최면 상태'에서 벗어나는 데 성공할 수도 실패할 수도 있다. 우리 개인의 성공과 실패는 원형의 영역으로 다시 되돌아온다. 우리의 꿈과 신화에서 체화된 원형의 에너지가 깨어 있을 때 우리 삶에 영향을 미치는 것과 마찬가지이다.

꿈에서나 깨어 있을 때 용기와 상상력과 사랑, 타인의 장기적인 이익을 위해 당장의 내 이익과 자아감을 기꺼이 희생하는 태도를 보이는 원형적인 에너지와의 만남은 원형 그 자체뿐 아니라 그 만남에 참여한 개인의 의식에도 영향을 미친다.

힌두교도와 불교도들은 신들이 인간을 부러워한다고 한다. 왜냐하면 인간만이 윤회에서 벗어나 깨달음을 향해 성장하고 변화할 수 있기 때문이다. 이는 원형들이 펼치는 드라마에 의식적으로 자기 인식을 하면서 참여하는 것이 인간뿐 아니라 ('원형'인) 신들에게도 의미 있고 필요하다는 것에 대한 은유이다.

이런 견해는 기본적으로 죽음이 꿈의 연속이라는 원형적인 아이디어와 연관된다. 이런 관점에서는 죽은 다음 인간은 죽는 것을 '깨달음'으로 경험한다. 깨어 있을 때 물리적인 실재라 여긴 것이 실제로는 스쳐 지나는 일시적인 꿈이 되고, 우리가 '꿈꾸는' 것이라 생각한 것이 실제로는 영원한 (원형적) 실재가 된다. 그 실재는 깨달음을 얻은 영혼이 육체를 떠난 뒤에도 계속된다.

집단 무의식의 원형적인 에너지가 꿈을 꿀 때와 깨어 있을 때 모두 토대가 된다. 마찬가지로 인간의 (그리고 다른 중요한 유기체의) 꿈꾸고 깨어 있을 때의 경험이 원형적인 에너지들이 생명력을 얻고 구체화되며 진화·변화하는 장이다. 원형적인 에너지가 '구체화'됨에 따라 이번에는 신화와 꿈에 녹아들어가 융이 '집단 무의식' 혹은 '객관적 심리'라고 부른 초월적 영역에 울림을 준다.

나는 카르멘의 꿈에서 그런 개인적·원형적인 진화가 다음 단계로 넘어가는 구체적인 예를 본다고 믿는다.

이렇게 인간의 진화하는 의식과 원형이 서로 교류하는 예로 다음 꿈을 소개한다. 이 꿈을 꾼 그레이스는 로마 가톨릭의 수녀로 가난한 사람들과 쫓겨난 사람들을 도와 주는 일을 했다. 이 꿈을 꾸고 난 후 그녀는 겁에 질리고 아주 우울해졌다. 꿈 작업을 하고 난 후에야 꿈에 담긴 자기 자신과 원형의 진화에 희망을 느낄 수 있었다.

나는 내 앞에 있는 어두운 장면을 관찰하고 참여도 한다. 다섯 명이 있는데 아무 소리도 안 난다.

한 남자가 얼굴을 땅에 박고 죽어 있다. 지진으로 희생되었다. 그

희생자 근처에 구급차가 있다. 구급차 운전수와 구급 요원은 하얀 제복을 입었다. 조금 떨어진 곳에 나는 한 남자와 흑인 여자와 함께 원 안에 앉아 있다.

구급 요원이 "포도주에 저 사람 피가 조금 들어갔어요." 하며 포도주 한잔을 준다.

포도주를 조금 마시고 잔을 옆의 여자에게 전한다. 여자도 한 모금 마시고 남자에게 잔을 돌리고, 그 남자도 한 모금 마신다. 이러는 동안 정적이 흐른다.

그러고는 내가 불쑥 조용하게 말한다. "저 사람이 에이즈에 걸린 건 아닐까?"

흑인 여자가 대답한다. "난 그 생각은 못 해 봤네요."

그레이스가 이 꿈을 꾸었을 때는 1989년 10월 17일 샌프란시스코에서 지진이 일어난 직후다. 어두운 분위기에 정적이 흐르고, 지진 희생자에 에이즈의 유령, 흑인 여자의 대답, 구급차, 구급 요원 등, 꿈의 '느낌' 전체가 당시의 끔찍한 혼란 상태를 가리키고 있다.

'그의 피'가 섞인 포도주를 마시는 것은 성체성사를 떠올리게 한다. 그리고 꿈의 구조상 에이즈에 걸린 그리스도, 따라서 성적으로 활발한 그리스도를 상상할 수 있다.

이 꿈에는 그레이스가 절실하게 느끼는 당대의 사회적·정치적인 염려와 종교적인 직관이 녹아들어 하나의 '교훈극'을 이룬다.

이 꿈을 내 것이라고 상상해 봤을 때 드는 개인적인 의미 하나는 교회가 불어넣은 성적인 존재라는 것에 대해, 특히 다른 여성을 성적으로 사랑하는 데 대한 죄책감과 수치심에 관한 것이었다. 당시엔 에이즈하면 동성애를 떠올렸다. 더 중요한 것은 피가 섞인 포도주를 아무 주저 없이, 아무 '생각' 없이 마셨다는 점이다. 그것은 삶이 가져다주는 모든 것, 그 지저분함과 불의에 주저 없이 '예스'라고 대답하는 것과 같다. 제복을 입은 '구급 요원'은 구조와 '구원'의 '기술자'로 제도화되고 남성 주도의 교회를 구현하고 있다. 지진과 에이즈와 현대의 삶 전반의 '재난' 현장에서 그의 (남성) 권위를 꿈꾸는 이는 아무 질문 없이 받아들인다. 하지만 그녀는 그가 영성체에, 피해자의 고통에 동참하지 않는 것도 알아차린다. 깨어 있을 때 미사를 집전하는 신부와 달리 '구급 요원'은 '그의 피'가 섞인 포도주 잔을 건네기만 할 뿐 직접 마시지는 않는다. 이 꿈을 내가 꾼다고 생각했을 때 이 상황은 꿈꾸는 사람이 여전히 제도권 교회에 의존하고 있으면서 동시에 교회의 위선과 부족함을 비판하는 의식을 반영한다. 그런데도 꿈꾼 사람은 희생자들과의 친교에 아무 주저 없이 온전히 동참한다.

앰뷸런스 옆에 세 사람이 있다. 꿈꾼 이와 흑인 여자 둘은 알려져 있고 포도주를 마지막에 마신 남자는 어렴풋하다. 이들의 존재는 원형적인 과거, 현재, 미래를 나타낸다. (과거와 현재는 상대적으로 알려져 있지만 미래의 존재는 알려져 있지 않다.) 잔을 나누는 순간 과거와 현재, 미래가 하나로 만나 삶과 영성적인 비전을 긍정하는 '온전한 시간'을 경험한다. 오염되었을지 모르는 잔을 나누는 것은 내면작업과 영적 성장을 위해 그림자와 아니무스를 포용하려는 그레이스의 의식적인 노력을 확인해 주는 것이기도 하다.

꿈속에서 죽음은 항상 정서적인 성장과 변화에 대한 은유이다. 지진으로 죽어 있는 사람과 포도주 잔을 나눈 세 사람도 죽을 것이라는 암시는 모두 그런 성장과 발전이 어렵고 고통스럽지만 얼마나 뿌리 깊은 것인지를 보여 준다.

집단적이고 원형적인 은유로서 이 꿈은 순교한 중미의 오스카 로메로 주교의 "우리의 죽음은 가난한 자들의 운명을 나누는 이상도 이하도 아니다."라는 신비하고 예언적인 말을 다르게 표현한 것이다. 개인적이고 제도화된 종교 생활에 고통과 불확실함과 환멸을 느끼면서도 그레이스는 이 꿈에서 자신의 삶과 다른 모든 이의 삶을 긍정한다. 이렇게 성장하면서 그레이스는 모든 사람과 인간애를 나눈다. 특히 교회가 무시하고 거부하는 이들도, 심지어는 '신의 조화'인 '지진'으로 벌을 받은 것 같은 사람까지도 감싸 안는다.

꿈에 '참여자이면서 관찰자이기도 한' 경험이 이 꿈 전체의 '틀'이다. 흔히 이는 꿈꾼 이가 깨어 있을 때 자기 삶의 문제들을 평가하는 데 뭔가 '객관성'을 얻어가고 있다는 얘기다. 이 꿈은 자신이 경험하고 있는 사적인 정서의 분출과 지적인 회의, 현대사회에서 느끼는 복잡한 도덕성의 문제를 그레이스가 냉소나 우울함에 빠지지 않고 깊은 사랑으로 받아들이고 있음을 보여 준다. 그녀의 삶이 행동과 관조

사이의 절묘한 균형을 보여 주고 있기도 하다.

이 모든 것은 이 꿈이 깊이 느끼며 전심을 다해 살아가는 개인의 경험이 원형들 자체의 진화와 변화에 도움이 되는 꿈이라는 표시이다. 카르멘과 그레이스의 꿈 모두 꿈꾼 사람이 아무 주저 없이 꿈에 온전히 참여하는 것처럼 보인다. 이런 꿈은 원형들이 개인의 경험을 매개로 서로 변화하도록 초대받은 꿈이다.

마무리로 이 책의 마지막 장 초고를 쓰던 중에 꾼 꿈을 나누고 싶다. 이 꿈에 대해 할 얘기가 많지만 여기서는 '신화적인' 이야기로 제시한다. 더 긴 꿈이었다는 느낌이 강했지만 내가 기억하는 것은 이게 전부이다.

나는 이 꿈에서 직접 참여하기도 하고 육체가 없는 관찰자이기도 하다. 나는 '인간과 신들'의 모임에 참가하고 있다. 커다란 돌로 지은 집에 모였는데, 집이 중세 성이 되기도 하고 고대 왕궁과 사원, 다른 돌조각이 있는 건축물이 되기도 한다. 이 모든 공간들이 왠지 모르지만 같은 장소 같다.

이 만남은 굉장히 강렬하고 다층적이어서 선명하게 기억하기가 어렵다. 다른 것보다 조금 더 선명하게 기억나는 꿈 한 자락은 원기 왕성한 '늙은 남신'이 등장하는 것이다. 백인처럼 생긴 그 신은 희고 긴 수염과 근육질의 몸이다. 몸이 건강하지만 망령이 들었다. 꿈에서 나는 디즈니 만화영화 《인어 공주》에 나오는 용왕을 생각한다.

이 '늙은 왕'이 화가 나서 사납게 고함을 지르고 소리를 지르고 난리다. 꼭 구약에 나오는 오만하고 화를 잘 내고 처벌하는 야훼 하느님 같다. 우리 인간이 다른 신들의 지지를 받아 왕에게 선언한다. 왕이 이제 자신의 어둡고 약하고 겁에 질린 면도 보아야 할 시점이라고. 우리의 단호한 주장에 왕은 갑자기 자신의 부정적인 '비전'을 보게 되어 당황한다. 이전에 거부하던 자신의 어두운 면들이 그를 사로잡고 물리적인 형태로 나타난다. '늙은 왕'이 바로 우리 눈앞에서 무너지듯 무릎을 꿇고 갑자기 노쇠해진다. 왕의 몸이 부글부글 끓어오르더니 끊임없이 모양을 바꾼다. 다 겁에 질리고 추한 모습이다.

'나'는 충격을 받는다. 그 모임에 참석한 나도, 몸이 없이 의식만으로 관찰하는 나도. 이런 일이 벌어지게 된 결정에 나도 참여했지만 마음이 안됐다. 나는 앞으로 나가 몸부림치며 모습을 바꾸고 있는 왕을 팔로 안는다. 나는 '개도' 이렇게 고통받게 내버려 두지 않을 텐데 왕이 위엄 있고 영예롭게 몸을 바꾸도록 도와야 하지 않겠냐고 강하고 울리는 목소리의 텔레파시로 '연설'을 한다. 나는 이 신이 예전에 사랑하는 개를 팔에 안고 번개로 화장한 것을 생각해 낸다.

나는 격렬하게 모양을 바꾸는 그것을 안고 한 걸음 더 나아가 번개를 부른다. 그를 화장시켜 늙고 모양을 바꾸는 몸에 갇혀 버린 왕을 자유롭게 해 달라고 부탁한다.

번개가 치면 나도 희생되고 사라질 테지만 기꺼이 그 위험을 감수하기로 한다. 내가 저항하지 않고 잘 집중하면 번개가 그냥 날 뚫고 지나가 무사히 살아남을지도 모른다.

  배경이 다시 바뀐다. 이번에는 폭풍이 치는 바위산 꼭대기이다. 어둠 속에서 거대한 번개가 폭포처럼 쏟아진다. 눈이 멀 것 같다. 번개가 늙은 신을 태워 버린다. 나는 무사하다. 나는 그가 내 팔 안에서 정화되고 자유로워졌다는 데 흥분하고 기뻐서 잠이 깬다.

이 꿈이 원형들 자신이 개인의 의식과 행동을 통해 변화하는 방식에 대한 은유적인 그림, 즉 '작은 신화'일까? 나는 그렇다고 믿는다. 꿈을 꿀 때마다, 꿈을 기억하든 못 하든, 이 과정에 우리 모두 참여하는 걸까? 나는 그렇다고 믿는다. 우리 인류가 진심을 다해 겉보기엔 사적이고 개별적인 꿈들을 다루다 보면 집단의 원형의 에너지들이 모양을 갖추고 분명해질 것이다.

  우리는 이제 지구상의 모든 생명을 파괴할 수 있는 힘을 손에 쥐고 좋은 일을 위해서건 나쁜 일을 위해서건 매일 행사하고 있다. 살아남으려면, 원자의 구조나 별의 구성을 아는 것만큼 우리 무의식의 깊이와 창조적인 가능성에 대해 배울 필요가 있다. 꿈은 그 무의식에 접근하는 긴요한 열쇠이다. 이 영역을 의식적으로 탐험해야 한다. 더 이상 기다릴 시간이 없다.

부록

1. 혼자서 꿈 작업할 때 도움이 되는 방법들
2. 실제 그룹 꿈 작업의 예

■ 부록 1

혼자서 꿈 작업할 때 도움이 되는 방법들

내가 생각할 때 최상의 꿈 작업은 다른 사람들과 한 자리에 모여 꿈과 투사를 나누면서 '아하'를 느끼는 것이다. 하지만 때로 자기 꿈을 혼자 탐색할 수밖에 없을 때가 있다.

혼자 꿈을 들여다볼 때 처음 '아하'를 느끼는 것은 실은 '낡은' 통찰이다. 이미 의식 수준에서 생각해 보거나 느낀 적이 있는 것이란 말이다. 혼자 하는 꿈 작업에서 기본 '기술'은 어떻게 그 처음의 '아하'를 넘어서 자기 꿈을 새롭게 바라보느냐이다.

'아하' 인식은 꿈 작업에서 정확하고 진정한 의미를 찾는 데 믿을 수 있는 유일한 것이다. 하지만 혼자서 꿈 작업을 할 때는 '아하'와 함께 '놀랍다'는 느낌에 주목할 필요가 있다. 이 놀랍다는 느낌은 좀 더 진정한 '아하'로, 이미 알고 있는 것을 넘어서 새로운 통찰에 이르게 한다.

혼자서 꿈 작업할 때 타고난 선택적인 맹점과 선의식 상태의 자기기만이 한계가 될 수밖에 없다. 아래의 방법들은 이를 극복하는데 도움이 된다고 밝혀진 것들이다.

1. 꿈을 그림으로 그려 본다

4장에서 얘기한 것처럼 꿈속 인물이나 배경, 사건 등을 간단하게 막대그림으로라도 그려 보면 시각적인 연상을 통해 말이나 몸으로 알기 어려운 '아하'가 풀려 나오기도 한다. 에너지를 쏟고 주의를 기울이며, 다양한 방법으로 꿈과 창의적으로 만날수록 더 많은 직관을 얻을 수 있고 생기도 되찾게 된다. 꿈을 그림이나 만들기로 표현할 때 "내가 무슨 예술가라고……." 하는 식의 생각이 끼어들지 않게 하는 것이 중요하다. 동료인 브라이언 스윔이 즐겨 말하듯 "마음이 끌리는 대로 따라가라."

2. 사건과 정서적인 이야기를 분리해 본다

사건과 정서를 분리하는 한 가지 방법은 적어둔 꿈 이야기를 다시 읽으면서 감정을 묘사한 단어들에 붉은색으로 밑줄을 쳐 보는 것이다. 다른 종이에 이 단어들을 순서대로 한 줄에 하나씩 적어 보라. 이렇게 하는 것만으로 꿈 이야기에 묻혀 보이지 않던 어떤 반복되는 연상이 드러나기도 한다. 금방 눈에 들어오는 패턴이 없으면 단어에 그 단어에서 자유롭게 연상되는 것들을 적어 본다. 이 과정에서 이전에 인식하지 못한 패턴들이 드러나곤 한다.

3. 게슈탈트 작업이나 적극적 명상을 해 본다

꿈에 숨겨진 정서와 의미를 찾아내는 효과적인 방법 하나는 깨어 있는 동안 상상을 통해 꿈으로 다시 들어가 보는 것이다. 그렇게 찾아낸 의미에 스스로 '놀랄'지도 모른다. 제일 좋은 방법은 내가 아닌 다른 등장인물로 꿈을 다시 경험하는 것이다. 일기장에 글로 써 봐도 좋고 소리 내어 혼잣말을 해 봐도 좋다. 게슈탈트 학파에서 쓰는 고전적인 방법은 의자 두 개를 마주 보게 놓고 번갈아 앉을 때마다 꿈속의 다른 인물이나 물체가 되어 이야기해 보는 것이다. 이렇게 다른 성격을 표현하다 보면 몸으로 직접 그 에너지의 '차이를 느낄 수' 있다.

4. 몸으로 표현해 본다

이 방법도 다른 사람과 함께 하면 더 좋지만 혼자서도 좋은 결과를 얻을 수 있다. 앞에서는 이 의자 저 의자에 앉아 말을 하고 질문을 던졌다. 이번에는 돌아다니면서 꿈속의 사건들을 되도록 크게 연기하는 것이다. (7장에 소개한 셀레스트의 '꿈 극장' 작업에서처럼) 연기를 하는 도중에 새로운 이해를 얻게 된다.

5. 가장 마음이 가는 이미지나 상황을 현실에서 표현해 본다

꿈속의 이미지나 사건이 남긴 인상이 너무나 강해서 깨어나서 어떻게든 표현해 보고 싶을 때가 있다. 그런 이미지들을 그림이나 춤, 노래, 개인적인 의례 등으로 표현해 보자. 꿈에 나온 중요한 이미지들과 그냥 놀아 보는 것도 좋다. 예를 들어 꿈에서 뱀과 대화를 나눴다면 동네 애완동물 가게에 가서 살아 있는 뱀을 손에 쥐고 꿈속의 느낌을 되살려볼 수 있다. 이처럼 깨어 있을 때 '무당처럼' 꿈을 실연하는 것을 '꿈 과제dream tasks'라고 한다. 동료이자 함께 세계꿈연구협회를 창설했으며 《꿈 작업의 요소Elements of Dreamwork》의 저자인 스트레폰 윌리엄스는 이 기술의 전문가이다.

6. 꿈속 주요 인물의 가면을 만들어 써 본다

가면 만들기는 고대 샤먼들이 선사시대부터 실습해 온 영적인 훈련이다. 꿈속 인물의 가면을 만드는 동안, 또 가면을 쓰고 그 인물이 되어 거울 앞에서 연기를 하는 동안 그 인물의 에너지가 선명해지고 집중된다. 가면을 쓰면 겉모양이 바뀌고 동시에 평소의 제한된 습관을 넘어서는 놀라운 변화가 일어난다. 가면들을 집안 벽에 걸어두면 자신의 내면에 살고 있는 다양한 인물들의 에너지와 성격을 더 가까이 느끼고 더 많이 이해할 수 있다.

꿈속의 인물이 특히 다루기 힘들거나 '빠져나오기 힘들게 달라붙고', 난해할 때가 있다. 그럴 땐 가면을 만들어 연기를 해 보고 그 가면을 태우면 좋다. 가면 태우기는 그 인물에 실린 꿈의 에너지를 쉽고 빠르게 다루는 방법으로, 악몽으로 힘들어하는 어린아이들에게 특히 유용하다. 어른들에게도 물론 효과적이다.

7. 꿈에 집중하면서 기도하고 명상한다

기도와 명상을 하면 평소보다 무의식의 에너지에 더 민감한 의식 상태가 된다. 꿈을 염두에 둔 채 기도나 명상을 하다 보면 번득 떠오르는 직관이 있기 마련이다.

하지만 이때의 강한 감정을 놀라움으로 착각해서는 안 된다. 혼자 꿈으로 하는 기도와 명상의 문제점은 이미 알고 있는 감정이나 정서가 증폭되어 나타난다는 것이다. 그래서 새롭게 차오르는 '낡은' 감정으로 새로운 직관이 가로막히거나 '감춰지는' 모순이 생기기도 한다.

8. 여러 개의 '꿈 상징 사전'에서 이미지를 찾는다

'꿈 사전'은 아주 오래전부터 있어 왔다. '성스러운 책'에서 꿈 이미지를 찾아보는 전통은 고대 이집트와 메소포타미아로까지 거슬러 올라간다. '꿈 책'이 외부의 권위로부터 지혜와 가르침을 찾으려는 인간의 강한 필요에 부합하기 때문이다. 대부분의 꿈 사전에는, 때로 우스꽝스럽고 공리공론처럼 보이긴 하지만, 지난 세월 동안 얻게 된 원형에 대한 지혜가 일부나마 들어 있기 마련이다. 앞에서 말했듯이 자신이 느낀 '찌릿함'이나 '아하'가 쭉정이와 알곡을 구분하는 유일한 시금석임을 기억한다면 사전에 실린 사소한 사실에서도 의미 있는 통찰을 얻을 수 있다. 같은 이미지를 여러 사전에서 찾아보면 그런 통찰이 강해진다.

9. 각 이미지에 '나의 일부가' 라는 표현을 넣어 꿈을 다시 써 본다

이 방법은 단순하고 기계적이지만 매우 효과적이다. 이 연습은 혼자서 작업하다 보면 잊어버리기 쉬운, 꿈속에 나오는 모든 것이 나 자신이라는 사실을 강조해 준다. 예를 들어 다음과 같은 꿈이 있다.

나는 모르는 사람들에게 쫓겨 숲 속을 달아나고 있다. 나는 속이 빈 나무 안에 숨어 그들이 달려가는 소리를 듣는다. 소리만으로는 그들이 사람이 아닌 것도 같다.

이 꿈을 '나의 일부가'라는 표현을 넣어 다시 써 보았다.

나는 내가 모르는 나의 일부에 쫓겨 나의 일부인 어두운 숲 속을 달리고 있다. 나는 나의 일부인 죽은 지 오래된 속이 빈 나무 안에 내가 모르는 나의 일부로부터 숨어 내가 모르는 나의 일부가 달려가는 소리를 듣는다.

이렇게 써 놓으면 꿈이 내게 무슨 얘기를 하려는지에 대해 놀라운

'아하'를 얻게 된다. 나는 내 안의 어떤 부분을 '어두운 숲 속'이라고 생각하나? 내 안에 '죽은 지 오래된 속이 빈 나무'와 같은 부분은 무엇일까? 내가 어떻게 그 부분 속에 또 무엇으로부터 '숨는 걸까?' 나는 내 안의 어떤 부분을 '사람이 아닐지도 모른다'고 생각하는 걸까? 본능? 종교적인 직관? 성욕? 분노? 이들 모두?

이렇게 기계적으로 꿈을 다시 써 보는 것만으로 놀라운 직관을 얻을 수 있다.

10. 꿈 배양을 통해 꿈을 확장시켜 본다

꿈은 직관과 자기이해를 돕는 최고의 또 가장 후한 근원이다. 하지만 혼자서 작업하다 보면 그 의미를 알 수 없어 좌절감을 느낄 때가 있다. 이를 극복하는 한 가지 방법은 꿈 일기장에 꿈에게 보내는 편지를 써 보는 것이다. 무슨 얘기를 하려는지 되도록 구체적으로 감정을 담아 직관을 보여 달라고 꿈에게 부탁하는 것이다.

꿈은, 장난스럽고 모호하고 난해하긴 하지만, 늘 그런 부탁을 들어준다. 동시에 내가 던진 의문을 더 깊게 만들어 나 자신을 좀 더 발견하도록, 좀 더 진실하게 세상과 나아가 우주 전체와 관계를 맺도록 초대한다.

■ 부록 2

실제 그룹 꿈 작업의 예

> **햄릿** 저기 낙타 모양의 구름 보이나?
> **폴로니우스** 덩어리가 정말 낙타처럼 보이네요.
> **햄릿** 다시 보니 족제비 같구먼.
> **폴로니우스** 정말 등이 족제비 같네요.
> **햄릿** 아님 고래 같은가?
> **폴로니우스** 진짜 고래 같아요.
> _윌리엄 셰익스피어의 《햄릿》에서

이 부록은 그룹 꿈 작업이 실제로는 어떻게 진행되고 또 어떤 이야기가 오가는지 알 수 있도록 어느 꿈 작업 모임에서 실제 일어난 일을 거의 그대로 받아 적은 것이다. 같은 그룹이 다른 때 혹은 다른 그룹이 모였다면 세부사항과 서로 나눈 꿈과 꿈 작업 내용은 다를 것이다. 그렇더라도 어느 모임이든 비슷한 점이 있을 수밖에 없다. 이 기록을 통해 여러분이 그룹으로 꿈 작업을 하는 것이 어떤 것인지 경험할 수 있었으면 한다.

이 그룹 사람들은 몇 년째 정기적으로 꿈 작업을 해 왔고 덕분에 좋은 친구가 되었다. 이들은 현재 격주로 일요일 밤 6시쯤에 만난다. 가볍게 안부를 묻고 대화를 나누며 저녁을 먹은 다음 본격적으로 꿈 작업을 한다. 처음에는 매주 저녁 시간에 식사는 하지 않고 만났다.

그러다 휴가나 명절 때 식사를 같이 하며 모이던 것에서 지금의 형태로 변화했다.

현재 이 그룹에는 일곱 명이 참석한다. 루퍼트는 대학 교수이고 그의 아내 마거릿은 소설가이다. 이들의 오랜 대학 친구인 래리는 비디오 작가이며 제인과 루이즈는 둘 다 심리치료사이다. 케이티는 배우이고 조지는 가수 겸 작곡가이다. 제인은 50세로 그룹에서 나이가 가장 많고 조지는 33세로 가장 어리다. 몇몇 사람이 빠져나간 후에도 이들은 몇 년 동안 지속적으로 참여해 왔다.

아름다운 가을날 저녁에 있은 모임의 분위기는 루퍼트와 마거릿, 제인, 루이즈가 한 차례씩 아팠음에도 활기 넘치고 밝았다. 마거릿은 워낙 심하게 아파서 며칠 동안 병원에 입원했다가 모임 일주일 전에 퇴원했다.

각자 가져온 음식을 나누는 동안 건강은 어떠냐는 안부에 덧붙여 중동에서 전쟁이 날 우려에 대해 이야기가 오갔다. 루이즈는 몇 년째 같이 살고 있는 남자 친구가 떠날까 걱정을 하고 있었다. 마거릿과 제인은 하나뿐인 아이가 대학에 가느라 '둥지를 떠난' 뒤의 허전함으로 또 지금까지의 삶을 돌아보며 힘들어하는 중이었다. 래리는 경기가 나빠지면서 그게 비디오 사업에 어떤 영향을 미치지 않을까 염려했다. 루퍼트와 조지는 둘 다 먹고 사는 일에 쫓겨 자신들의 창작활동이 '밀려나는' 걸 걱정했다. 케이티는 최근 자신이 참여하고 있는 작품의 리허설이 제대로 되지 않아 걱정은 되지만 늘 그랬듯 '막판엔

다 잘 될' 거라고 했다.

제인과 래리는 저녁을 먹은 후 담배를 피우러 잠시 산책을 나갔다.

7시 30분쯤 그룹이 다시 모여 서로 손을 잡고 1분 정도 침묵하는 것으로 공식적으로 모임을 시작하고 꿈을 나누기 시작했다.

케이티는 친구들과 등산을 하는데 한 여자가 함께 온 남자와 장례용 장작더미로 막 '뛰어들려는' 꿈 이야기를 들려주었다.

이어서 루퍼트는 해와 보름달이 지평선 위에 같이 떠 있고 자기가 무서운 약탈자들을 피해 숨는 꿈을 이야기했다.

다음으로 루이즈는 고양이가 가득 찬 동굴에서 한 여자가 수술을 받고 있는 꿈을 나눴다.

조지는 날아다니다가 검은 옷을 입은 두 사람이 싸우는 걸 보고 외딴 곳의 '사원'에서 '검은 분수'를 찾는 꿈 이야기를 했다.

제인은 지난 번 모임 이후 기억하는 꿈이 하나도 없다면서도 다리도 입도 없는 이상하게 생긴 털북숭이 짐승과 여자들을 만난 제법 긴 꿈 '조각'을 나누었다.

마거릿은 지난주에 꾼 짧은 꿈 세 개를 얘기했는데, 모두 지하로 내려가 자기가 알고 있는 죽은 사람들을 만나는 것이었다.

래리가 꾼, 쿠웨이트 근처 사막에서 보이진 않지만 틀림없이 여성적인 엄청나게 큰 힘이 '참선 석상 공원'을 뒤집어엎는 공습이 있던 꿈 이야기로 마무리를 했다.

누구도 심각하게 그룹의 작업을 필요로 하는 것 같아 보이진 않았다. 그래서 꿈을 깊이 있게 다룬 지 가장 오래된 루퍼트의 꿈으로 작업을 하기로 했다.

루퍼트 내 꿈을 다시 얘기할까요?

(다들 동의)

루퍼트 이게 내가 꿈 일기장에 그린 그림들이에요.

(꿈을 다시 얘기하는 동안 사람들이 볼 수 있도록 루퍼트가 자기 꿈 일기장을 돌린다.)

루퍼트 앞부분에 뭔가 많은 일이 있었는데 기억은 안 나고, 여기서부터 기억이 나요. 부자 친구들과 걔네 '여름 별장'에 있어요. 높은 언덕 꼭대기에 있는데 저 아래 바다에 커다란 만과 푸른 섬들이 여기저기 아름답게 펼쳐져 있어요. 내가 있는 곳은 건조하고 색 바랜 풀과 짙은 초록색 떡갈나무들이 있고요.
 젊은 여주인은 집안이 서너 대째 부자인 쾌활한 사람이에요. 내게 집 구경을 시켜 주고, 집 뒤에 있는 사람들이 많이 다녀 잘 다져진 꼭대기로 난 진흙 길을 보여 줘요. 꼭대기에 무슨 건물을 짓는지 부산해 보여요. 여주인이 자기네 가족인지 가까운 가족 친구인지가 조금 더 높은 곳에 현대적인 대저택을 짓고 있는데, 1920년대 스타일의 아름다운 이곳이 '게스트 하우스'가 될 거라고 말해 줘요.

우리는 오른쪽으로 그늘진 길을 한참 걸어 내려가 바다와 섬이 내려다보이는 전망 좋은 곳에 도착해요. 등 뒤에 있는 언덕을 올려다보니 거기서도 건물을 짓고 있는 것이 보여요. 나는 다 지으면 새 집이 정말 크겠다 싶어 놀라요.

내 눈 앞에 건물이 완성된 모습이 펼쳐지는데 우아하고 최신식 스타일에 벽은 온통 흰색이에요. 그 집에 잠시 생각을 빼앗기고 있는데 갑자기 지평선에 뭔가 나타나서 그쪽을 쳐다봐요.

크고 밝은 게 두 개 보이는데 하나는 보름달 같고 그 옆에 멀지 않은 곳에 있는 건 꼭 수평선에 걸린 태양 같아요. 지고 있는지 뜨고 있는지는 알 수 없는데, 혼란스러워서 방향 감각을 잃어버린 것 같아요.

내가 놀라서 "저것 좀 봐요!"라고 소리쳐요.

꿈속에서도 해와 보름달이 같이 있는 건 불가능하다는 걸 알겠어요. 해와 달이 그렇게 가까이 있으려면 그믐이거나 초승달이어야 하니까요. 꿈속에서 나는 그게 동쪽이라고 생각하는데, 이상하게도 해가 뜨고 있는지 지고 있는지는 모르겠어요. 그리고 나랑 같이 있던 여자가 청년으로 바뀌어서 놀라요. 그 사람이 텔레파시로 "아래로 내려가 가까이에서 봐야 한다."고 얘기해요.

사실 이 제안도 이상한데, 수평선을 더 잘 보려면 높은 데로 가야 할 것 같거든요. 처음 든 생각은 언덕 위 건설 현장으로 가는 것이었지만 청년이 한 말이 옳다는 걸 알아요. 아래로 내려가야 하는 거죠.

우리는 서둘러 언덕을 내려가 해변에 서요. 물속에 둥근 바위들이 자갈처럼 깔려 있고, 청년과 난 더 잘 보려면 첫 번째 섬으로 가야 한다고 말없이 동의해요. 둘 다 옷을 입은 채 물로 뛰어드는데 바닷물이 차가워서 정말 기운이 나요. 우리는 섬으로 헤엄쳐 가요. 꿈속에서 바다란 걸 알지만 물이 짜지는 않고 맛도 느낌도 캐나다 북부에 있는 호수 같아요.

섬에 도착해선 반대쪽 해변으로 가요. 해는 더 붉어지고 낮아져서 멀리 만 위로 조그맣게 보여요. 주변에 구름이 몰려 있지만 해를 가리진 않아요. 그뤼네발트Grünewald 그림의 배경 같아요.

갑자기 밝게 빛나던 보름달이 둘로 갈라져요. 하나는 해 옆에 원래대로 그대로 있고, 다른 하나는 하늘을 가로질러 우리 쪽으로 빠르게 다가와요.

"비행접시다!" 내가 흥분해서 소리쳐요.

"예, 이제 종말이 시작됐어요!"라고 옆 사람이 텔레파시로 말해요.

꿈속에서 나는 그 불길한 말에 놀라지만 동시에 묘하게 흥분도 돼요. 꿈속에서도 나는 '비행접시'가 희망과 신성의 가능성을 나타내는 만다라가 먼 거리에서 보이는 거라는 융의 말을 기억하고, 다시 한 번 융이 옳았다는 생각을 해요.

옆의 친구가 '원주민'들이 타락한 구질서가 무너지는 기회를 틈타 약탈하고 부자들에게 '복수할'지 모르니까 '가족이 있는 집'으로 되돌아가야 한다고 해요.

섬으로 건너올 때 헤엄쳐 온 곳으로 되돌아오는데, 왼쪽으로 조금 떨어진 곳에 물이 얕아서 발목도 젖지 않고 걸어서 건널 수 있는 곳이 보여요. 서둘러 물을 튀기며 반대쪽으로 달려가다가 약탈자 무리를 봐요. '펑크족'같이 옷을 입었는데, 박박 깎은 머리에 창처럼 세운 머리 모양이 《늑대와 함께 춤을》에 나오는 잔인한 포니족Pawnee을 닮았단 생각을 했어요.

우리는 하층계급의 약탈자들이 지나갈 때까지 관목 뒤에 숨는데, 청년이 텔레파시로 약탈자들이 집에 이렇게 가까우니까 언덕을 올라가 새로 짓고 있는 저택을 공격할 게 틀림없다고 말해요. 우리는 뭘 할지, 어떻게 대응할지 결정해야 해요. 내게 처음 떠오른 생각은 이들이 떠날 때까지 숨어 있는 거였는데, 청년은 저택이 아주 탐나는 위치인데다 방어하기 좋은 곳에 있어서 이들이 한 번 차지하고 나면 은신처로 삼을 거라고 지적해요. 그러면서 우리가 끌어모을 수 있는 걸 다 모아 떠나든지 아니면 싸워야 한다고 단호하게 얘기해요.

그들이 집에 얼마나 가까이 갔는지 보니 우리가 도망갈 기회가 없어 보이기도 해요. 또 '여자들과 아이들'을 '포니족' 손에 버리고 갈 수도 없잖아요.

나는 청년이 옳을 거란 생각에 맥이 빠지긴 하지만 '비행접시를 타고 온 사람들'이 뭔가 할지 모른다는 생각도 들어요. 비행접시를 타고 온 이들이 공사를 하느라 비워 놓은 공터에 착륙할 거라는 확신이 들고, 그러자 왠지 힘이 나고 흥분이 돼서 걷기 시작해요.

잠에서 깨면서 이 장소가 '개척자의 곶〔串〕(Pioneer Point)'이라는 생각이 들어요.

제 인 하늘에 해와 보름달이 같이 있는 꿈을 꾸면 정신이상의 표시라고 융이 말하지 않았어요?

(다들 웃음)

루퍼트 정신이상 환자 한 명이 그런 꿈을 꿨다고 한 게 기억나네요.

마거릿 저한테 놀라운 건, 꿈을 이렇게 두 번째 들으니까, 상반되는 것들이 얼마나 많이 있는가 하는 거예요. 젊은 여자가 청년으로 변하죠, 더 잘 보려고 위가 아닌 아래로 내려가죠, 짜야 할 바닷물은 민물이죠.

래 리 그리고 지는 해는 서쪽이 아니라 동쪽에 있어요.

루퍼트 해가 지고 있는 것 같네요. 꿈에선 그걸 몰랐어요.

래 리 섬에 갔을 때 해가 지평선에 더 낮게 걸려 있었다고, 아주 조금만 보였다고 하지 않았어요?

루퍼트 예, 그러긴 했는데, 꿈속에선 해가 지고 있었는지 떠오르고 있었는지 여전히 모르겠어요. 꿈속에서 우리가 많이 내려와서 해가 조금 더 낮아 보인다는 생각이 스치긴 했어요.

마거릿 그 해와 달 말이에요, 현실에선 하늘에 그렇게 같이 있지 못하는데 꿈에선 같이 있네요. 상반되는 것들이 여기저기서 공존하는 것 같아요.

제 인 코인시덴티스 오포지토리움 Coincidentis oppositorum.

조 지 뭐라고요?

루이즈 '상반되는 것들의 우연', 라틴어예요. 융이 말한 거죠.

루퍼트 맞아요. 완전히 반대되는 것 같아 보이는 것들이 공존하는 게 원형들이 지닌 특징 중 하나라고 융이 그랬어요.

케이티 광기와 창의력, 둘 다에서 일어나죠!

래 리 남성성·여성성, 위·아래, 일출·일몰, 소금물·맑은 물⋯⋯부자와 가난한 자들이 통합될 거라는 가능성도 있어요. 마지막에 가난한 약탈자들이 위로 올라가 대저택에서 살 것 같기도 하잖아요.

마거릿 글쎄요, 내겐 다 맞는 말인 것 같아요. 이게 내 꿈이라면⋯⋯ 남자로 변한 그 여자가 중간에 뭐라 그랬죠?

루퍼트 "종말이 시작되었다."

마거릿 맞아요! "종말이 시작되었다." 그리고 당신 기분이 상하지 않았잖아요. 약간 불길하긴 했지만 흥분됐잖아요, 그죠?

루퍼트 맞아요.

마거릿 글쎄, 그게 내 꿈이라면, 꿈이 내 생의 후반기에 접어드는 것과 관련된 것 같아요. "마지막 날들이 시작되었다." 좀 불길하지만 흥분되잖아요.

(다들 말이 된다는 듯 관심을 보임.)

래 리 나한테는 말이 되는데요!

루퍼트 그래요. 나한테도 강한 '아하'예요.

제 인 저는 다른 생각이 들어요. '1920년대' 건물이 '게스트 하우스'가 되잖아요, 거기서 드는 생각이 내가 그 꿈을 꿨다면, 딸아이가 19살 20대 초반에 집이 '게스트 하우스'가 되는 거예요. 내 집이 19살 20살 짜리들을 위한 '게스트 하우스'가 되는 거죠.

(다들 웃음)

루퍼트 맞아요! 다른 면에선 언덕 위의 큰 집은 마거릿과 내가 로즈〔이들의 딸〕가 대학으로 떠난 후에 계획하고 있는 우리의 새 삶을 의미하는 것 같아요. 아이가……아, 그렇네요, 방학 때만 집에 올 거잖아요. 여름 별장이 되는 거죠.

제 인 마거릿이 한 말이랑 연결이 되는 것 같네요. 자식이 떠나는 것보다 삶이 반 이상 끝난 것 같고 '마지막 날이 시작된' 것 같은 게 없잖아요.

(다들 웃음)

케이티 그리고 이게 제 꿈이라면, 해가 동쪽으로 지고 달이 비행접시가 되는 게, 지금 내 삶의 새로운 단계에서 로즈가 집에 있는 동안 아버지로서 나의 전통적인 남성적인 역할이 줄어들고 내 삶의 새로운 에너지가 좀 더 여성적이라는 것에 관한 듯해요.

래 리 '동쪽으로 진다'는 게 동부에 있는 사람들이 나와 내 일에 대해 어떻게 생각하는지 내가 크게 신경 쓰지 않고, 아마도 동부의 경쟁과 성공 중심의 가치 체계에서 물러나는 걸 의미할 것도 같아요.

루퍼트 거기에 대해선 잘 모르겠어요. 로즈가 대학에 가면서 저희한테 경제적인 부담은 더 커졌거든요. 저한테는 '성공'해야 한다는 부담이 더 커진 것 같아요.

마거릿 글쎄요, 이게 제 꿈이라면, "하층계급 '포니족'* 약탈자들"에 관한 게 아닐까 해요. 그 사람들은 다 돈에 사로잡혀 더 많은 돈을 벌고 '부자들에게 복수'하려는 그림자 인물들 같거든요. 이제 내가

---

* 포니족Pawnee이라는 단어에서 Pawn을 저당, 담보로 보면 Pawnee는 '저당을 잡는 사람', 즉 물질적인 면에 사로 잡힌 사람으로 볼 수 있다. 여기서부터는 인디언 부족보다는 후자의 의미로 쓰이는 것 같다. 이런 '말장난'은 꿈 작업에서 흔히 일어나는데 예기치 못한 '아하'가 많이 일어난다 – 옮긴이 주.

'부자'이니까 더 이상 히피일 수가 없고, 정말 내가 원하는 건 좀 느긋하게 쉬는 건데 돈을 더 벌어야 한다는 부담을 느끼고 있잖아요.

루퍼트 뭐, 아까 마음 상태 묻기 할 때 얘기했듯, 요즘 그런 느낌이 들긴 해요.

케이티 그리고 '더 잘 보기' 위해 위가 아닌 아래로 내려가는 것은 내면 작업에 대한 농담 같아요. 아시잖아요, 내 삶의 새 지평선에 무슨 일이 벌어지고 있는지 더 잘 보려면 내 무의식의 깊이 '아래로' 가야 하는 거요.

래 리 맞아요! 잘 보려면 '위로' 가서 '높은 곳'에서 지적이고 이성적인 관점에서 봐야 한다고 생각할지 모르죠. "자, 이제 로즈도 갔고, 내 삶을 재건축하는 제일 좋은 방법은 뭘까?" …… 하지만 정말 필요한 건 아래로 내려가는 거라는 거죠.

루퍼트 그래요, 지하세계로 내려가는 거 말이죠. 마거릿이 퇴원해서 이번 주에 꾼 꿈처럼 말이죠.

마거릿 병원에 있을 때 그런 꿈을 두 번쯤 꾼 것 같아요.

루퍼트 글쎄, 로즈가 떠난 후로 '빈 둥지' 증후군을 앓는 사람이 당신 혼자는 아닌 것 같은데.

(다들 웃음)

루이즈 그러네요! 이게 제 꿈이라면, 그런 게 '여자들 문제'라고 생각했지만 실은 내가 딸이 떠난 빈자리를 얼마나 크게 느끼고 있는지 꿈이 알려 주는 것 같아요. 해가 지고 달이 둘로 쪼개지잖아요. 두 배로 더 중요해지는 거죠. 그런 '여성적인' 감정들이 내 안에서 올라오고 내가 세상에 존재하는 방식 전체를 바꿔 놓고 있는 거죠.

조 지 정말 그 '포니족들'이 돈을 더 벌어야 한다는 압력을 나타내는 이미지라면 그들은 내 안의 남성성과 여성성의 싸움 같아요. 그들은, 영화 속에서와 마찬가지로, 그림자 인물들이죠. 다들 수족the Sioux은 세심하게 그리면서도 포니족은 잔인하고 소름끼치는 인물로만 여기잖아요.

루퍼트 꼭 그런지는 모르겠어요. 영화에서 포니족 전사가 싸우는 장면이 있잖아요. 궁지에 몰린 전사가 고함을 지르며 초반부에서 케빈 코스트너가 연방군 앞에서 하듯 영웅적으로 자살할 때는 괴물 같아 보이지 않아요.

루이즈 글쎄요, 그게 내 꿈이라면, 그 사람들이 그림자 인물이란 게 제겐 더 분명해 보여요. 끔찍해 보이는 약탈자 인물들에 대한 비밀스런 농담 같거든요. 그 사람들이 그림자 같은데, 그 사실 하나만으로도 내가 두려워하고 역겨워하느라 꿈에서 보진 못하지만 아주 중요하고 가치 있는 걸 내게 주려는 것 같아요.

래 리 예를 들면요?

루이즈 글쎄요, 남자가 아니어서 잘 모르겠지만 내 것으로 하기 두려운 영웅주의나 힘 같은 거 아닐까요? 아마도 내가 남자이긴 하지만 내가 원하는 건 아니어서 내 것으로 하기는 두려운 영웅적인 자발적 희생 같은 것 말예요. 아까 뭐라고 하셨죠, '잔인하고 소름끼치는 마초'랬던가?

조 지 난 '마초'란 말은 안 했는데, 말이 되네요.

루퍼트 나한테도 말이 돼요.

케이티 언덕 위에 비행접시를 타고 온 사람들이 내리면 무슨 일이 벌어질 것 같아요?

루퍼트 글쎄, 그건 모르겠어요. 사물을 바라보는 뭔가 새로운 시각 같은 거? 그 질문을 받았을 때 펑크족이랑 나, 그 청년, 처음의 젊은 여자 등 전부가 언덕 위에 서서 빛나는 비행접시와 거기서 나오는 밝은 빛의 사람들을 보고 있는 이미지가 스쳤어요. 우리가 완전히 새롭고 앞선 문명을 시작할 사람들이고 서로 두려워하거나 싸워야 할 까닭이 전혀 없다는 생각이 들어요. 평화로운 세상을 만들고 조화로운 삶을 위해 같이 힘을 합해야 하죠. 비행접시에서 내린 사람들이 우리에게 진짜 뭘 해야 할지에 대한 더 큰 비전을 주고, 우린 서로 싸우는 것을 멈춰요.

케이티 저한테는 어떤 영성적인 비전처럼 들리네요. 이게 제 꿈이라면, 꿈이 말하고 있는 것 중의 하나는 내가 꿈꿔 오던 새로운 삶, 내 생의 후반기는 영성적으로 더 성숙해져서 모든 것, 특히 이 소란스런 내 안의 '펑크족'을 바꿔 놓게 되는 것에 관한 것 같아요.

마거릿 그러게요. 그리고 제게는 이 모든 영성적인 성숙이 '여자들과 아이들'을 돌보는 책임이 예전에 그랬듯 새로운 삶에서도 나의 일부라는 걸 알게 되면서 일어나는 것 같아요. 나이 들고 성숙해 가면서 나의 내면 깊은 곳에서 변하는 것들과 변하지 않는 것들에 관해 얘기하는 거죠.

루퍼트 그래요. 바깥으로는 가족에 대한 책임감이면서 안으로는 내면의 여성성과 새롭게 자라나는 부분을 돌보는······그래요, 거기에도 '아하'가 있어요.

제 인 이게 제 꿈이라면, 다른 의미도 있는 것 같아요. 내가 의식적으로든 아니든 '이제 아이가 떠났으니' 내 배우자와의 관계를 떠나는 것을 생각해 봤고 마침내 지금 관계를 유지하고 싶다고 확인하게 되는 것 말이에요. 오랜 결혼 생활이 막내가 집을 떠나면서 끝장나는 경우가 흔하잖아요. 내 안의 이 동반자 부분이 우리가 여자와 아이들을 약탈자들에게 남겨 두고 떠날 수 없다고 말할 때, 그 목소리는 내 내면 깊은 곳에서 들려오는 것이고 꿈속 자아인 나는 거기에 반대하지 않아요. 그게 옳은 일이란 걸 알고 있기 때문이죠.

조 지 와······진짜 그렇네요!

루퍼트 나도 찌릿한 느낌이 오네요!

마거릿 당연히 그래야죠!

(다들 웃음)

루이즈 그런데 청년으로 변하기 전의 그 젊은 여자는 어때요? 그 여자가 '3댄가 4대째 부자인 집안의 사람'이라고 했죠? 당신이 꿈 얘기를 할 때 그 표현이 맘에 와 닿았어요.

루퍼트 예, 그렇게 얘기했어요. 꿈속에서 그녀가 그렇다는 걸 그냥 알아요.

루이즈 그게 무슨 뜻일까요? 그녀가 3대 혹은 4대째 부자라는 게 어떤 차이가 있을까요?

루퍼트 재밌는 질문이네요. 그녀가 어떻게 다를까요? 우선 그렇게 젠 체 하진 않겠죠? 졸부가 아니잖아요. 그 여잔 편안한 옷을 입고 보석치장도 안 했어요. 집안이 몇 대째 부자라면 부에 눈이 멀진 않을 것 같아요. 하고 싶은 건 뭐든 할 수 있는 재원이 있다는 걸 그냥 알고 있고, 중요한 건 "나는 정말 누구인가, 내가 정말 원하는 건 무엇인가?" 하는 것일 것 같아요. ……맞아요, 그거예요, 돈에 초연한 거요. 그게 문제가 될 게 없으니까. 그저 목적을 이루는 수단에 불과한 거죠. 그녀는 그게 자신이 정말 원하는 거라면 새 집을 짓는 데 수백만 달러를 쓸 수 있어요. 그러면서도 편안하게 낡은 차를 몰고 다니고 부자라고 사람들한테 따돌림도 받지 않을 거예요.

루이즈 그렇다면, 이게 내 꿈이라면, 이 꿈 전체의 틀 같은 게 아닌가 싶네요. 내 안에 나의 창의적인 에너지와 내가 원하는 것을 할 수 있는 능력에 대해 불안하지 않고 전적으로 자신 있는 부분이 있다는 거죠. 내가 정말 누구이고 정말로 원하는 게 무엇인지 분명하기만 하면요. 그리고 그게 내 삶의 다음 단계에서 내가 정말 하고 싶은 거라는 거죠.

래 리 그리고, 내 꿈에서는 실제 돈과 관련된 부분도 있을 것 같아요. 저라면 내가 하는 일이 제대로 인정받고 또 거기서 돈도 벌 수 있을 거라는 무의식의 확신 같은 걸로 보겠어요. 성공으로 내가 망가지고 바보짓을 하게 될지는 걱정할 필요가 없을 것 같아요. 난 여전히 낡은 차를 몰고 편안한 옷을 입을 거니까요. 로즈의 교육이나 차 수리비나 주택비 등등 돈이 어디서 생길 건지 걱정할 필요가 없을 것 같아요.

루퍼트 정말 그러면 좋겠어요!

(다들 웃음)

케이트 (래리를 보며) 꿈에서 언덕 위에 집을 짓는 게 '가까운 가족 친구'니까 그게 당신일 수도 있겠네요.

(일동 웃음. 웃음이 잦아들고 아무도 말을 하지 않는다.)

루퍼트 한 가지가 더 있는데, 더 잘 보려고 섬까지 헤엄쳐 갔다 되돌아오는 것에 관해 뭐 떠오르는 건 없나요? '아래로' 가는 것에 관한 거라면 난 벌써 내려왔잖아요. 그런데 여기서 헤엄치고 물을 건너오는 건 무슨 의미일까요?

(잠시 침묵)

제 인 처음 떠오른 생각은 실제로 '물 같은' 감정들과 접촉하는 거랑 상관 있을 것 같아요. 그저 눈과 마음으로 '쳐다보는' 게 아니라 몸과 감정을 '느끼는' 것, 뭐 그 비슷한 것 말이에요. 바닷물이니까 짜야 하는데 실제로는 민물이었고 당신 자신이 말했듯 '기운이 나게' 했잖아요. 생명수이니까요. 큰 대양이지만 신선하고 기운이 나는 거죠.

마거릿 그러네요. 저는 꿈에 시작부터 끝까지 '가족'과 자아 사이에 어떤 긴장이 있는 것 같아요. 이게 내 꿈이라면, 제인이 막 얘기한 것에 덧붙여, 내가 정말로 느끼고 원하는 것과 접촉하는 거죠. '섬 island'이라는 단어로 말장난을 하자면 '내 땅(I land)'이 될 것 같거든요. 내가 아래로 내려가 '가족의 땅'과 멀리 떨어진 '내 땅'으로 물을 건너가야 정말 무슨 일이 벌어지고 있는지 그림이 잡히지 않겠어요. 그렇게 한 다음에 '비행접시·달'을 볼 수 있게 되잖아요. 새로운 삶에 대한 더 큰 가능성 같은 거요. 그리고 나니까 물을 다시 건너와 '여자들과 아이'에 대한 내 관계를 다시 확인하고 돈에 악착같이 매달리는 '포니족'을 어떻게 할지 생각하게 되잖아요.

루퍼트 그거 멋있네요!

(다들 웃음)

조 지 전 정말 그 말에 '아하'를 느껴요. 그리고 내 꿈에선 물속의 바윗돌들이 '자갈' 같아요. 마치 거기 가라앉은 문명이 있는 것 같거든요. '내 땅'은 사실 빙산의 일각인 거죠. 아틀란티스처럼 도시 전체가 바다 밑에 가라앉아 있어서 물이 물러나면 내 창의적인 영감을 되찾게 될 것 같아요.

(루퍼트가 고개를 끄덕인다.)

루이즈 그리고 꿈 작업을 하는 내내, 누가 '대저택'이라고 할 때마다, 언덕 위의 집이 정말 클 것 같아요. '수많은 방'이 있는 큰 집이요.

루퍼트 그래요!

루이즈 그렇게 얘기하니까 [케이티를 보며] 당신이 말한 이 꿈의 영성적인 면이 더 강조되네요. "내 아버지의 집에는 거할 곳이 많도다(In My Father's house are many mansions)."

루퍼트 (이해가 된다는 듯 웃으며) 그렇네요!

마거릿 전 모르겠어요. 아마도 내가 좀 심하게 아파서 그렇겠지만, 당신도 꽤 앓았잖아요. 당신이 물을 건너갔다 오는 것에 대해 물었을 때, 나도 물 아래 '자갈'이 번득 스쳤어요. 그런데 내게는 그게 내 몸 안의, 특히 폐 안의 세포 같았어요. 물을 처음 건넜을 땐 내가 아직 폐렴을 앓을 때여서 폐에 물이 차 있었고, 돌아올 땐 건강을 많이 회복했을 때라 물이 정상으로 돌아오고 있었죠.

루퍼트 와, 그거 대단해요. 고마워요. 진짜 굉장해요. 많은 '아하'가 있었어요. 고맙습니다!

제 인 깨어날 때 했다는 생각 있잖아요, 그 장소 이름이 개척자의 곳(Pioneer Point)이라는. 이게 내 꿈이라면 그것도 말짱난 같아요. 내가 지금 있는 곳이 '개척점'이라는 거죠, 이전에 한 번도 가 본 적이 없는 장소 말이에요.

루퍼트 그렇네요!

여기서 그룹은 잠시 휴식을 갖고 화장실에 가고 차나 커피를 따라 온다. 다시 모였을 땐 루이즈가 꾼 '고양이가 나오는 수술' 꿈으로 꿈 작업을 이어갔다. 모임은 그날 밤 작업할 시간이 없는 다른 꿈들에 대해 잠깐 생각과 투사를 나누고 열시 반이 조금 넘어 끝났다. 다음 번 만날 장소와 시간을 정한 뒤 손을 잡고 마무리 인사를 한 후 헤어졌다.

■ 옮긴이의 글

그룹 꿈 투사 작업을 처음 고안하고 40년 가까이 꿈을 다뤄 온 제레미 테일러는 '살아 있는 가장 경험 많고 통찰력이 뛰어난 꿈 탐험가'로 불린다. 그는 이 책 《사람이 날아다니고 물이 거꾸로 흐르는 곳》에서 꿈을 기억하는 게 왜 중요한가, 라는 이론은 물론 꿈을 기억하고 해석하는 데, 꿈그룹을 시작하고 운영하는 데 이르는 실제적인 조언을 친절하게 제시한다. 또한 꿈이 어떻게 개인의 삶과 사회를 성장·변화시킬 수 있는지, 꿈이 갖는 다양한 잠재력과 가능성을 여러 실례를 통해 보여 준다. 나아가 우리 개개인이 꿈을 기억하고 이해해 자기 성장을 꾀할 때 인류 전체와 원형의 진화에까지 기여할 수 있음을, 그 가능성을 암시하고 있다.

책머리에서 지은이는 꿈을 다루는 수많은 책이 있음에도 불구하고 여전히 꿈을 허황되고 별것 아닌 것으로 치부하는 사회의 통념을 바꾸고 싶어서 이 책을 썼다고 한다. 어린아이와 성인, 정상적으로 사회생활을 하는 사람에서부터 정신분열을 앓고 있는 이와 교도소에 수감된 이들에 이르기까지 다양한 그룹의 사람들과의 꿈 작업을 하면서 지은이가 내린 첫 번째 결론은 '꿈이 우리의 건강과 온전함을 위해 온다.'는 것이다. 꿈에 담긴 메시지를 통해 자신에 대한 새로운 통찰을 얻게 되는데, 그 통찰을 통해 자신이 가진 과거와 현재의 문제를 이해하고 치유하는데 도움을 받을 뿐 아니라 더 나아가 신성과 만나는 체험에까지 이르게 된다고 얘기한다.

예전에 유행한 허무 개그에 이런 게 있었다. 나폴레옹이 힘들게 대포까지 끌고 눈 덮인 알프스의 산봉우리에 올라 주변을 둘러보고는 "이 산이 아닌가 봐." 해서 부하들을 다 졸도시켰다는……. 내 길이라 믿고 오래, 외국까지 나가 한 공부를 "이 산이 아닌가 봐." 하고 인정하기는 쉽지 않았다. 이룬 것도 없이 아무것도 없는 산 아래로 내려오기는 죽기보다 싫었다. 산봉우리에 주저앉아 이것저것 들여다봤다. 남들이 내게 원하고 기대한 것을 내 것으로 착각하고 살아왔음을 깨달았다. 내가 누구인지 모르겠다는 정체성의 위기에 흔들리고 무너지며 하루하루가 힘겨웠다. 그때 이 꿈이 내게 왔다.

누군가 왼쪽에서 내 어깨를 감싸준다. 그 팔에 안긴 느낌이 너무나 따뜻하고 포근하다. 내 존재를 온전히 받아들이고 지금 이대로 괜찮다고 인정해 주는 것 같다. 너무나 큰 위로가 된다. 고개를 돌려 누구인지 올려다본다. 나를 위로하는 이는 나보다 더 큰 나다.

'나를 위로하는 나보다 더 큰 나'라고 제목을 붙인 이 꿈을 통해 나는 '내 내면에 있는 나보다 더 큰 나', 융이 '큰 자아Self'라고 부른 존재가 있음을 온몸으로 느꼈다. 이후 내 속의 분열과 기만과 상처를 들여다보고 통합하고 치유하며 나를 찾아가는 내면 작업에서 꿈은 난해하지만 든든한 길잡이이자 의지처가 되어 주고 있다.

끝으로 헤매는 줄도 모르고 껍데기로 헤매며 살고 있을 때 내면으로 눈을 돌리라고, 그 말이 무슨 말인지도 모르던 나를 꿈의 세계로 안내하고 이 책의 번역을 믿고 맡겨 준 고혜경 언니에게 진심으로 감사의 말을 전한다. 매일 아침 꿈을 통해 내가 '사랑받기 위해 태어난' 존재임을 확인받는다. 내가 꾸는 모든 꿈이 밝고 아름답다는 얘기가 아니다. 오히려 어둡고 추하고 초라한 내 모습을 보게 될 때가 더 많다. 하지만 그런 꿈들조차 더 나은 내가 되라고, 그 가능성이 내 앞에 있음을 꿈이 말해 주기 때문이다. 독자들도 이 책을 통해 꿈과 친해져 꿈이 주는 풍성한 선물로 충만한 삶을 누렸으면 한다.

2007년 8월
이정규